SCIENCE of

UNDERSTAND THE ANATOMY AND PHYSIOLOGY TO TRANSFORM YOUR BODY

STRENGTH TRAINING

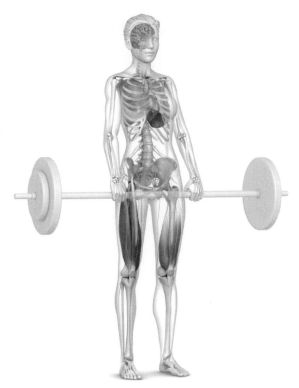

西東社

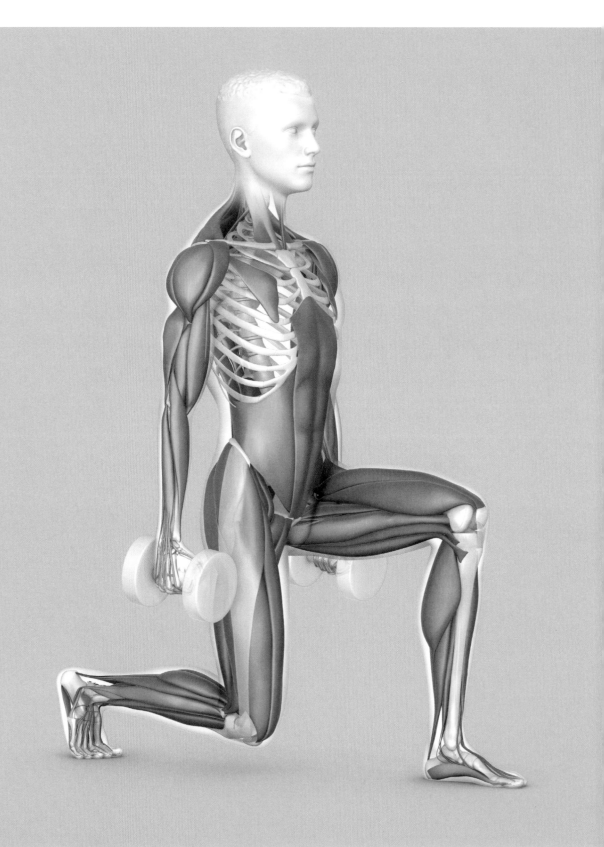

SCIENCE of

UNDERSTAND THE ANATOMY AND PHYSIOLOGY TO TRANSFORM YOUR BODY

STRENGTH TRAINING

オースティン・カレント 著

東京大学名誉教授　理学博士
石井直方 監修

Original Title: Science of Strength Training
Copyright © 2021 Dorling Kindersley Limited.
A Penguin Random House Company

Japanese translation rights arranged with
Dorling Kindersley Limited,London
through Fortuna Co., Ltd. Tokyo.

For sale in Japanese territory only.

Printed and bound in China

For the curious
www.dk.com

CONTENTS

はじめに

筋力トレーニング（ストレングストレーニングとも呼ばれる）は、つまるところ「知識は力なり」です。「筋トレはハードルが高い」と思う人の最も多い、そして最大の理由は抵抗をかけるトレーニングプログラムが複雑であることとトレーニングについての知識不足が原因です。本書の目的は、筋力トレーニングの科学的背景と（ジムや自宅での）正しいトレーニングのやり方を伝え、初心者から、レベルの高いトレーニングに挑戦したい人にも、わかりやすく簡単なプログラムを提供することによって、このような障壁を取り払うことです。あなたの今の知識や能力レベルがどの程度であっても、さらに学びと理解を深めるための情報やツールを本書で見つけることができます。また、筋力トレーニング単独でも他のエクササイズと併用する場合であっても、筋力トレーニングを自信をもって行えるようになるでしょう。

筋力トレーニングがもたらす効果

本書で紹介しているエクササイズは、筋肉の強さと持久力を向上させるだけでなく、全体的な健康状態も改善します。日々の生活に筋トレを取り入れれば、さまざまな好ましい効果が得られます。

● いくつもの疾患のリスクを下げます。（例）心血管疾患や2型糖尿病など。
● 筋肉の成長と維持に良い効果をもたらし、加齢に伴う筋肉量と筋力の低下や、生涯を通じての骨密度低下を抑制します。

● 認知機能、記憶力、集中力を改善します。
● 加齢に伴う疾患を予防します。（例）アルツハイマー病や認知症など。
● うつや不安のリスクや重症度を軽減します。

本書の使い方

最初の「人体の生理学」では、骨格筋の精緻なはたらきと、筋トレが人体に及ぼす効果の根拠となるメカニズムを紹介します。これによって、筋肉の機能と成長のしくみ、負荷に抵抗する動作が筋肉に刺激を与えて大きさと強さを増大させるしくみ、さらに負荷抵抗が骨や結合組織に与える良い影響が理解できるでしょう。また、人体はどうやって筋肉を働かせているのかを解説し、日々のカロリーと三大栄養素の必要量の計算方法も紹介します。脳に及ぼす良い影響や、行動やメンタルヘルスに対して果たす役割は最後に概説していますが、だからといってこれらの効果が微々たるものだというわけでは決してありません。

本書の多くの部分は、筋力トレーニングをどう行うかの説明に充てられていて、あなたが使えるトレーニング機器、個人的な好みや試したいレベルに合わせた多くのバリエーションも併せて紹介しています。エクササイズは、ターゲットとなる筋肉群ごとに分類されています。動作全体を通じて使われる筋肉を示すとともに、正しいフォームと方法で行うにはどうすれば良いのかや、よくある不適切な動作についても細かく解説しています。

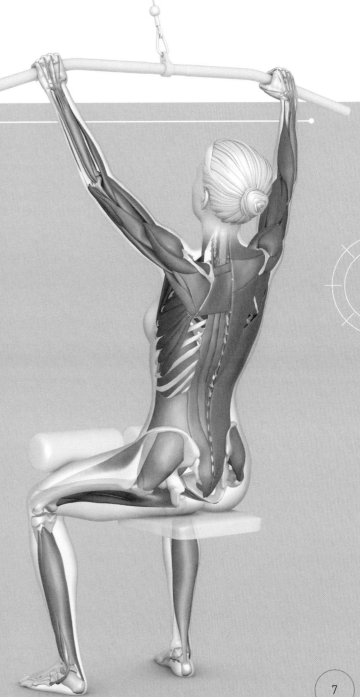

> **❝❞**
> **継続的な筋力トレーニングは、
> 健康と体調を改善し、
> 生涯にわたって疾患リスクを
> 低減します。**

　「怪我の予防」の章では、トレーニングで起こりがちな怪我とそれらを避ける方法、そしてもし怪我をしてしまったら、どうやってトレーニングができるように回復させるか、に触れています。適切なウォーミングアップも含めた、きちんと組み立てられたやり方をルーチンとして常に行うようにすれば、体は動作への準備を整えることができ、さまざまなモビリティエクササイズ（関節の動きを高めるエクササイズ）やストレッチによって、トレーニングに体が適切に反応できるようになるでしょう。

　「トレーニングの実践」の章では、トレーニングの量や疲労の管理など、効果的なトレーニングを行うために知っておくべきことを概説しています。筋肉をつけたい、筋力を高めたい、あるいは持久力を向上させたいなど、あなたの目的が何であっても、それに合わせた実践しやすいプログラムが見つかりますし、さらにもっとワークアウトの回数を増やしたい人のための代替的な方法も紹介しています。プログラムはトレーニングの基本となり、今後数カ月、あるいは数年間トレーニングを続ける中で調整していくことができます。

オースティン・カレント
（Austin Current）

理学士（BSc）　認定ストレングス＆
コンディショニングスペシャリスト（CSCS）
認定スポーツ栄養士（CISSN）
フィットネスコーチ、エデュケーター

筋力トレーニングは、
誰にでも効果がある

筋トレを日々の生活に取り入れれば、誰にでも効果があることがわかっています。否定的な意見も多くありますが、思い込みからくるレジスタンスエクササイズについてのありがちな誤解と、それらに対する真実を以下に挙げました。あなたが体質などを気にかけているなら、ここに答えがあります。

思い込み

真実

体質または遺伝

"私の遺伝子はトレーニングに
向いていない"

→

遺伝子も関係はあるがすべてではない

遺伝子がどうであるかにかかわらず、「あなたは〇〇が下手」と言われるとパフォーマンスにマイナスの影響を与えるおそれがあることが、研究で示されている。決めつけによってここまでが限界だと考えたりせず、自分を信じて取り組むことが重要で、そうすることで良い結果を生むことができる。

"結果が出ない。私には効果がない"

→

効果はある。ただし個人差があるので、
プログラムの修正は必要

他の人よりトレーニングの効果が出やすい人もいる。単に、あなたが特定のプログラムであまり効果を得られなかったからといって、別のやり方でもダメだということにはならない。もし結果が出なければ、プログラムを再検討すればよい（→P198）

年齢

"筋力トレに取り組むには
若すぎる"

→

そんなことはない。きちんと監督されたトレーニングなら、
女子では11歳、男子では13歳から始めることができる

きちんと計画され、監督のもとで行われる筋力トレーニングプログラムは、比較的安全であり、さらに運動技能の向上から体調改善、さらに早い時期に運動習慣ができるといった良い効果が多くあることが示されている。

"筋力トレに取り組むには
歳をとりすぎている"

→

そんなことはない。
加齢に伴う疾患を防ぐ上で有効である

筋力トレーニングは、加齢に伴う筋肉の量、強さ、力の低下を防ぐために最も有効である。筋肉が強くなれば、高齢者に起こりがちな身体機能の低下を防ぎ、自立した生活を助ける。

思い込み	真実

<table>
<tr><td rowspan="3">男性と女性</td><td>

筋力トレーニングは**男性向き**

</td><td>

誰にでも効果がある
筋力トレーニングがもつ多くの効果（→P6〜7）は、性別にかかわらず誰にでも当てはまる。筋肉が増え、気になる部分の脂肪を落とすので、ボディラインの改善には最も有効な方法だ。目標がどうであれ、女性も男性と同じくらいの効果を得られる。

</td></tr>
<tr><td>

女性は**筋肉隆々**にはなりたくない

</td><td>

エストロゲンがあるので筋肉のつき過ぎにはならない
女性が本来もつホルモンによって制限を受けるので、過剰な筋肉はつかない。女性でエストロゲン（女性ホルモン）が多くテストステロン（男性ホルモン）が少ないことは、筋組織の回復と保持を助けている。

</td></tr>
<tr><td>

男性は女性より**筋肉がつきやすい**

</td><td>

筋肉の成長は誰にも同じように起こる
女性でも男性でも、筋力トレーニングで起こる筋肉の成長のレベルは同程度であることが示されているが、女性の方がトレーニングを始めた時点での筋肉が少ないのでこのように誤解される。男性はテストステロンレベルが高いため、筋肉の増加の絶対量は大きくなる。

</td></tr>
</table>

体型による制約はあるか？

現在の体型が一生変わらないわけではありません。体格は筋力トレーニングによって変えられます。今のあなたの体型（ソマトタイプともいう。右図）は、3つのパターンのどれかにあてはまるかもしれませんが、現在の体型によってどんなトレーニングをすべきかが決まると考える必要はありません。ストレス管理、睡眠、栄養や身体活動レベルは、すべて体型に影響を与えます。

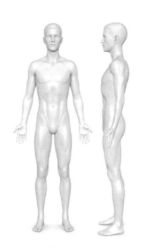

外胚葉型
背が高く痩せ型の人。筋肉をつけるのが難しいが脂肪は落ちやすい。

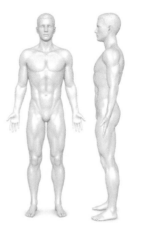

中胚葉型
脂肪が少なく筋肉質の人。筋肉がつきやすく、体脂肪も落ちやすい。

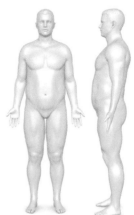

内胚葉型
がっしりして大柄な人。筋肉はつきやすいが脂肪は落ちにくい。

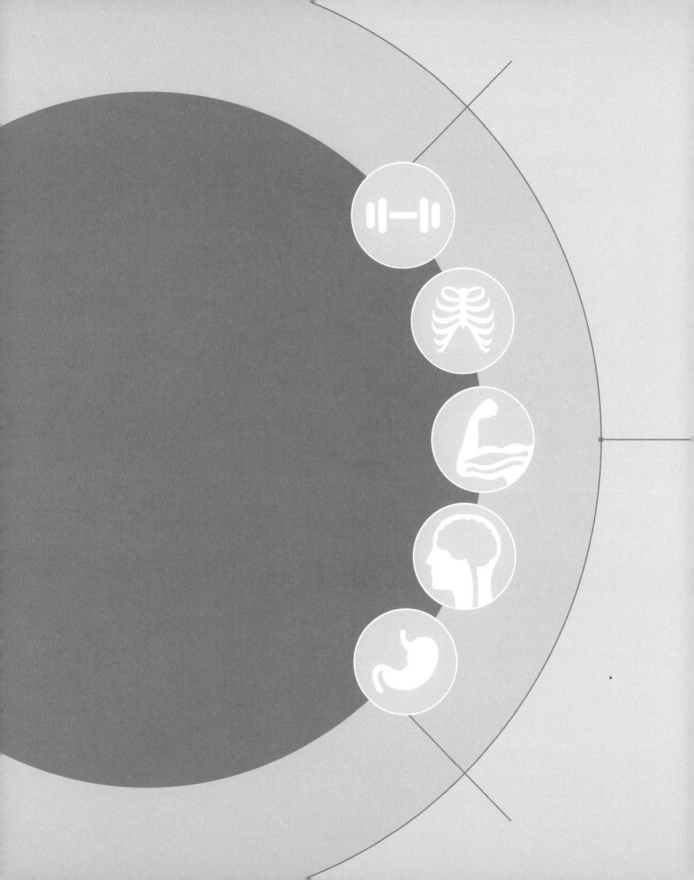

人体の生理学

筋力トレーニングは体を強化し筋肉をつくると同時に、

骨や結合組織の密度、代謝疾患や心血管疾患のリスク、

心理的・精神的に健康に良い影響を与えます。

筋トレが人体にどのようにして効果を及ぼすのか、

また、健康、パフォーマンス、回復力を最大にするために

摂取する栄養素についての理解を深めましょう。

筋肉の解剖学

人体には600を超える筋肉があります。そのうちいくつかは体の奥深くに、それ以外は表層にあります。骨格筋は腱によって骨に付着し、体を動かすことができます。

骨格筋

　筋肉は、骨格筋線維の調和のとれた収縮によって動きを作り出します。もしあなたが主な筋肉群の位置を知り、それらについて学び、精通するようになれば、その知識を活用して、筋肉がどう機能するか、また筋力トレーニングによっていかにしてより大きな機械的張力が生み出されるようになるかを視覚的にイメージできるようになるでしょう。

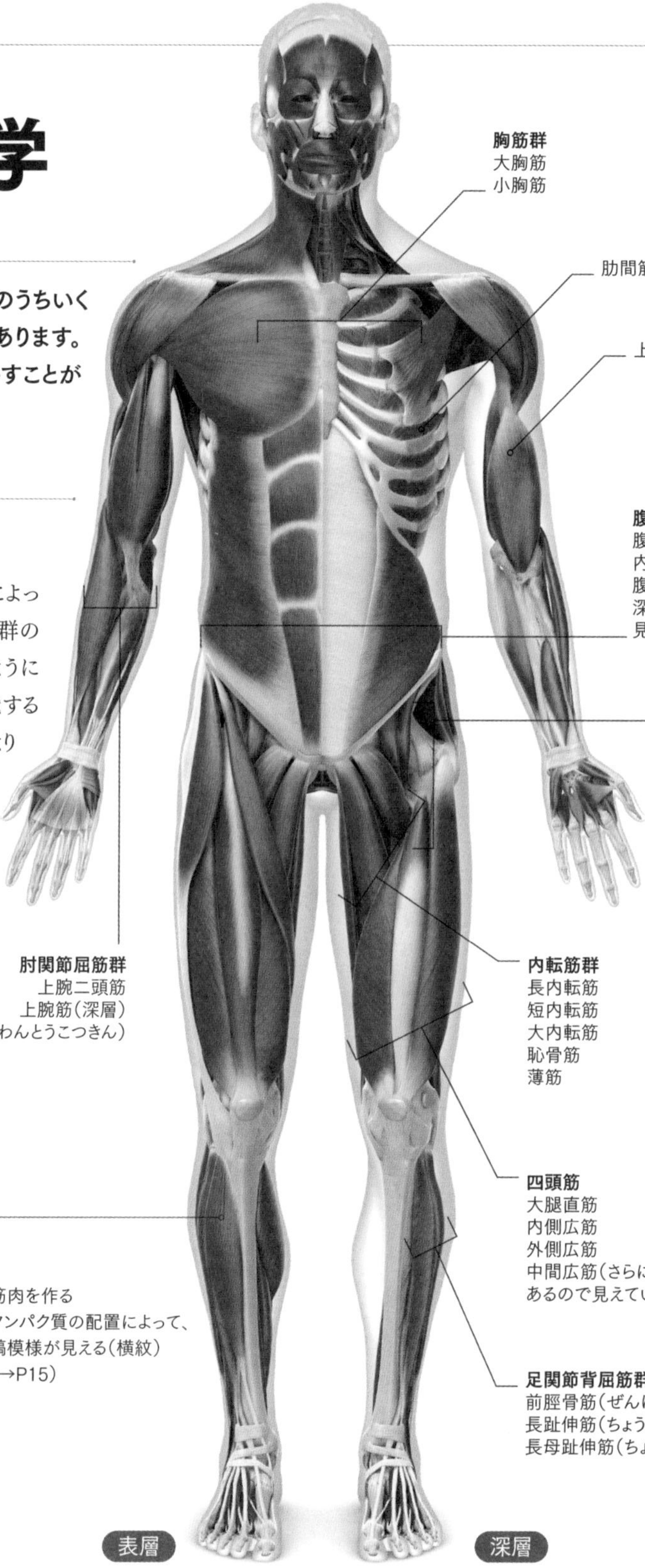

平行に走る筋線維の
拡大写真

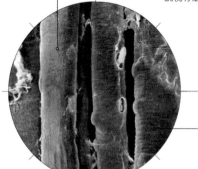

骨格筋線維

横紋筋の一種である骨格筋は、筋力トレーニングの動作の過程で力を発揮し、動きを作り出す。1本の筋線維には、平行に並ぶ数千本の筋原線維が含まれる（→P14〜15）。

筋肉を作る
タンパク質の配置によって、
縞模様が見える（横紋）
（→P15）

肘関節屈筋群
上腕二頭筋
上腕筋（深層）
腕橈骨筋（わんとうこつきん）

胸筋群
大胸筋
小胸筋

肋間筋

上腕二頭筋

腹筋群
腹直筋
内腹斜筋
腹横筋（さらに
深層にあるので
見えていない）

股関節屈筋群
腸腰筋（腸骨筋と
大腰筋からなる）
大腿直筋
縫工筋（ほうこうきん）
内転筋群（下図）

内転筋群
長内転筋
短内転筋
大内転筋
恥骨筋
薄筋

四頭筋
大腿直筋
内側広筋
外側広筋
中間広筋（さらに深層に
あるので見えていない）

足関節背屈筋群
前脛骨筋（ぜんけいこつきん）
長趾伸筋（ちょうししんきん）
長母趾伸筋（ちょうぼししんきん）

表層　　深層

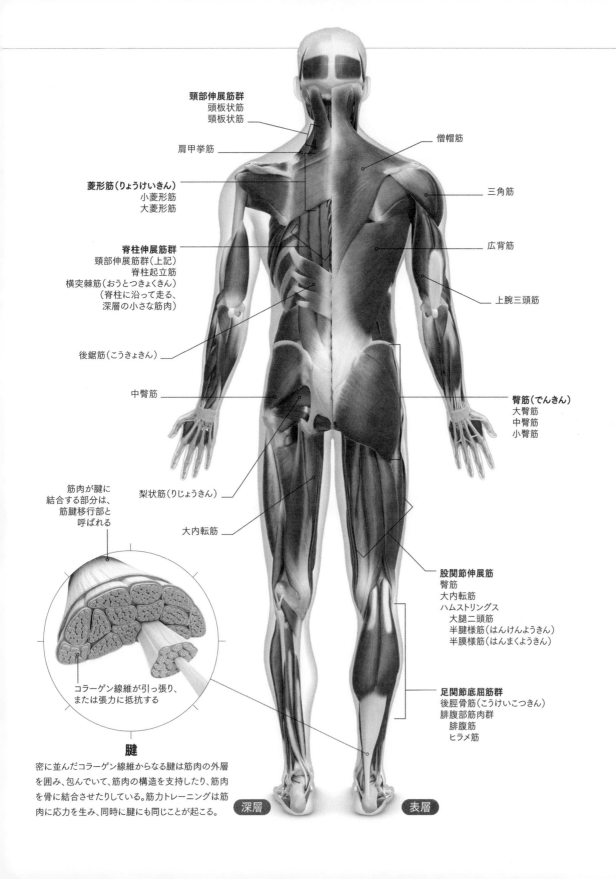

頸部伸展筋群
頭板状筋
頸板状筋

肩甲挙筋

菱形筋（りょうけいきん）
小菱形筋
大菱形筋

脊柱伸展筋群
頸部伸展筋群（上記）
脊柱起立筋
横突棘筋（おうとつきょくきん）
（脊柱に沿って走る、
深層の小さな筋肉）

後鋸筋（こうきょきん）

中臀筋

梨状筋（りじょうきん）

大内転筋

僧帽筋

三角筋

広背筋

上腕三頭筋

臀筋（でんきん）
大臀筋
中臀筋
小臀筋

股関節伸展筋
臀筋
大内転筋
ハムストリングス
大腿二頭筋
半腱様筋（はんけんようきん）
半膜様筋（はんまくようきん）

足関節底屈筋群
後脛骨筋（こうけいこつきん）
腓腹部筋肉群
腓腹筋
ヒラメ筋

筋肉が腱に
結合する部分は、
筋腱移行部と
呼ばれる

コラーゲン線維が引っ張り、
または張力に抵抗する

腱
密に並んだコラーゲン線維からなる腱は筋肉の外層
を囲み、包んでいて、筋肉の構造を支持したり、筋肉
を骨に結合させたりしている。筋力トレーニングは筋
肉に応力を生み、同時に腱にも同じことが起こる。

深層

表層

13

筋肉がはたらくしくみ

筋肉は腱で骨とつながっていて、腱は引き延ばされることによって、動きが生み出す力をうまく伝えます。筋肉は拮抗的なペアではたらくことで、関節周囲の動きをコントロールしていることが多く、その一例として腕の伸展と屈曲をここに示しています。筋収縮には、いくつかの異なる様式があります。

収縮の種類

筋力トレーニングでは、3種類の収縮をそれぞれ等張性収縮（アイソトニック収縮）〔さらに伸張性収縮（エキセントリック収縮）と短縮性収縮（コンセントリック収縮）に分けられる〕と等尺性収縮（アイソメトリック収縮）と呼びます。これらの名称は、筋肉がどのように変化するかを表しています。例えば、等張性収縮では筋肉の長さが変化します。伸張性収縮では筋肉は長くなっていくのに対し、短縮性収縮では短くなります。等尺性の運動では、筋肉は力を発揮していますが、筋肉の長さが変化しないので動きは生じません。（→P20〜21）

拮抗筋（きっこうきん）
肘関節が伸展するとき、上腕二頭筋が拮抗筋となっている

主働筋
上腕三頭筋が主働筋となって、肘関節を伸展させる

伸展
関節の角度が大きくなっていく

協働筋
上腕筋と腕橈骨筋（わんとうこつきん）は、肘関節の屈曲と伸展の両方で補助的な役割を果たす

伸張性収縮
伸張性収縮では、筋肉は伸張しながら力を発揮している。張力を維持したまま伸張していくので、運動に「ブレーキをかける」または運動を減速させるはたらきがある。ここでは、上腕二頭筋が伸張性収縮を行うことで「ブレーキをかけ」ながら、ダンベルを下ろしていく。

筋肉が協調してはたらくしくみ

筋肉は力を出して「引っ張る」ことしかできず、「押す」ことはできません。そのため、筋肉は拮抗的なペアではたらくことが多くなります。ある動きで主にはたらく筋肉は主働筋といわれ、協働筋と協力して関節の動きを作り出します。拮抗筋は主働筋に対抗する筋肉で、関節の反対側にあって動きを調節しています。

洗練された動き

筋トレを始めたばかりの頃は、神経系は主働筋と拮抗筋を同時に活動させようとするので、ぎこちなく、調和の取れていない動きになってしまう。時間がたち、練習を重ねるにつれ神経系が適応し（→P38）、拮抗筋群が同時にはたらくことが減り、より滑らかで効率的な関節の動きができるようになり、生み出せる力も大きくなる。

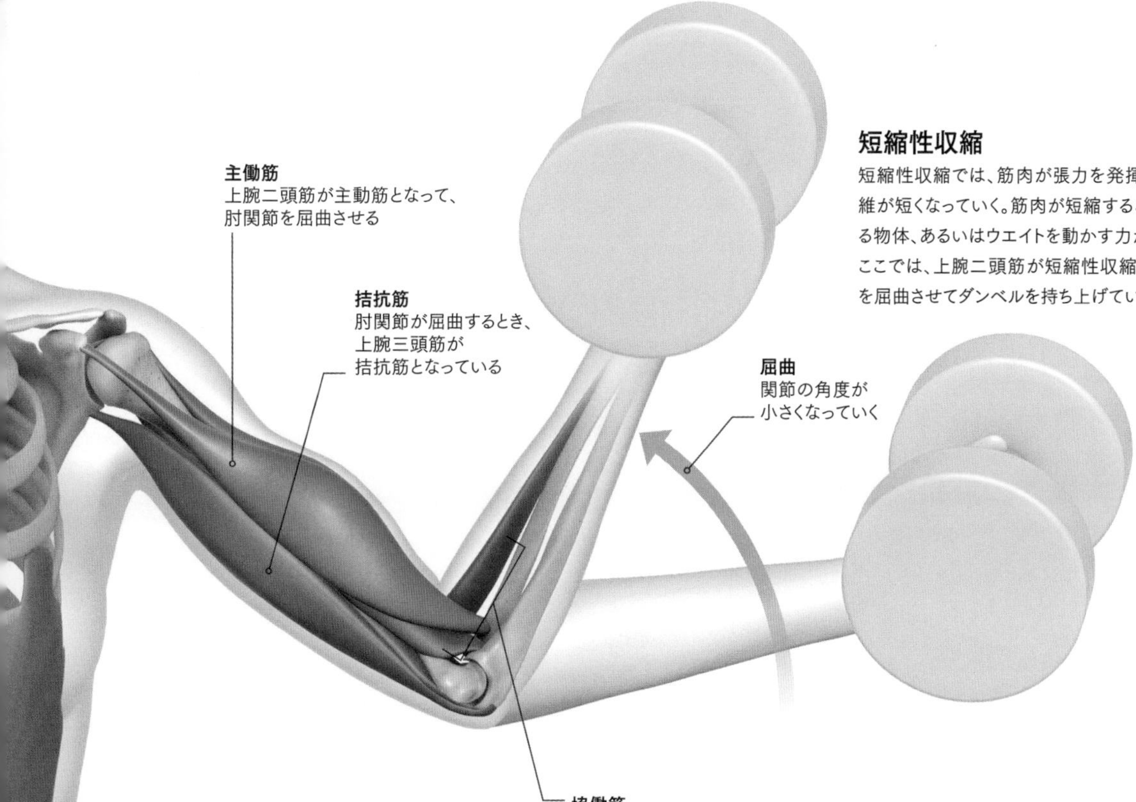
主働筋
上腕二頭筋が主動筋となって、
肘関節を屈曲させる
拮抗筋
肘関節が屈曲するとき、
上腕三頭筋が
拮抗筋となっている
屈曲
関節の角度が
小さくなっていく
協働筋
上腕筋と腕橈骨筋は、
肘関節の屈曲と
伸展の両方で
補助的な役割を果たす

短縮性収縮

短縮性収縮では、筋肉が張力を発揮しながら、筋線維が短くなっていく。筋肉が短縮することで、対象となる物体、あるいはウエイトを動かす力が作りだされる。ここでは、上腕二頭筋が短縮性収縮を行い、肘関節を屈曲させてダンベルを持ち上げている。

等尺性収縮

等尺性収縮では、筋肉は張力を発揮しているが、長さは変化しない。姿勢を保っているときにはこのような収縮が行われている。例えば、腹筋群を引き締めて体幹を安定させておくことで、エクササイズのターゲットマッスル（鍛える筋群）に集中することができる。

図中の色の意味

- 張力を発揮しながら短縮（短縮性）
- 筋肉は動かず維持（等尺性）
- 張力を発揮しながら伸長（伸張性）

筋肉の構造

骨格筋は、筋線維が束となった円柱形の筋線維束からできています。各筋線維は筋細胞とも呼ばれ、収縮タンパク質のフィラメントをもち、これによって収縮します。各筋肉には血管が張り巡らされ、エネルギー産生に必要な酸素や化学物質（→P28〜29）を運び、筋収縮で生じる老廃物を除去しています。

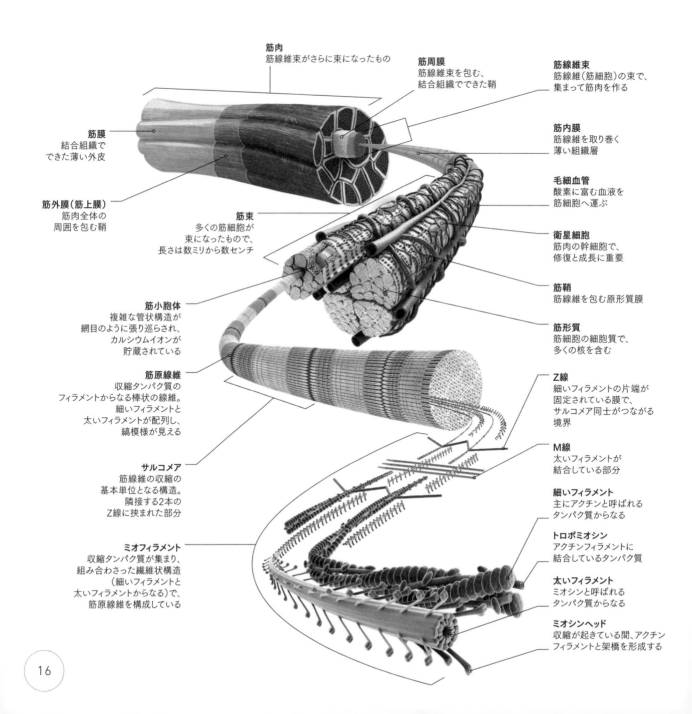

筋肉
筋線維束がさらに束になったもの

筋周膜
筋線維束を包む、結合組織でできた鞘

筋線維束
筋線維（筋細胞）の束で、集まって筋肉を作る

筋膜
結合組織でできた薄い外皮

筋内膜
筋線維を取り巻く薄い組織層

毛細血管
酸素に富む血液を筋細胞へ運ぶ

筋外膜（筋上膜）
筋肉全体の周囲を包む鞘

筋束
多くの筋細胞が束になったもので、長さは数ミリから数センチ

衛星細胞
筋肉の幹細胞で、修復と成長に重要

筋鞘
筋線維を包む原形質膜

筋小胞体
複雑な管状構造が網目のように張り巡らされ、カルシウムイオンが貯蔵されている

筋形質
筋細胞の細胞質で、多くの核を含む

筋原線維
収縮タンパク質のフィラメントからなる棒状の線維。細いフィラメントと太いフィラメントが配列し、縞模様が見える

Z線
細いフィラメントの片端が固定されている膜で、サルコメア同士がつながる境界

サルコメア
筋線維の収縮の基本単位となる構造。隣接する2本のZ線に挟まれた部分

M線
太いフィラメントが結合している部分

細いフィラメント
主にアクチンと呼ばれるタンパク質からなる

トロポミオシン
アクチンフィラメントに結合しているタンパク質

ミオフィラメント
収縮タンパク質が集まり、組み合わさった繊維状構造（細いフィラメントと太いフィラメントからなる）で、筋原線維を構成している

太いフィラメント
ミオシンと呼ばれるタンパク質からなる

ミオシンヘッド
収縮が起きている間、アクチンフィラメントと架橋を形成する

遅筋と速筋

骨格筋線維には2つの主な種類－遅筋線維（タイプⅠ）と速筋線維（タイプⅡ）がある。神経系は、それぞれのトレーニングに適したタイプの筋線維を自動的に選択している。大部分の骨格筋は、これら2つのタイプをほぼ半分ずつ含んでいるので、大きさや持続時間が異なるさまざまな運動ができるようになっている。

速筋線維はすばやい収縮を行うがすぐに疲労する。強度の高い、または瞬発的な動きに使われる

遅筋線維はよりゆっくりした収縮を行うが、持続時間は長い。耐久性を必要とする動きに使われる

力

時間（ミリ秒）　　200

遅筋と速筋の比較

ミクロなレベルで見た筋収縮

骨格筋の短縮は、筋原線維内にある収縮タンパク質フィラメント、すなわちアクチンとミオシンによって行われる。神経からの信号が、神経線維内での収縮サイクルを開始させる。アクチンフィラメントとミオシンフィラメントは結合し、折れ曲がり、離れ、再び結合するというサイクルを繰り返すことで、サルコメアの中心に向かってアクチンフィラメントが引き寄せられ、筋肉に張力を発生させる。

収縮サイクル

アクチンフィラメント

ミオシンヘッド

結合
活性化されたミオシンヘッドがアクチンフィラメントの結合部位と相互作用し、フィラメント間に架橋と呼ばれる構造を形成する。

アクチンが引っ張られる

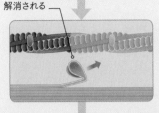

ミオシンヘッドが首振り運動を行う

パワーストローク
ミオシンヘッドが首振り運動を行って屈曲し、アクチンフィラメントをM線の方へ引き寄せるので、隣り合うZ線の間隔が短くなる。

架橋が解消される

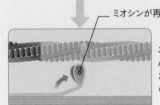

解離
ATP分子（化学エネルギーを保持している）がミオシンヘッドに結合し、アクチンフィラメントへの結合を緩めて、架橋が解消される。

ミオシンが再びエネルギーを得る

エネルギーによる再活性
ATPがエネルギーを放出し、屈曲したミオシンヘッドをまっすぐにし、次の収縮サイクルが始まる。

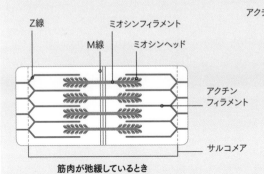

Z線　M線　ミオシンフィラメント　ミオシンヘッド

アクチンフィラメント

サルコメア

筋肉が弛緩しているとき

架橋が形成され、アクチンフィラメントを内側へ引き込むことで筋肉は収縮し、張力が生じる

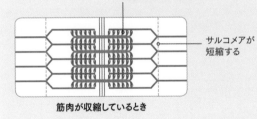

サルコメアが短縮する

筋肉が収縮しているとき

筋肉の成長

筋細胞の成長、つまり筋肥大は、一般的には骨格筋組織の大きさが増大すること
と定義されます。筋トレはさまざまな経路、および筋肉の維持と修復、新しい筋肉の
成長を担う特殊な細胞を介して筋肥大を刺激します。

何が成長を刺激するか

　骨格筋の成長で何が起こっているかについては、関連する3
つの刺激と結びつけて説明されています。その3つとは機械的
張力（筋力トレーニング中に筋線維に加えられる張力）、代謝ス
トレス（トレーニングによる筋線維中での代謝副産物の蓄積）、
筋損傷（筋線維に生じる微小な裂け目やZ線の破壊）です。

　筋肉の成長をもたらす主な要因は機械的張力です。疲労は、
部分的には代謝ストレスが原因で引き起こされますが、疲労は
機械的張力を高め、それによって筋肉につながる運動ニューロ
ンがより多く動員されるようになり、筋線維の短縮スピードを遅く
します。このような変化が組み合わさって起こることで、動員され
る筋線維の数が増え、発生する機械的張力を強化させます。こ
れらが互いに作用しあう結果、張力はさらに高まります。つまり代
謝ストレスは機械的張力の副産物として生じ、それが筋肉内で
の張力の増大に寄与するのです。

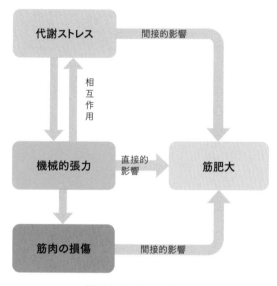

筋肥大のメカニズム

筋肉が大きくなるしくみ

　骨格筋のタンパク質は、合成と分解のサイクルを常に繰り返し
ています（→P34）。筋肉の成長は、筋肉のタンパク質の合成が
分解を上回ることで起こります。筋肥大はさまざまな部分、つまり
筋原線維、筋形質液、結合組織に起こる適応を合わせたものと
考えることができます。

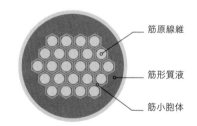

成長前の筋線維
筋線維の横断面図。蜂の巣の壁のような筋小胞
体やT管による膜系の中に筋原線維があり、束に
なった筋原線維を筋形質が取り巻いている。

衛星細胞

筋衛星細胞は幹細胞の一種で、筋力トレーニングによって起こる筋線維の維持、修復（および成長）、リモデリングに重要な役割を果たします。衛星細胞は普段は休眠していますが、刺激を受けると新しい筋線維の形成を助けたり、自分の核を与えることで既存の筋線維を補助したりすることができます。また、増殖して新しい衛星細胞を補充します。

（→P30〜31）

筋線維　筋細胞核　休眠中の衛星細胞

損傷を受けていない筋線維

トレーニングによる筋損傷

衛星細胞の活性化

一部の細胞は衛星細部に戻る

衛星細胞の増殖

修復された筋線維

ミオサイトは損傷した筋線維と融合

ミオサイト（筋線維のもとになる単核細胞。融合して筋線維になる）になった衛星細胞

筋管細胞は成熟し新しい筋線維となる

ミオサイトは融合し筋管細胞（単核の細胞が融合してできた未熟な段階の筋線維）となる

加齢に伴う筋肉量の減少

筋萎縮（肥大の対義語）とは、衰弱または筋組織の大きさの減少によって、筋肉が衰えることである。このような筋肉の減少は、生活の質の低下や疾患の増加につながる。40歳を過ぎると、毎年筋肉は失われていく。しかし、継続的な筋力トレーニングを行い、併せてタンパク質を適切に摂取すると（→P30〜31）、筋喪失の進行を抑制できることが示されている。身体活動、特に筋力トレーニングを行うと、サルコペニア（筋喪失）やダイナペニア（筋肉の強さや力の低下）を防いだり改善したりすることができる。

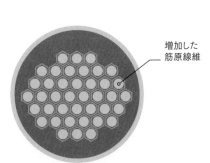

増加した筋原線維

筋原線維性肥大
筋原線維のタンパク質は、筋細胞のタンパク質の60〜70%を占める。筋原線維性肥大では、サルコメア数が増加することで筋原線維の数または大きさ、あるいはその両方が増大する。

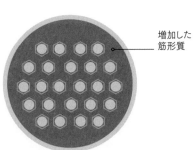

増加した筋形質

筋形質性肥大
筋形質（ミトコンドリア、筋小胞体、T管、酵素、グリコーゲンなどの基質を含む）の容積が増えるので、筋線維が大きくなる（T管とは、運動神経からの信号により筋細胞膜に生じた活動電位を細胞内へ伝えるための構造）。

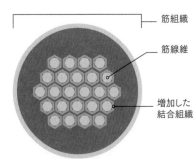

筋組織

筋線維

増加した結合組織

結合組織性肥大
筋線維の細胞外基質は、結合組織からなる三次元的な枠構造である。ここに含まれるミネラル分やタンパク質が増加すると、筋肉が大きくなる。

なぜトレーニングは 筋肉を成長させるのか

筋肥大をもたらす3つの要因は、どれもはたらきがかなり異なっています。主に作用するのは機械的張力で、それほど直接的ではありませんが代謝ストレスと筋損傷の影響もあります(→P18)。

機械的張力

　筋肥大が起こるには、機械的刺激(または応力)が必要です。機械的刺激とは、機械的な張力または筋肉の緊張を意味します。あなたの筋肉が抵抗に対して収縮するとき、筋肉は力が与えられたことによって機械的張力を作り出しています。筋肉にある機械受容器がそのような張力を感知すると、筋肉の成長につながる化学反応が連鎖的に起こり始めます。

物理的レジスタンスがはたらく

↓

体全体が反応

↓

細胞に化学的変化が起こる

↓

タンパク質合成が増加

↓

筋肉の成長／トレーニングへの適応

運動から成長へ

レジスタンスに対抗する運動は機械的張力に物理的刺激を与え、広範な化学的、生物学的反応を次々と引き起こし、その結果筋肉はより大きく、強くなる。

筋肉における張力の発生

能動的な収縮が起こると(→P14〜15)、筋肉の長さが短縮、伸長あるいは維持のいずれの場合であっても、筋肉には機械的張力、あるいは筋緊張が発生する。張力の大きさは、サルコメア内のアクチンフィラメントとミオシンフィラメントの重なりの大小によって決まる。

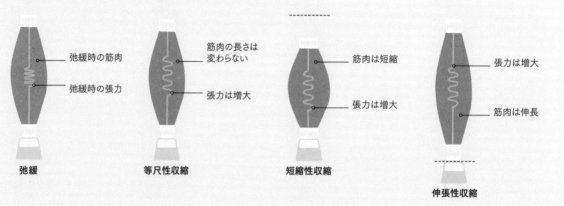

弛緩時の筋肉
弛緩時の張力

筋肉の長さは変わらない
張力は増大

筋肉は短縮
張力は増大

張力は増大
筋肉は伸長

弛緩　　　等尺性収縮　　　短縮性収縮　　　伸張性収縮

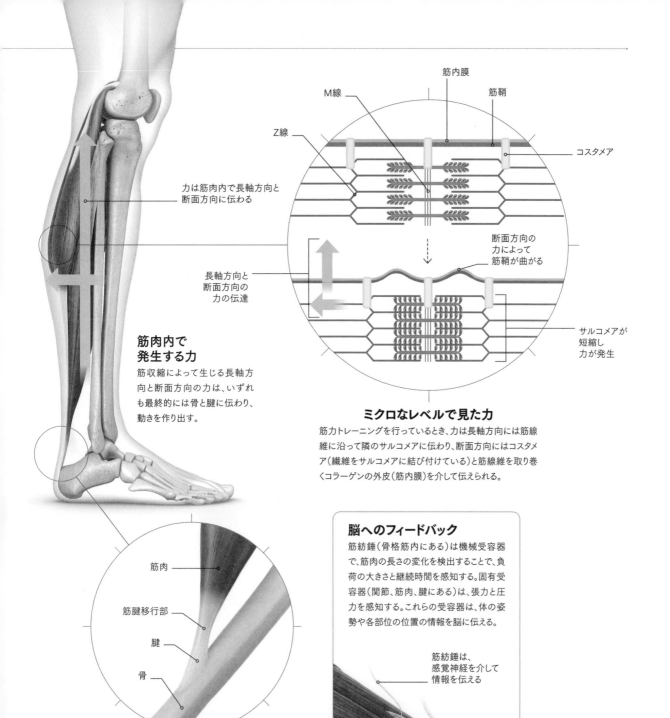

力は筋肉内で長軸方向と
断面方向に伝わる

筋内膜

M線

筋鞘

Z線

コスタメア

断面方向の
力によって
筋鞘が曲がる

長軸方向と
断面方向の
力の伝達

サルコメアが
短縮し
力が発生

筋肉内で
発生する力

筋収縮によって生じる長軸方
向と断面方向の力は、いずれ
も最終的には骨と腱に伝わり、
動きを作り出す。

ミクロなレベルで見た力

筋力トレーニングを行っているとき、力は長軸方向には筋線
維に沿って隣のサルコメアに伝わり、断面方向にはコスタメ
ア（繊維をサルコメアに結び付けている）と筋線維を取り巻
くコラーゲンの外皮（筋内膜）を介して伝えられる。

脳へのフィードバック

筋紡錘（骨格筋内にある）は機械受容器
で、筋肉の長さの変化を検出することで、負
荷の大きさと継続時間を感知する。固有受
容器（関節、筋肉、腱にある）は、張力と圧
力を感知する。これらの受容器は、体の姿
勢や各部位の位置の情報を脳に伝える。

筋紡錘は、
感覚神経を介して
情報を伝える

筋肉

筋腱移行部

腱

骨

筋腱移行部

筋肉は、腱を介して筋肉に結合している。腱が筋肉につながる部
分は筋腱移行部といわれ、傷めやすい部分である（→P178）。

代謝ストレス

　筋肥大をもたらす2番目の要因は、トレーニングが誘発する代謝産物、つまり細胞内で酵素の触媒作用によって進行する代謝反応の中間産物の蓄積です。一般的な代謝産物は乳酸（→P29）、無機リン酸、水素です。血液中の酸素が少ないと（低酸素）、収縮中にホルモンやサイトカイン（シグナルタンパク質）の放出も促進されます。筋肉の疲労と代謝産物の生成によって速筋線維の張力が高くなり、これらの筋線維が成長するというのが主流の説です。

　代謝ストレスによって起こる現象で、筋収縮で発生する機械的張力に影響を与えると考えられるもうひとつの要因は、細胞の膨潤（筋ポンプとも呼ばれる）です。筋肉内部の圧力が上昇すると、より大きな張力が発生し、収縮中の機械的張力全体の大きさが増すのです。

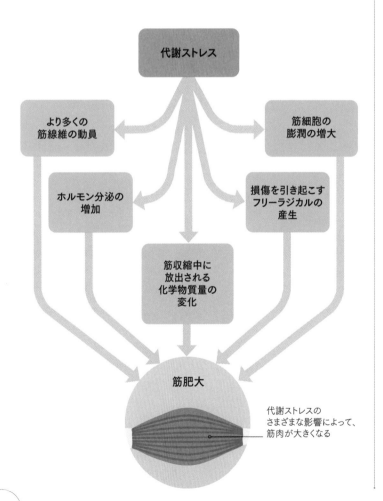

代謝ストレスのさまざまな影響によって、筋肉が大きくなる

ハムストリング・ボールカール
1つのエクササイズではさまざまな筋肉が等尺性、短縮性、伸張性の収縮を行う。筋細胞への物理的な損傷を最小にするには、短縮性収縮をコントロールすることが重要だ。

筋損傷

　筋肉の成長に寄与する筋損傷とは、トレーニングによって起こる損傷です。起こりうる損傷は、筋肉の成長につながる可能性のある軽度の損傷から、組織の大きな破壊と全身に負の影響をもたらす重度の損傷までさまざまです。

多すぎる損傷はマイナス

　トレーニングによる筋損傷（と筋肉痛）は起これば起こるほど望ましいというのは、ありがちな誤解である。筋肉痛は、ターゲットとなる筋肉が張力を発揮したことの証だが、大きな筋損傷が起こると、トレーニングを続けられないので成長が妨げられる。筋損傷によって新しい筋肉がつくられるようになるので、良い効果があるとかつては信じられていた。しかし現在では、筋肉でのタンパク質合成が増えるのは、主に強度の高いトレーニングで損傷した筋肉を再建、修復するためであり、収縮性タンパク質が新たに増えるのではないことがわかっている。

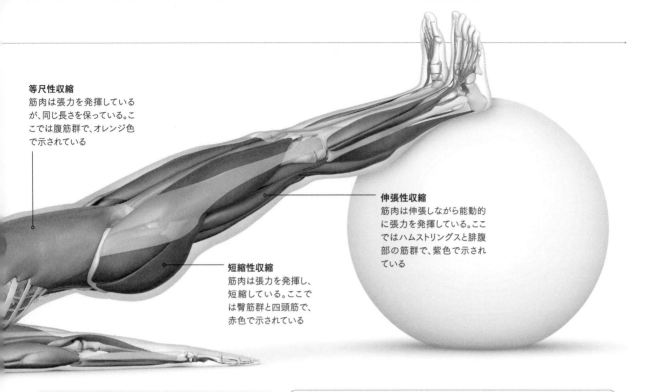

等尺性収縮
筋肉は張力を発揮しているが、同じ長さを保っている。ここでは腹筋群で、オレンジ色で示されている

伸張性収縮
筋肉は伸張しながら能動的に張力を発揮している。ここではハムストリングスと腓腹部の筋群で、紫色で示されている

短縮性収縮
筋肉は張力を発揮し、短縮している。ここでは臀筋群と四頭筋で、赤色で示されている

伸張性収縮で生じる損傷

筋損傷はトレーニング量が多いとしばしば起こり（→P196）、伸張性収縮に伴って起こりやすい。伸張性収縮が短縮性収縮や等尺性収縮と比べて、筋細胞により多くの物理的損傷を与えるおそれがあるからだ。伸張性収縮が引き起こす損傷は、ATPが結合して起こる正常な解離（→P17）ではなく、アクチンとミオシンの結合が物理的に外れてしまうことによる。強度の高い伸張性の動作では、サルコメアが引き伸ばされ過ぎて、筋線維の長軸方向に沿って次々と「ポッピング」（ストローの端の曲がる部分を想像してみればよい）を起こす。運動が終わるとフィラメントは元通りに組み合わされるが、筋肉痛が起こる。

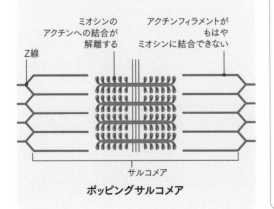

ミオシンのアクチンへの結合が解離する

アクチンフィラメントがもはやミオシンに結合できない

Z線

サルコメア

ポッピングサルコメア

筋肉をつけるには回復が重要

ワークアウトの強度により一時的に起こった筋損傷が回復するには、より長い時間がかかる。回復時間は、損傷した筋線維の再建において重要となる。トレーニングセッションの間に、筋肉が回復するための十分な時間をとらないと、筋肉は再建することができず、パフォーマンスに有害な影響が生じる（→P177）。

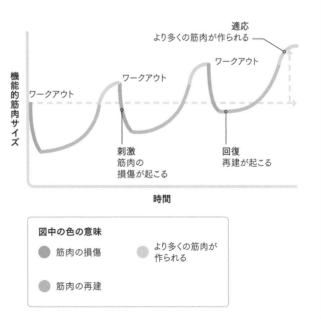

機能的筋肉サイズ

ワークアウト

ワークアウト

ワークアウト

適応
より多くの筋肉が作られる

刺激
筋肉の損傷が起こる

回復
再建が起こる

時間

図中の色の意味

● 筋肉の損傷

● 筋肉の再建

● より多くの筋肉が作られる

なぜトレーニングは骨を強くするのか

人体で最も洗練された特性をもちながら、最も見過ごされることが多い臓器が骨です。人体の動きの機能的な枠組みとなり（→26〜27）、怪我の発生や生活の質、死亡率とも直接関連しています。

骨はどう作られるか

骨は、応力や機械的な負荷を受けると骨芽細胞のはたらきによって大きくなり、強化されます。不活発な生活で負担がかからなければ、骨は破骨細胞がはたらいて再吸収され、強度、大きさ、そして全体的な密度が低下します。骨の構造は体にかかる重力、そして結合組織を介して筋収縮から直接伝わる側方力によって維持されています。

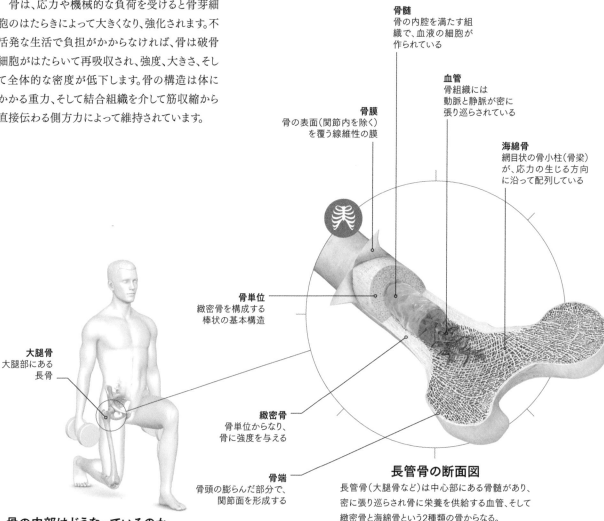

骨髄
骨の内腔を満たす組織で、血液の細胞が作られている

血管
骨組織には動脈と静脈が密に張り巡らされている

海綿骨
網目状の骨小柱（骨梁）が、応力の生じる方向に沿って配列している

骨膜
骨の表面（関節内を除く）を覆う線維性の膜

骨単位
緻密骨を構成する棒状の基本構造

大腿骨
大腿部にある長骨

緻密骨
骨単位からなり、骨に強度を与える

骨端
骨頭の膨らんだ部分で、関節面を形成する

骨の内部はどうなっているのか
骨は特殊化した細胞とタンパク質線維からなる、生きた結合組織だ。緻密骨と海綿骨の層からなり、高い強度をもちながらも軽量である。

長管骨の断面図
長管骨（大腿骨など）は中心部にある骨髄があり、密に張り巡らされ骨に栄養を供給する血管、そして緻密骨と海綿骨という2種類の骨からなる。

生涯にわたる
骨と筋肉の強化

定期的に筋力トレーニングを行うと、骨粗しょう症（骨が弱く、脆くなること）やサルコペニア（筋肉量の減少）のリスクを低減することが示されている。事実、これら2つの疾患が共存するオステオサルコペニアは、高齢者で転倒や骨折を起こしやすくなることから「危険なデュエット」ともいわれている。

骨と筋肉はどう変化するか
定期的な筋力トレーニングは、骨密度と骨塩量に良い影響を与え、骨粗しょう症のリスクを低減することが示されている。

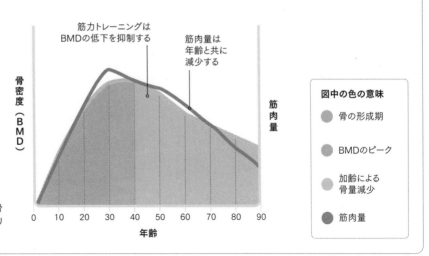

筋力トレーニングは
BMDの低下を抑制する

筋肉量は
年齢と共に
減少する

骨密度（BMD）

筋肉量

0 10 20 30 40 50 60 70 80 90
年齢

図中の色の意味

- 骨の形成期
- BMDのピーク
- 加齢による
  骨量減少
- 筋肉量

骨のリモデリングは
こうして起こる

　骨は絶え間なく変化しています。破骨細胞が骨を破壊し、骨芽細胞が新しい骨を作っているのです。負荷による力は、引っ張る力と圧縮する力のどちらがかかっているかによって、この周期的な変化にさまざまな影響を与えます。座っているときのように骨格に外力がまったくかかっていないと、破骨細胞の活動が優るようになります。そのため、特に骨にとっては座りがちな生活は悪いのです。

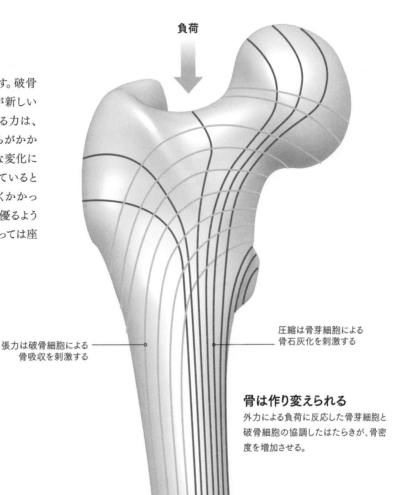

負荷

張力は破骨細胞による
骨吸収を刺激する

圧縮は骨芽細胞による
骨石灰化を刺激する

骨は作り変えられる
外力による負荷に反応した骨芽細胞と破骨細胞の協調したはたらきが、骨密度を増加させる。

動きのメカニズム

骨格の主な機械的役割は、筋肉の力が作用する強固なてことなることです。筋トレでは、筋肉の力が外から加わる負荷と逆向きに作用するようにし、体やダンベルなどを動かすことでトレーニング効果を出します。

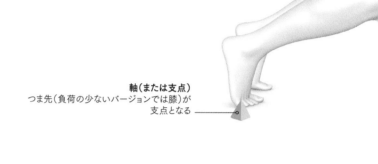

プッシュアップ
（→95）

軸（または支点）
つま先（負荷の少ないバージョンでは膝）が支点となる

筋肉はどうやって体を動かすのか

　体は、基本的にてこの原理で動く構造物です。てこはすべて、てこのレバー（骨）、軸（関節）、負荷を動かす力（骨を引っ張る筋肉の力）、そして自分の体重や外から加わる負荷による抵抗から成り立っています。

　てこは小さな力をはるかに大きな力に変換する（機械的利得と呼ばれる）ので、有効な力で動かされる距離は短くなり、強さと共にスピードのある動きになります。

　レバーのどの位置に筋力や外力の抵抗が加わるかは関節との関係で決まり、ウエイトを持ち上げるてこの力を決定します。人体では3種類のてこがはたらいていますが、それらは第1、第2、第3のてこと呼ばれます。

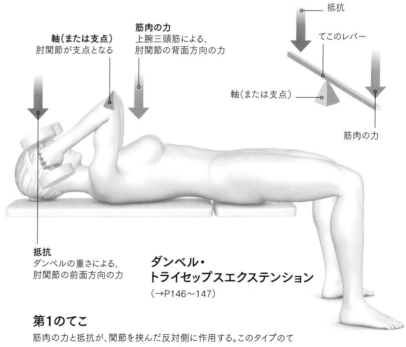

抵抗

てこのレバー

軸（または支点）
肘関節が支点となる

筋肉の力
上腕三頭筋による、肘関節の背面方向の力

軸（または支点）

筋肉の力

抵抗
ダンベルの重さによる、肘関節の前面方向の力

ダンベル・トライセップスエクステンション
（→P146〜147）

第1のてこ

筋肉の力と抵抗が、関節を挟んだ反対側に作用する。このタイプのてこは人体ではほとんどない。トライセップス・エクステンション以外の第1のてこの例としては、脊柱最上部の環椎後頭関節を軸として起こる、首を頷かせる動きがある。

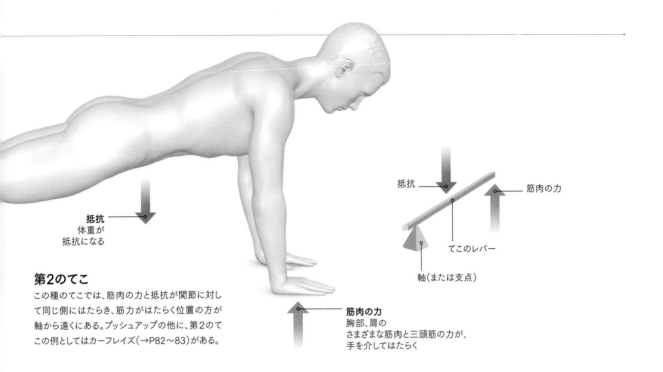

抵抗 →
抵抗
体重が
抵抗になる

てこのレバー

軸（または支点）

第2のてこ

この種のてこでは、筋肉の力と抵抗が関節に対して同じ側にはたらき、筋力がはたらく位置の方が軸から遠くにある。プッシュアップの他に、第2のてこの例としてはカーフレイズ（→P82〜83）がある。

筋肉の力
胸部、肩の
さまざまな筋肉と三頭筋の力が、
手を介してはたらく

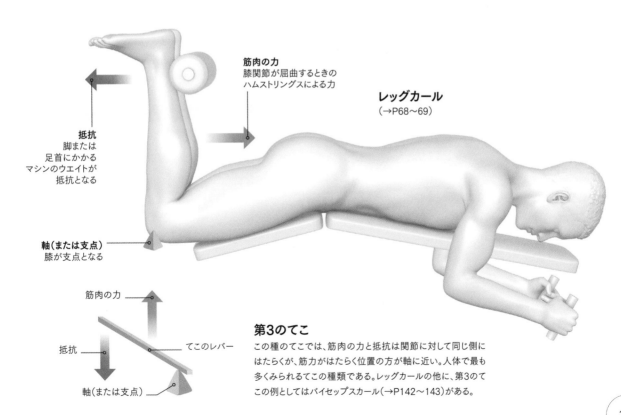

筋肉の力
膝関節が屈曲するときの
ハムストリングスによる力

レッグカール
（→P68〜69）

抵抗
脚または
足首にかかる
マシンのウエイトが
抵抗となる

軸（または支点）
膝が支点となる

筋肉の力

抵抗

てこのレバー

軸（または支点）

第3のてこ

この種のてこでは、筋肉の力と抵抗は関節に対して同じ側にはたらくが、筋力がはたらく位置の方が軸に近い。人体で最も多くみられるてこの種類である。レッグカールの他に、第3のてこの例としてはバイセップスカール（→P142〜143）がある。

筋肉のエネルギーを生みだすしくみ

人体は精密機械のようなもので、バーベルバックスクワットのような素早く瞬発的な動き、マラソンやランニングのような持久的な活動、さらにその中間にあるあらゆる運動に対応することができます。これを行うために、1つではなく3種類の異なるエネルギー産生方法を利用しています。

エネルギーの変換

　生物学的なシステムにおけるエネルギーの流れ（バイオエナジェティクス）は、主に体内に蓄えられたグリコーゲンやその他の主要栄養素、すなわち脂肪とタンパク質、炭水化物の化学エネルギーを、生物学的に利用可能な形に変換することで起こります（→P30〜31）。

　生物体が細胞内でのエネルギーの貯蔵と変換に利用する代表的な分子が、アデノシン三リン酸（ATP）です。

ATP — 細胞のエネルギー通貨

　筋肉が力を発揮することも含めて、細胞が行うほぼすべての過程にATPが必要です。ATPはヌクレオチドの一種で、アデニン塩基が糖であるリボースに結合し、そこに3分子のリン酸基が結合したものです。3分子のリン酸は互いに高エネルギー結合で結びついています。ATP分子は、1個のリン酸基が離れるときにエネルギーを放出し、その結果エネルギー含有量の少ない分子であるアデノシン二リン酸（ADP）になります。ADPとATPの変換サイクルは、これらの分子の間で常に繰り返され、体が行うすべての生物学的反応のために、途切れることなくエネルギーを供給しています。

好気呼吸 ── 酸化的代謝

体が行う酸化的代謝は、主に強度は低いが長時間継続する活動、例えば1600M（1マイル）以上のランニングなどにエネルギーを供給したり、筋力トレーニングにおける休息時間のような、強度が中程度あるいは強い活動の間でエネルギーの回復を助けたりする。筋力トレーニングを行うと、ミトコンドリア（細胞内でエネルギーを産生する細胞小器官）の増加、ミオグロビン（血液からの酸素の取り込みを助けるタンパク質）の増加、そして毛細血管密度の増加によって酸化的システムへの適応が起こる。これらの要因はすべて、酸素の筋肉組織への取り込みを促進する。

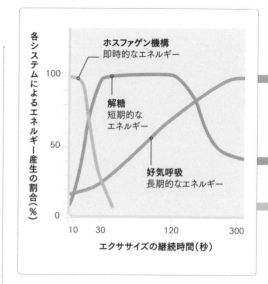

体はどうやってエネルギーを作るか

　エネルギー産生過程は嫌気的（酸素に依存しない）と好気的（酸素依存的）な過程に大別されます。嫌気的代謝にはホスファゲン機構と解糖が含まれるのに対し、好気的代謝とは酸化的な反応系のことです。これら3つのシステムは、すべていつでもはたらくようになっていることに留意しましょう。活動の強度と継続時間によって、どのシステムを主にはたらかせるか、つまりより多く使うかが決まるのです。

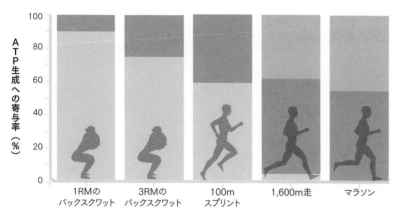

縦軸: ＡＴＰ生成への寄与率（％）

横軸（活動）: 1RMのバックスクワット / 3RMのバックスクワット / 100mスプリント / 1,600m走 / マラソン

図中の色と記号の意味
- ATP-PCr
- 解糖
- 酸化的代謝
- RM　RM最大反復回数

（RMはトレーニング負荷［ウエイトの重さ］を表す単位。1RMはある動作を1回しか行えない負荷）

運動のエネルギー

いろいろな運動における、3つのエネルギー産生システムの寄与の割合は異なっている。筋力トレーニングの力を生み出すのはATP-PCrシステムだが、その他のシステムはトレーニングセット間のエネルギー補充を助ける。

嫌気的解糖

解糖のシステムは、継続時間が中程度で強度の高いトレーニング、例えば筋力トレーニングを多めに行ったときやスプリント走を持続的に行ったときなどに行われる。強度の高いエクササイズ中には、解糖の過程が血液中のグルコース（ブドウ糖）を用いるが、筋肉のエネルギー（ATP）必要量を満たそうとするため、乳酸が生成される。血液中に乳酸が蓄積すると、乳酸アシドーシスの状態となり、筋肉痛や筋肉の熱感、疲労、呼吸促迫、腹痛、吐き気などの不快な症状を引き起こす。幸いなことに、この過程は一時的かつ可逆的で、乳酸は代謝されてピルビン酸となり、他のエネルギー経路で再利用される。エクササイズ中には、解糖の酵素のレベルが上昇してより効率的にATPが生成されること、また筋肉中により多くのグリコーゲンが貯蔵されることで、解糖への適応が起こる。

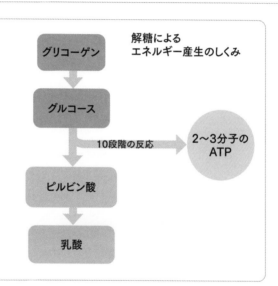

解糖によるエネルギー産生のしくみ

グリコーゲン → グルコース → 10段階の反応 → 2〜3分子のATP
ピルビン酸 → 乳酸

嫌気的ホスファゲン機構

ホスファゲン機構（クレアチンリン酸（PCr）が利用され、再合成される過程であるためATP-PCrとも呼ばれる）は、主に短期的で強度の高い運動、例えば強度の高い筋力トレーニング（1-3レップス）やスプリント（100M全力疾走）などで行われる。この過程は、強度にかかわらずあらゆる運動の開始時点で、高い活性を示している。筋力トレーニングによって、この過程に適応することができる。筋肉内の貯蔵で起こる最も顕著な改善は、クレアチン一水和物の追加である。

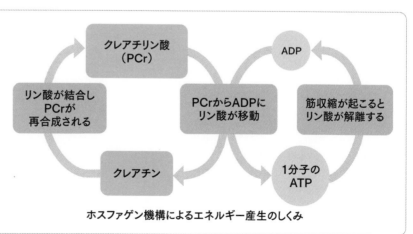

クレアチリン酸（PCr） / ADP / PCrからADPにリン酸が移動 / 筋収縮が起こるとリン酸が解離する / リン酸が結合しPCrが再合成される / クレアチン / 1分子のATP

ホスファゲン機構によるエネルギー産生のしくみ

筋力トレーニングにおける エネルギー供給

「主要栄養素」という言葉にはなじみがないかもしれませんが、三大栄養素、つまり炭水化物、脂肪、タンパク質なら聞いたことがあるでしょう。これら主要栄養素に含まれるカロリーは、レジスタンスに対抗して運動する筋肉が力を発揮する際など、体内で行われる化学反応に使われるエネルギーを放出します。「微量栄養素」と呼ばれる栄養素もあり、これはビタミンやミネラル類で、体内で行われる幅広く多様なはたらきにとって不可欠です。

主要栄養素

3つの主要栄養素はそれぞれの構成要素である分子が集まってできており、その構成要素に分解されたのちエネルギー産生に用いられます。この過程はバイオエナジェティックスと呼ばれます（→P28〜29）。炭水化物はグルコースの形で存在しているものや、グリコーゲンとして貯蔵されているもの（筋肉や肝臓中）があります。タンパク質はアミノ酸からできています。脂肪はトリアシルグリセロール（1分子のグリセロールと3分子の脂肪酸が結合した分子）と遊離脂肪酸の形で存在しています。

エネルギー源としての主要栄養素

エネルギー源となる物質が炭水化物、タンパク質、脂肪のいずれであっても、体内ではそれらの構成養素である分子まで分解され、血流にのって筋肉に届く。筋細胞はこれらのエネルギー源を使ってエネルギー、すなわちATP（→P28〜29）を合成する。グリコーゲンとトリアシルグリセロールに加えて、筋肉はATPとアミノ酸も貯蔵している。

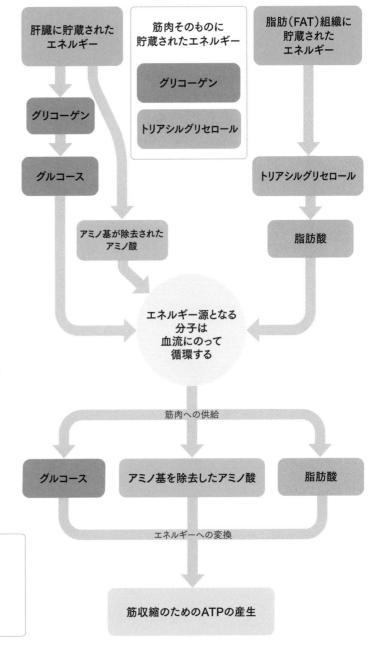

図中の色の意味
- ● 炭水化物
- ● タンパク質
- ● 脂肪

炭水化物

筋力トレーニングでは、主なエネルギー源は炭水化物で、グリコーゲンの形で貯蔵されており、嫌気的代謝によってエネルギーに変換されます（→P28〜29）。炭水化物の摂取は、トレーニングのセッションとセッションの間に貯蔵グリコーゲンを補充し、適切な回復をはかりその後のパフォーマンスを維持するうえで重要です。人体はタンパク質と脂肪からグルコースを合成することができますが、特に筋トレを行っていれば、炭水化物は日々のエネルギー摂取中で最も多い割合を占めるべきです。筋トレ中のATPの80％は炭水化物から生成されます。

タンパク質

タンパク質が筋肉の生成と維持、組織と細胞の成長と修復、結合組織、そして骨、器官の構造を保つ役割において重要であることに着目すれば、食事に含まれるタンパク質は生存と健康の維持に必須です。炭水化物や脂肪と異なり、タンパク質は利用できる量が少ないときのために貯蔵しておくことができないので、毎日十分なタンパク質を摂取しなければなりません。人体が機能するために20種類のアミノ酸が使われており、これらはさらに必須アミノ酸と非必須アミノ酸に分類されます。必須アミノ酸は食事から摂取する必要がありますが、非必須アミノ酸は人体で他のアミノ酸から合成することができます。

脂肪

脂肪は脂質とも呼ばれ、衝撃の緩和による臓器の保護、神経におけるシグナル伝達、またビタミン吸収を助けたり細胞膜やホルモン生成を促進するなど、人体の多くの機能で重要な役割を果たす必須栄養素です。体内では、脂肪は脂肪組織に蓄積されます。適切な量の脂肪摂取はテストステロンレベルに影響を与え、筋肉の生成と代謝の調節に重要な役割を果たすことが示されています。栄養士は、摂取する脂肪の大部分を質の良い必須脂肪酸、特に多価不飽和脂肪酸にすることを推奨しています。

炭水化物は1gあたり4kcal

現在、エクササイズを行っている成人では
毎日2〜5g／体重1kgの摂取が推奨されている。

体重70kg（154ポンド）の成人では、1日あたり140〜350g*の炭水化物を必要とする。

＊エネルギー必要量と体組成によって変わる。

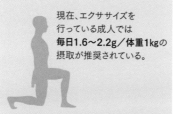

タンパク質は1gあたり4kcal

現在、エクササイズを行っている成人では
毎日1.6〜2.2g／体重1kgの摂取が推奨されている。

体重70kg（154ポンド）の成人では、1日あたり112〜154g*のタンパク質を必要とする。

＊エネルギー必要量と体組成によって変わる。

脂肪は1gあたり9kcal

現在、エクササイズを行っている成人では
毎日0.5〜1g／体重1kgの摂取が推奨されている。

体重70kg（154ポンド）の成人では、1日あたり35〜70g*の脂肪を必要とする。

＊エネルギー必要量と体組成によって変わる。

微量栄養素は魔法の杖

微量栄養素とはビタミンとミネラル類のことで、人体が必要とする量は「微量」、または主要栄養素と比べて少ない。世界保健機関は微量栄養素を、人体が成長や発達に必要な酵素やホルモンを産生する「魔法の杖」に例えている。ビタミンとミネラル類は、私たちが日々の生活で必要な生理学的活性を維持することを助け、加齢による衰えを軽減するという重要な役割を果たす。活動的であればあるほど、果物や野菜のようにさまざまな微量栄養素を豊富に含む食品を摂取する必要がある。2018年から行われた研究では、微量栄養素はサプリメントで補って必要量を満たすより、食品から摂取することが望ましいことが示された。

必要なカロリーを計算する

1日あたりのエネルギー収支は、摂取するエネルギー量（主要栄養素のカロリー）と活動で使うエネルギー量の関係で決まります。摂取カロリーは、体重が増加するか、減少するか、あるいは維持されるかに直接影響を与えます。

1日のエネルギー収支

　エネルギー収支は「カロリーの出入り」と簡略化されることが多いですが、単純に摂取とトレーニングで使うエネルギーで考えられるほど簡単ではありません。1日あたりの総エネルギー消費とは、トレーニングだけでなくすべての活動が含まれます（下図参照、%は平均的な人に関する数値）。消費するカロリーより摂取するカロリーが少なければエネルギー収支が赤字となり、消費カロリーより多く摂取すればエネルギー収支は黒字となります。

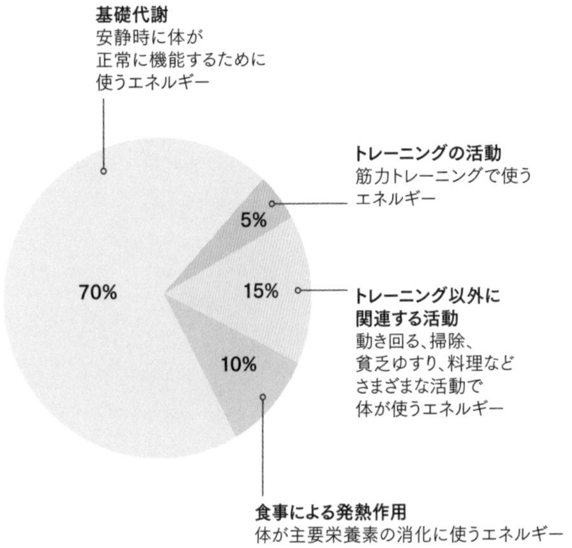

毎日のカロリー摂取

　あなたが今の体重または体脂肪レベルを維持するためにどのくらいのエネルギーを摂取すべきかを正しく理解するには、簡単な計算をする必要があります。維持カロリーを求めるには、まず体重（kg）に22をかける、または体重（ポンド）に10をかけます。下の活動レベル表から、あなたに最も合うレベルを選び、それに従ってあなたの体重を維持するための1日当たりのカロリーを算出します。

基礎代謝
安静時に体が正常に機能するために使うエネルギー

トレーニングの活動
筋力トレーニングで使うエネルギー

5%

70%

15%

10%

トレーニング以外に関連する活動
動き回る、掃除、貧乏ゆすり、料理などさまざまな活動で体が使うエネルギー

食事による発熱作用
体が主要栄養素の消化に使うエネルギー

あなたの活動レベルは？

座りがち（1日の歩数が8,000歩未満）3〜6日の筋力トレーニング **1.3〜1.6**	やや活動的（1日の歩数が8,000〜10,000歩）3〜6日の筋力トレーニング **1.5〜1.8**
活動的（1日の歩数が10,000〜15,000歩）3〜6日の筋力トレーニング **1.7〜2.0**	非常に活動的（1日の歩数が15,000歩より多い）3〜6日の筋力トレーニング **1.9〜2.2**

例：92kgの人
22×92＝2,024kcal
活動レベルが「座りがち」(1.3〜1.6)
22kcal×体重（kg）×活動度による係数
2,024×1.3〜1.6
＝2,630〜3,240kcal/日

1日の目標摂取カロリーの計算

摂取カロリー範囲がわかれば、自分の維持カロリーとして最適と思う目標カロリーを決める。それから、この数値に基づいて主要栄養素の必要量を計算する（→下図）。

体重70kg（154ポンド）でやや活動的、筋力トレーニングを週3回行っている人の場合

70（kg）×22（kcals）×1.5（選択した活動度の係数）
＝2,310kcal/日が体重維持のために必要と推定される

これが維持カロリーとして正しいかどうかを確認するには、**このカロリーで1、2週間試してみて、**その間体重がどう変化するかを観察する。

もしこの間に**体重が減れば、**
100kcal多くして体重が維持できるかどうかをみる。
同様に、もしこの1～2週間で体重が増えれば、摂取カロリーを
100kcal減らして体重が維持できるかどうかをみる。

1日の主要栄養素の目標摂取量

タンパク質

現在、トレーニングをしている成人のタンパク質摂取量は**1.6～2.2g／体重kg/日**とされている。

70（kg）×1.6g/kg/日
＝112g/日が
タンパク質摂取量

脂肪

現在、脂肪摂取量は**0.5～1g/体重kg/日**とされている。

70（kg）×0.7g/kg/日
＝49g/日が脂肪摂取量

炭水化物

炭水化物の摂取量を算出するには、まずタンパク質と脂質から摂取されるカロリーの合計を求め、それを1日の目標摂取カロリーから引く。得られた数値が、炭水化物から摂取すべきカロリーである*。

112g×4kcal/g＝448kcalをタンパク質から摂取
49g×9cal/g＝441kcalを脂肪から摂取
これらを**合計すると889kcal**

1日のエネルギー摂取は2,310kcalなので、
タンパク質と脂肪から摂取される889kcalを引き、
それを4kcal/gで割ると炭水化物量が求められる。

2,310－899＝1,421kcal

1,421を4で割れば、炭水化物摂取量は**約355g**となる。

タンパク質 20%

脂肪 19%

炭水化物 61%

まずカロリーを減らしたいとき──体重を減らす

バランスを維持したままカロリーを減らすように調整する場合は、まず維持カロリーを計算する。それから、そのカロリーに**10～15%をかけ──摂取カロリーを減らす量として適切──**、この数値を引く。例えば**15%減らす**なら、
2,310kcal×0.15＝346.5kcal
2,310－346.5＝1,963kcalとなり、これが新しい目標カロリーとなる。

まずカロリーを増やしたいとき──体重を増やす

バランスを維持したままカロリーを増やすように調整する場合は、維持カロリーに**10～15%をかけ（摂取カロリーを増やす量として適切）**を計算し、この数値を1日の摂取カロリーに加える。例えば**15%増やす**なら、
2,310kcal×0.15＝346.5kcal
2,310＋346.5＝2,656.5kcalとなり、これが新しい目標カロリーとなる。

＊もしあなたが、自分にとって望ましい栄養バランスのために主要栄養素のどれかを多く摂りたいと思うなら、推奨される範囲でいずれかの栄養素を減らして置き換えればよい。

筋力トレーニングの食事

バランスの取れた食事は、定期的に行う筋トレのエネルギー源となりますが、さまざまな野菜、果物、脂肪分の少ないタンパク質、体に良い脂肪を含む献立を工夫しなければいけません。いつ食べるか、ワークアウトの前か後かによってもパフォーマンスと回復は大きく変わってきます。

バランスのとれた食事を作る

　筋肉のはたらきを最適化するには、継続的なエネルギー補給と(→P30〜31)、筋肉の修復と回復に不可欠な主要栄養素と微量栄養素を含む食品が必要です。このことに留意して食事を摂らなければなりません。ジャガイモ(デンプン質の食品に分類される)を除く野菜を摂り、脂肪の少ないタンパク質(鶏肉、魚、豆腐、ヨーグルトなど)、さらに体に良い脂肪(ナッツ類、種子類、アボカドやオリーブオイルなど油の多い食品)を選択しましょう。

タンパク質は特に重要

　高齢者が毎日タンパク質を摂取し、合わせて定期的な筋トレを行うと、歩数(1日の歩数は高齢者の身体活動の指標としてしばしば用いられる)が増加し、生活の自立度に好ましい効果があり、そして握力(筋力の指標)の改善がみられることが示されています。これらの効果は、より若い年齢層にもあらわれます。タンパク質の多い食事やプロテインパウダー(→P36)で1日のタンパク質摂取量を増やすと、タンパク質の分解を最小化し、筋肉タンパク質の合成を促進する効果もあります。

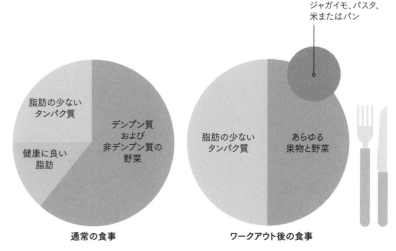

追加で摂るべきデンプン
ジャガイモ、パスタ、米またはパン

脂肪の少ないタンパク質

デンプン質および非デンプン質の野菜

健康に良い脂肪

通常の食事

脂肪の少ないタンパク質

あらゆる果物と野菜

ワークアウト後の食事

適切な比率
これらの円グラフは、通常の食事で摂るようにすべき食品と、筋力トレーニング後ではどのように変えるべきかを示している。

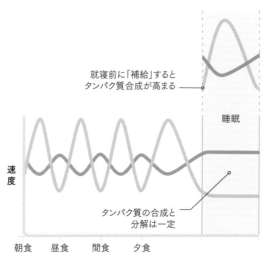

図中の色の意味
― 筋肉タンパク質の合成
― 筋肉タンパク質の分解

就寝前に「補給」するとタンパク質合成が高まる

睡眠

速度

タンパク質の合成と分解は一定

朝食　昼食　間食　夕食

筋肉タンパク質とその日内変動

筋肉へのタンパク質の補給

体が行うタンパク質合成と分解のサイクルに合わせたスケジュールにすれば、睡眠を何も行わない時間からタンパク質合成が活発に行われる時間に変えられる。

ワークアウトの前と後の栄養

ワークアウト前後に摂る栄養は、全体的なパフォーマンスや回復にとって重要な要因になり得ます。トレーニングセッションの前または後に摂る軽食を選ぶ際には、炭水化物を含む各食品の消化の速さや、エネルギー産生にどの程度使われやすいかに留意しましょう。グルコースとフルクトース（果糖）を多く含む食品は、筋肉や肝臓の貯蔵グリコーゲンの補充に最適です（次のワークアウトのためのエネルギー補給）。

何を、いつ食べるか

栄養摂取のタイミング、特にワークアウト後の「アナボリックウィンドウ」については活発な議論が交わされてきた。質の良いタンパク質をワークアウト後に（サプリメントあるいは食事として）摂取すると、筋肉を作るうえで有効であるという点ではほぼ一致している。

ワークアウト前

食事から時間がたってからトレーニングをする場合、または朝の空腹の状態で行う場合には、炭水化物とタンパク質を含む軽食を摂ることが重要だ。これらは貯蔵グリコーゲンを補充し、タンパク質合成を刺激することができる。食物繊維が多い食事は、消化に時間がかかるため避ける。

ワークアウト中

筋力トレーニングのセッション中には水以外の飲料を摂る必要はない。適切な栄養素を事前に摂っておくと、ワークアウトのエネルギー補給になるので、トレーニング中には食べなくてもよい。

ワークアウト後

トレーニングセッション終了後、回復を最大にするためにできるだけ早くタンパク質を摂ることを勧める専門家もいるが、一方で高タンパク質の食事を1〜3時間以内に摂るべきだとする考え方もある。そのようなタンパク質「補給」はタンパク質分解を止め、タンパク質合成を刺激する。

トレーニング前 — トレーニング — トレーニング後

3時間　2　1　　　　1　2　3

セッションの2〜3時間前に、タンパク質と共に炭水化物を摂っておく

軽食はワークアウトの30分前までに摂る

タンパク質シェイク

タンパク質の多い食事

体液平衡

人体の55〜60％は水なので、毎日の水分摂取は不可欠で、生存に最も必要な要素である。水は溶媒、触媒による化学反応の場、潤滑剤や衝撃吸収材、重要なミネラル類の源としてはたらき、さらに体温調節にもはたらいている（発汗）。体への水分の出入りの調節は体液平衡といわれる。この微妙な平衡は、健康にとってだけでなくパフォーマンスにとっても不可欠である。脱水（水分補給が不十分であることが原因）と水分過剰（水分の摂りすぎ）は、いずれも健康上の問題を引き起こすため、水分の出入りを常にチェックし、これらの状態に陥らないようにすることが重要である。

1日の水分必要量

現在は、体重1kgあたり30〜40ml（1/2液量オンス/ポンド）の摂取が推奨されている。水分摂取量は、体重、活動レベル、発汗、環境要因に従って、日々調整しなければならない。

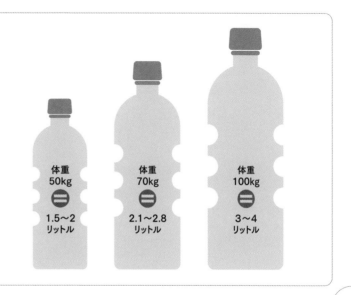

体重50kg = 1.5〜2リットル

体重70kg = 2.1〜2.8リットル

体重100kg = 3〜4リットル

サプリメントは必要か?

　全般的な健康、パフォーマンス、回復のために、サプリメントは効果があります。とはいえ、栄養が不十分な食事を摂って、足りない分をサプリメントに頼るよりは、バランスのとれた食事を心がける方が良いです。健康とパフォーマンスに与える総合的な効果が最も高いサプリメントを下に挙げています。研究が示す通り、栄養素の「アドオン(追加)」としてサプリメントを摂取しても害はないので、これらについては余分あるいは贅沢品として摂っているとみなせばよいでしょう。

健康とパフォーマンスのためのサプリメント

効果が実証されているサプリメント	「アドオン」サプリメント
魚油*	BCAAs(分岐鎖アミノ酸)
ビタミンDおよびK*	EAAS(必須アミノ酸)
クレアチン*	シトルリンマレート
ホエイプロテイン*	
メラトニン	
マルチビタミン	
カフェイン	
カルシウム**	

＊どの年齢でも好ましい効果があることが示されている。

＊＊カルシウム補給にはクエン酸カルシウムが最適。

プロテインパウダーは摂る方がいいのか?

もしあなたが良質なタンパク質を多く摂っているなら、食事にプロテインパウダーを加えてもあまり大きな効果はないだろう。しかし、定期的にトレーニングをしているなら、プロテインパウダーは筋肉の発達を最大にすることができ、またヴィーガンやベジタリアンであればタンパク質の必要量を満たすにはよい(→右図)。プロテインパウダーは濃縮したタンパク質源で、動物性タンパク質(ミルクのホエイやカゼイン、または卵)由来のものや、植物性タンパク質(エンドウマメ、ヘンプ、大豆、米)由来のものがある。もしあなたが目標達成のためにプロテインパウダーが有効だと思うなら、トレーナーか栄養士と相談してみるとよい。

ヴィーガンまたはベジタリアンのトレーニング

　植物性の食事を摂っていても、動物性食品を摂っている場合と同じように筋トレは効果的です。より難しくはなりますが、用いるエネルギー摂取法の原理は同じです。主要栄養素の中で十分に摂るのが最も難しいのはタンパク質(特にアミノ酸の1つであるロイシン)の摂取です。タンパク質摂取は筋肉組織の維持と成長、そして全般的な代謝の健全性にとって非常に重要なので、植物性の食事を摂っている人なら誰にとっても、必要な栄養素をいかにして満たすかが重要となります。

ロイシンについて

ロイシンは必須アミノ酸に含まれ、分岐鎖アミノ酸である。筋肉タンパク質の合成を刺激することができるので、骨格筋量の調節に重要である(→P34)。このプロセスが起こるためには一定量(閾値)以上のロイシンが必要である。ロイシンは筋肉タンパク質合成のスイッチを入れることが示されているが、他の必須アミノ酸がなければこのプロセスを行い、持続させることはできない。タンパク質に富む食事やプロテインパウダーなど、完全タンパク質源が必要である。高齢者は、筋肉タンパク質の合成を始める閾値に達するために、1回の食事でおよそ2倍のロイシンが必要であることが示されている。

いろいろな栄養素に気を配る

誰にとっても健康には栄養は重要ですが、植物性食品を基本とした食事を工夫なく摂り続けると、主要栄養素が不足し、かつビタミンやミネラルなどの微量栄養素も欠乏するリスクがあります。ヴィーガンでも食べられる食品を参考にし、植物性の食事で最も不足しがちな栄養素に気を配るようにしましょう。

タンパク質
豆類やサヤエンドウなど、穀類、豆腐、キヌア、ナッツ類、種子類、野菜

ビタミンB¹²
栄養強化食品、植物性ミルク、ビール酵母

ビタミンD
栄養強化食品、植物性ミルク、栄養酵母

鉄
サヤエンドウなど、穀類、ナッツ類、種子類、栄養強化食品、緑色野菜

亜鉛
豆類、ナッツ類、種子類、オーツ麦、小麦胚芽

カルシウム
豆腐、ケール、ブロッコリースプラウト類、カリフラワー、チンゲンサイ、栄養強化植物性ミルク

ヨウ素
海藻、クランベリー、ジャガイモ、プルーン、シロインゲンマメ、ヨウ素添加塩

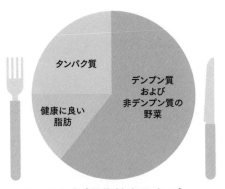

日々の食事（動物性食品中心）
バランスの取れた食事として推奨される栄養素の割合。
定期的な筋力トレーニングを行っている場合。

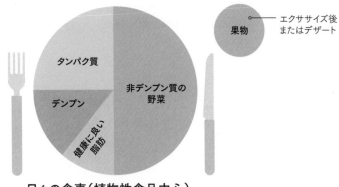

日々の食事（植物性食品中心）
栄養素の割合はさまざまだが、ベジタリアンまたはヴィーガンに
おいて最も重要な栄養素はタンパク質。

「完全タンパク質」を考える

筋肉をつくるには、良質なタンパク質が何よりも重要です。タンパク質の質は必須アミノ酸（人体で合成されないアミノ酸）の組成に関連しています。タンパク質が9種類すべての必須アミノ酸を、脂肪を除いた筋肉組織の成長と維持に必要な量含んでいれば、「完全」と定義されます。「不完全」なタンパク質では、必須アミノ酸の含有量が十分ではありません。すべての動物性タンパク質

（ゼラチン以外）は完全タンパク質です。しかし植物性タンパク質はしばしば必須アミノ酸の含有量が十分でなく、不完全タンパク質と定義されます。そのため、植物性の食事を摂る人は、タンパク質の質と、2つの不完全タンパク質を組み合わせて完全タンパク質にするにはどうすればいいかに、より注意しなければなりません。

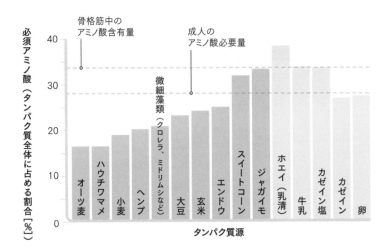

タンパク質の比較
植物性タンパク質の大部分は
アミノ酸必要量を下回っているのに対し、動物性タンパク質のほとんどは満たしている。

図中の色の意味
- ● 植物性タンパク質
- ● 動物性タンパク質

植物性プロテインパウダー

ホエイプロテインは、ロイシン含有量が多く、消化が速く、タンパク質合成を刺激することができるため、プロテインサプリメントでは最も一般的（→左ページ）である。植物性の食事を摂っている人は、別の選択をしなければならない。代替として最も有力なのはソイプロテインだ。しかし、最近ではエンドウのタンパク質が、筋肉のサイズと強さの増加がホエイプロテインサプリメントと同程度であることが示されたので、代替として最良だとされるようになっている。

筋力トレーニングと脳

筋力トレーニングに反応して早期に起こる身体的な
適応は、主に神経系で生じます。専門家の見解では、
神経系に基づいた反応は、筋トレを始めてから最初
の2〜4週間で起こる効果によるものです。

筋肉のコントロール

　神経系は、脳、脊髄、そして情報を脳から
体の各部へ、あるいはその反対方向へ伝え
ている、数えきれないほどの神経からできて
います。運動神経は、脳の運動皮質から脊髄
を経由して運動に関するシグナルを伝え、一
方感覚神経は筋肉から脳や脊髄へ情報を
伝えます。

神経適応

　適応とは、体が特定の環境に合わせて調
節されていく動的な過程のことです。筋トレ
は、脳と体の協調を高めるような運動シグナ
ルの経路の形成を助けます。ここで言う「神
経適応」とは、特定の動きを作り出すために
必要な筋肉を、脳が動かせるようになること
を意味します。練習によって、脳はその動きに
適切な筋肉を活性化することができるように
なり、時間とともにその動きをより無意識的に
行えるようになります。神経系と筋肉（遅れて
適応が起こる）の両方の適応によって、次第
に動きの巧みさ、調和、効率が改善されてい
きます。

脳
皮質運動野が筋肉を
動かすための指令を送る。
皮質感覚野は筋肉から
情報を受け取る

脊髄
脳から出る、
あるいは脳に届けられる
情報を中継する

運動皮質への感覚のフィードバック

脊髄への感覚のフィードバック

主働筋の活性化

拮抗筋の活性化

練習によって、
ある動きにおける
拮抗筋の収縮が
少なくなる

より滑らかな運動とは

脳はある動作の主働筋を活性化
するシグナルを送る。最初は拮抗
筋にも同時にシグナルが送られる
（同時活動）。繰り返し行ううち
に、同時活動が減り動作の巧緻
性が増す。

主働筋
腓腹筋とヒラメ筋のはたらきで
カーフレイズ（かかと上げ）の動作を行う

拮抗筋
前脛骨筋（ぜんけいこつきん）は
カーフレイズの拮抗筋

筋力トレーニングが脳にもたらす効果

定期的な筋トレは神経栄養因子――すなわち神経細胞(ニューロン)の成長と維持を調節する成長因子や生存因子のグループを増加させることが示されています。特に2つの神経栄養因子、脳由来神経栄養因子(BDNF)とインスリン様成長因子1(IGF-1)は、いずれも神経新生と神経可塑性に良い影響を与えます。

神経新生

新しいニューロンの生成、つまり神経新生は、筋トレが脳に与える良い影響の1つに過ぎません。かつて科学者は、生まれた時に一定数(約160憶)のニューロンがあり、新しいニューロンができることはないと考えていました。その後、神経新生が起こることがあり、脳内の重要な部位、例えば記憶において重要なはたらきを行う海馬で起こることが、研究により示されました。

神経可塑性

脳内の経路は、使えば使うほどより長く維持されるようになります。つまり、繰り返し行うことで強化され、神経ネットワークの形成が継続します。新しい接続と経路つくる能力は、神経可塑性と呼ばれ、脳内の回路の形成を変更します。筋トレで必要とされるような新しいスキルの学習は、もともとあったニューロンのはたらきを改善し、脳機能全体に良い影響を与えます。

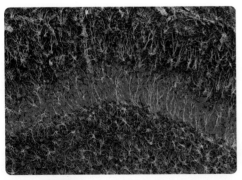

新しい脳細胞

脳の海馬の顕微鏡写真。ニューロンの細胞体はピンクに着色されている。筋力トレーニングは神経再生、すなわち新しいニューロンが作られることを促進する。

‖■‖ 精神と筋肉のつながり

トレーニングを行うときには、集中し、気を散らせないようにするとよい。精神と筋肉のつながりを形成することで、ワークアウトの効果を高めることもできる。ターゲットとなる筋肉が動いていることを意識し、考えるようにすることによって筋肉の強さを実際に高めることが研究で示されている。そのような意識的アプローチを行うことで、より多くの筋線維が運動に動員されるようになり、最終的には筋収縮の質が上がり、ワークアウトの効果がより大きくなる。

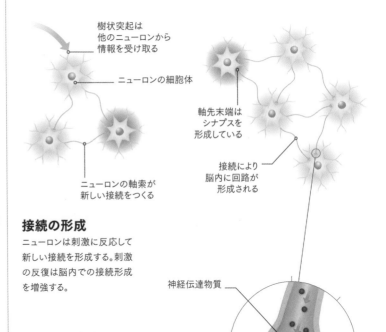

樹状突起は他のニューロンから情報を受け取る

ニューロンの細胞体

軸先末端はシナプスを形成している

ニューロンの軸索が新しい接続をつくる

接続により脳内に回路が形成される

接続の形成

ニューロンは刺激に反応して新しい接続を形成する。刺激の反復は脳内での接続形成を増強する。

神経伝達物質

神経化学的変化

あるニューロンが別のニューロンに接続する部分には非常に狭い隙間があり、この部分はシナプスと呼ばれます。電気的シグナルをあるニューロンから次のニューロンに伝達するために、脳では神経伝達物質と呼ばれる分子が用いられます。これらの化学物質は、隙間を拡散し、接続しているニューロンにシグナルを発生させます。筋トレは特定の神経伝達物質のレベルを上昇させます。神経伝達物質の例としてはドーパミンや、気分を高めたり不安を鎮めたりするエンドルフィンなどがあります。

シナプスの拡大図

あるニューロンに生じたシグナルによって放出された神経伝達物質の分子は、約1ミリ秒でシナプス間隙を移動し、接続している次のニューロンにシグナルを伝達する。

脳に与える効果

　身体の健康に与える効果（→P6〜7）に加えて、定期的な筋トレが精神の健康と脳にも多くの良い影響を及ぼすことが研究で明らかになりつつあります。ストレスの軽減、生産性の向上、精神の集中、そして記憶力の改善は、効果のほんの一部に過ぎません。

長期記憶の増強

筋力トレーニング、特に有酸素運動と組み合わせたトレーニングは、神経栄養因子を増やすと共に海場の大きさを増大させ、記憶の改善をもたらすことが研究で明らかにされている。

認知機能の向上

筋力トレーニングは、脳由来神経栄養因子（BDNF）などの神経栄養因子を増やし、このことが神経新生と神経可塑性に良い影響を与え、学習と認知の改善をもたらす。

集中力の改善

筋力トレーニングでは意識を集中しスキルを習得することが求められ、これらは集中力の改善に役立つ。これらの努力により1つの動作に集中する能力を高め、精神の健康状態を改善する。

うつの抑制

研究のメタレビューでは、運動、特に筋力トレーニングは、うつ症状の軽減または予防に有効であることが明らかにされている。

創造性の向上

筋力トレーニングは、神経栄養因子であるBDNFを増やし、脳の海馬内での新しいニューロンの成長を促進する。これらのニューロンは新しい接続を形成し、斬新な発想が生まれる。

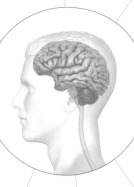

気分を高める

筋力トレーニングのセッションで分泌されるエンドルフィンは気分を高揚させる。また、ウエイトトレーニングをしていない人と比較すると、トレーニングをしている人では発作的に悲しい気分になるという経験が起こりにくいことがわかっている。

脳機能の速度向上

最近のメタアナリシス（複数の研究結果を統合し分析すること）は、有酸素運動と筋力トレーニングの両方が、高齢者の認知機能と運動機能に良い効果をもつことを示した。

マッスルメモリーの形成

しばらくやめていた運動を再開すると、脳内にある過去の運動パターンと動作の記憶のおかげで以前より簡単にできる。このような記憶があると、トレーニングを再学習する時間が短縮されるので、筋肉レベルでの回復速度を改善する。

認知症の予防

筋力トレーニングは神経栄養因子を増やし、これによってアルツハイマー病などにつながる脳組織の減少と病変を軽減することが示されている。

ストレスと不安の軽減

ジムでのトレーニングは社会との接点となることが多く、ストレスが発散につながる。さらに筋力トレーニングは、健康な人でも、心理的、精神的な疾患をもつ人でも、ストレスや不安と関連した症状を顕著に軽減することが示されている。

心理学の活用

　心理学的な方法を使って、筋トレをやる気になり、長期的な目標を見据えて長続きする習慣をつくる方法を見つけましょう。方向性を決める方法としての目標を考えますが、進歩につながるのは日々の習慣です。

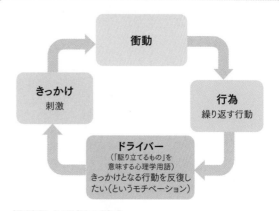

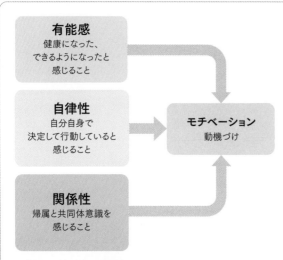

継続的な習慣の確立

決まった行動や習慣を長期間続けると、成果を上げようという気持ちになり、あまり考えることなくその行動ができるようになる。このサイクルを繰り返せば繰り返すほど、きっかけと行為のつながりは強化される。このプロセスは、最初は難しいかもしれないが、決まった行動を繰り返すほど、習慣が自動的にできあがっていく。もし何かを始めるのが難しいなら、小さなことから始めて、楽しんでやれる何かを見つけることが重要である。

モチベーションを見出す

心理学的に必要な基本事項はすべて、モチベーションを目標に向かわせるものだ。しかし、自分がなぜその目標に到達したいのかを理解することも必要である。モチベーションには内在的（基本的な必要性に由来し、満足し、得意とすること）なものと外在的（他者に認められたいと思うこと）なものがある。目標に向かって努力するうちに、外的動機づけは薄れ内的動機づけがまさるようになる。

確かな目標を設定する

自分を変えようというモチベーションを明確にしたら、達成できる目標をどう立てるかを理解することが重要だ。目標を設定すれば、決定したそのレベルまでの到達に良い影響を与え、あきらめたりやる気を失ったりする可能性が小さくなることがわかっている。目標を設定するときには、下記のSMARTを意識しよう。

SMARTなゴール設定

SMARTとは、目標設定に役立つ事項の頭文字をとった用語である。成果を最大にするには、SPECIFIC（特定すること。何を達成したいかをはっきりさせること）、MEASURABLE（測定可能であること。時系列と何をやるかを示す）、ACHIEVABLE（達成可能であること。最初はゆっくり、次第に強度を上げる、あるいは時間を長くする）、REALISTIC（現実的であること。日常生活への影響を考慮する）、TIMELY（タイムリーであること。目標への最初の時間枠の設定から始める）。

正しいバランス
適切な（きつ過ぎず簡単過ぎず、正しい）範囲に入るようにするために、実践するうえでちょうど良いレベルを見つける。

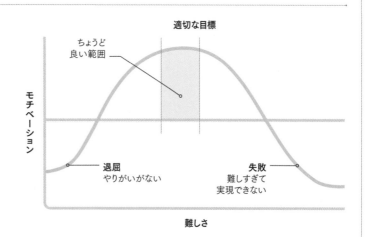

脚
52〜89ページ

胸部
90〜107ページ

背部
108〜121ページ

肩
122〜139ページ

腕
140〜153ページ

腹部
154〜171ページ

ストレングス エクササイズ
STRENGTH EXERCISES

エクササイズの目標は、どのワークアウトからも最大の効果を得ることです。

このセクションでは、31種目の主なエクササイズを紹介しています。

その多くには、バリエーションとして、自宅で行えるバージョンや

別の器具を使うバージョンなどが付け加えられています。

それぞれのエクササイズのページには、その動作を、怪我のリスクを抑えながら

メリットを最大化できるように行う、ベストな方法が解説されています。

このセクションを読めば、体の主要な筋肉群の

それぞれを鍛えるのに最適なエクササイズを見つけることができるでしょう。

エクササイズ入門

このセクションで紹介するさまざまなエクササイズは、どれもが特定の筋肉群を鍛えるのにベストな方法です。とはいえ、その前に、適切な実践の基礎、正しい呼吸法、自宅でもジムでも、どこでも安全にエクササイズを行う方法を見ておきましょう。

！ よくある不適切な動作

各エクササイズのページの多くには、その種目を実践する際に犯しがちな間違いについての説明がこのような囲みで示されている。こうした情報はもちろん大切だが、細部にこだわり過ぎ(いわゆる「分析による麻痺」)ないことも重要だ。負荷を動かすときは、必ず働かせる筋肉を意識すること(意図と集中こそが、頭と筋肉をつなぐ重要な鍵だ)。実践や適切なテクニックをおろそかにして、むやみにバーの負荷を大きくしたり、フォームを自分のやりやすいように自己流にアレンジしたり(手抜き)しないこと。

メインとバリエーション

それぞれのエクササイズは、筋肉群別にまとめられています。そして、さらに「メイン」と「バリエーション」のエクササイズに分かれています。メインエクササイズは、いずれも特定の筋肉群を鍛えるのに効果的なエクササイズを選んであります。その多くは、複数の関節を使うコンパウンドエクササイズです。バリエーションは、それぞれメインエクササイズを補完するもので、ターゲットの筋肉を鍛える新しい方法も紹介しています。メインエクササイズの各ステップで使われる筋肉については、解剖学的に図示するとともに、その動作をどのように行うのがベストなのかについての説明が1つ1つ記してあります。また、これらのエクササイズは目標別トレーニングプログラムの形にまとめてあるので(→P201〜214)、それぞれのトレーニング群の組み立てから学んだことを、ジムや自宅での体系化されたワークアウトに応用することができます。

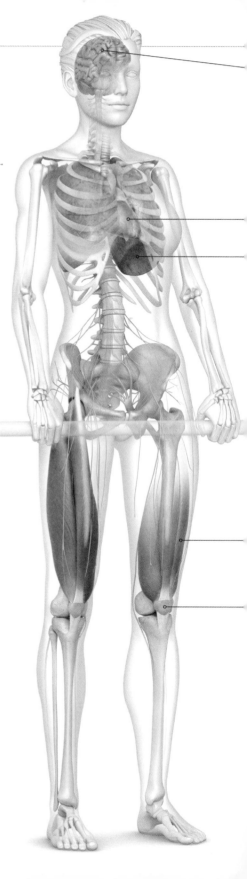

脳神経系
神経系と筋肉のつながりがよくなれば、
筋力が増強し協調性が向上する

循環器系
酸素とエネルギー源となる
物質を運ぶ血液は、筋肉にエネルギーを与え、
老廃物を除去するために心臓から送り出される

呼吸器系
動作の正しい局面と同期して
呼吸することが重要であり、
力を入れた状態での
呼吸法を学ぶ必要がある(→右図)

筋系
鍛えたい筋肉に力学的な緊張と負荷を
より多く与えることで、
より大きな筋肉増強が可能になる

骨格系
筋肉は一連のてこを使って
骨を引っ張り、体を動かす。
正しいセットアップと実践を行えば、
筋肉の力を受けて
組織に過度の張力がかかることがなく、
怪我を予防できる

正しいエクササイズの実践
なんらかの動作を行う際、筋肉に力を与え、手足をコントロールして協調させるには全身を使う必要がある。ターゲットとなる筋肉を緊張させ、筋肉増強を実現し、強さと協調性を高め、怪我を防ぎ、トレーニングストレス(負荷)を最大化する(より短い時間でより多くの仕事をこなす)には、適切なエクササイズの実践が欠かせない。

呼吸の重要性

呼吸器系と循環器系は、エクササイズの必要に応じて筋肉に燃料を供給します。ワークアウトの効率を最大化するには、常に腹筋を引き締めておくことが鍵になります。どのエクササイズのページにも呼吸に関する指示が記されているので、エクササイズのどの局面で息を吸ったり吐いたりすればよいのかがわかります。

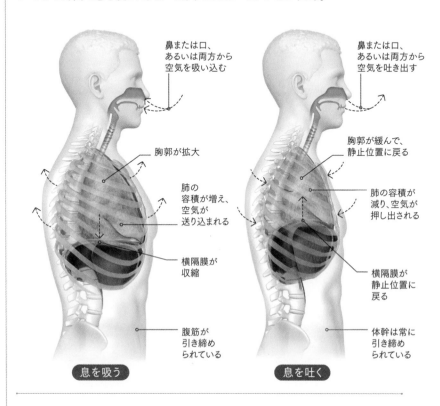

鼻または口、
あるいは両方から
空気を吸い込む

胸郭が拡大

肺の
容積が増え、
空気が
送り込まれる

横隔膜が
収縮

腹筋が
引き締め
られている

息を吸う

鼻または口、
あるいは両方から
空気を吐き出す

胸郭が緩んで、
静止位置に戻る

肺の容積が
減り、空気が
押し出される

横隔膜が
静止位置に
戻る

体幹は常に
引き締め
られている

息を吐く

⊩⊩ エクササイズ用語

エクササイズに関連する指示を理解するには、用語の意味を知っておく必要がある
(→P198〜199、P215〜216)。以下は、最初に覚えるべき最重要用語だ。

レップ(rep)
レペティション(repetition)の略語で、1つのエクササイズ(短縮性局面と伸張性局面で構成される)の1回分。レップ数は一般的に、持ち上げるウエイトの重量によって左右される。

トレーニングボリューム
トレーニングボリュームは、トレーニングセッションであろうと、1週間にわたるトレーニングであろうと、ある一定の期間に行ったエクササイズまたは運動の量。

セット
「6〜8レップス×3セット」のように、連続して繰り返す一連のレップのこと。201〜214ページの目的別トレーニングプログラムには、リストアップされた各エクササイズの推奨レップ数とセット数が記されている。

テンポ
エクササイズを行うスピード。エクササイズの各ステップでは、常にテンポをコントロールする必要がある。

トレーニングをする場所

エクササイズの種類によっては、トレーニングをする場所が限定されるものもありますが、エクササイズは、ジムに限らず、快適（で便利）な自宅でも行えるという融通性があります。トレーニングをする上で、適切な環境を選択することは重要です。ジムだけでトレーニングしたい人、いつも自宅でしたい人、両方を使い分けたい人など、さまざまなタイプの人がいると思いますが、幸いにも、筋トレは、どこであっても、目標に向かって前進することができるエクササイズです。

注意事項

持病などがある方で、ここで紹介するエクササイズが原因で痛みを生じた場合は、資格を持つ専門家に相談してください。

自宅

家にトレーニングをするスペースがある場合、自宅は、器具や設備に関して最もカスタマイズがきく選択肢だ。自宅でのワークアウトなら、環境（室温や音楽など）を自分の好きなようにすることができるし、場の雰囲気に臆する可能性（気になる性格の人なら）もない。ただし、自宅の衛生状態と病原菌の拡散予防に関しては自分の責任でしっかり管理する必要がある。

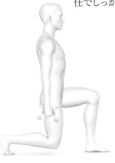

長所
自宅でのトレーニングの考えられるメリットは以下。

- **豊富なエクササイズが可能**——新しい多機能器具、レジスタンスバンド、フリーウエイトにより、自宅でのトレーニングはこれまで以上に手軽になった。

- **好きな音楽を自由に聴ける**——ワークアウト中に音楽を流せば、やる気がでる。それがお気に入りの音楽なら、なおさら頑張ろうという気になる。

- **いつでもトレーニングできる**——急にトレーニングがしたくなったときでも、準備をしていつでもすぐに始められる。

短所
自宅でのトレーニングの考えられるデメリットは以下。

- **やる気が出ない**——自宅でのワークアウトでは、自分を追い込もうという気になれないし、他人と交流する機会もない。

- **器具の値段**——効果的なトレーニングに必要なキットを揃えるのは、手頃な価格になってきたとはいえ、高くつくこともある。

- **抵抗（ウエイト）の限界**——市販品のフリーウエイトはある程度のサイズまでしかなく、限界がある。

ジム

トレーニング環境として、ジムは利用者を温かく迎え入れ、やる気を起こさせる場所であるべきだ。とはいえ、所属感が持て、威圧感を覚えさせないジムを見つけることが重要だ。好みに合いそうなジムが近くにない場合は、自宅でのトレーニングを考えてみてもいいかもしれない。

長所
ジムでのトレーニングの考えられるメリットは以下。

- **器具や設備の面での価値が高い**——パーソナルトレーナーによる指導など、良いジムには必要なものが何でも揃っている

- **やる気のでる環境**——ジムでのトレーニングは、自分を奮い立たせることができる

- **人間関係が広がる**——健康や体組成の改善といった似たような目標を持つ同好の士が多くいるので、新しい人間関係が築ける。

短所
ジムでのトレーニングの考えられるデメリットは以下。

- **自分好みの環境にできない**——他人と一緒にトレーニングすることは社交面でのメリットがあるが、音楽が物足りない（あるいは耳障り）場合や、ジムが暑すぎたり寒すぎたりする場合は、トレーニングに集中できないかもしれない。

- **威圧感がある**——これは経験不足や他人の態度のせいかもしれないが、ジムの雰囲気に臆してしまうようなら、別のジムを探そう。

- **衛生環境**——病原菌感染を予防する程度の清潔度と対策で満足するしかない。

自宅用トレーニングキット

手頃な価格の多機能器具が登場したことで、自宅でのトレーニングはずいぶん手軽になった。どんなものを購入したいかは個人によって異なるが、以下に挙げたアイテムを揃えれば、エクササイズのほとんどの種目を自宅で快適に行えるようになる。

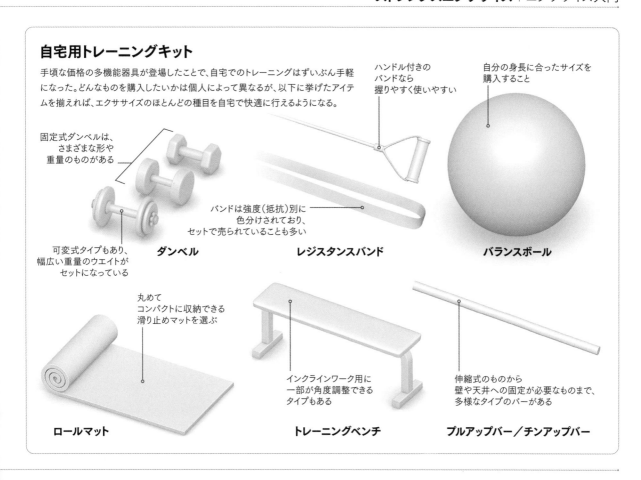

固定式ダンベルは、さまざまな形や重量のものがある

可変式タイプもあり、幅広い重量のウエイトがセットになっている

ダンベル

ハンドル付きのバンドなら握りやすく使いやすい

バンドは強度（抵抗）別に色分けされており、セットで売られていることも多い

レジスタンスバンド

自分の身長に合ったサイズを購入すること

バランスボール

丸めてコンパクトに収納できる滑り止めマットを選ぶ

ロールマット

インクラインワーク用に一部が角度調整できるタイプもある

トレーニングベンチ

伸縮式のものから壁や天井への固定が必要なものまで、多様なタイプのバーがある

プルアップバー／チンアップバー

｜╟╢｜ ジムでのマナー

ジムなどの公共の場でトレーニングをするときは、周囲の人への配慮が重要になる。
以下に、和やかな雰囲気を保つためのマナー、非常識な人間だと思われないためのエチケットをいくつか挙げておく。

使い終わったウエイトはラックに戻す

ウエイトを床に放置しないこと。使い終わったバーベルはラックに架け、プレート（ウエイト）を外して収納場所に戻し、次の人のために汚れを落としておく。

写真やビデオを撮る場合

ジムの規約で許可されているかどうかを確認する。不確かな場合は、管理者にお願いするだけでなく、周囲の人の許可も得ようとする。

他人が器具を使っていないか注意する

使いたいマシンや器具に先約者がいないか確認しておこう。誰かが利用中（または予約中）のマシンを横取りしないこと。

器具を平等にシェアする

他の利用者のことを考え、特にジムが混雑している場合は、特定のマシンやステーションを長時間ひとり占めしない。

社会意識を持つ

境界線、パーソナルスペース、アイコンタクトに気を配る。ジムの雰囲気を感じ取り、適切に行動する。

音楽を聴く場合はヘッドフォンを着用する

音楽は自分だけで聴くこと。スピーカーから流れる大音量の音楽は、まわりでトレーニングをする人の迷惑になるので注意。

その他の対策

以前から使った器具やウエイトのクリーニングはジムでのマナーの一部だったが、現在は衛生環境に対する意識が世界中で高まっており、ジムは利用者の健康と安全を確保し、病気の蔓延を防ぐために入念な対応をとることが求められている。だから、ジムを利用する側としても、使用前と使用後に器具をきれいに拭く、咳やくしゃみをするときは常に口や鼻を覆う、手をこまめに洗う（または手指消毒剤を使用する）、タオルや飲み物を他人と共有しない、体調が優れないと感じたら無理して行かない、などの対策を心がけよう。

ウエイトの選択

　ジムに入会すると、器具の安全な使い方についての説明を受けることになります。自分の体格に見合ったウエイトの選び方（負荷の選択）を理解しておけば、リフティングの安全性と効果が向上します。各エクササイズは、簡単に持ち上げられるとわかっている軽めのウエイトから始め、できそうかどうかの判断と希望のレップレンジ（回数の範囲）に基づいて重量を増やしていきましょう。

マシン

ジムには、2種類のマシンがある。1つは「セレクタライズ」マシンで、ピンシステム（ピンをさす位置で負荷を調節する）で負荷を調節する。もう1つは「プレートロード式」マシンで、指定のウエイトホーンにウエイトプレート（バーベル用と同じプレート）をかけて使用するタイプのものだ。大きな筋肉群（脚、胸部、背中）をターゲットにするマシンは、一般的に小さな筋肉群（腕、肩、ふくらはぎ）をターゲットにするマシンよりも重いウエイトスタックを持っている。「とても軽い〔light enough〕」という表示の重さがイメージできない場合は、一番軽い位置のスロットにセレクタライズピンを挿して、試しに1レップやってみる。

フリーウエイトの場合

フリーウエイトには、バーベルやダンベルなどがある。バーベルシャフトは、重さ20kg（45ポンド）、直径28.5mm（1.1インチ）、長さ2.15m（85インチ）のものが一般的だ。長さは短めのものもある。バーベルに負荷を装着する際は、プレートをスライドさせてクリップやカラーでロックする。ダンベルの重量はラベルで確認できる。ダンベルは通常、ペア（同じ重量とサイズのものが2つ）で販売されている。まずは、指定のレップ数の範囲で持ち上げられるとわかっている重量から始めよう。バーベルが初めての場合は、バーのみから始め、重量を増やしていこう（2.25〜4.5kg／5〜10ポンド刻み）。

マシンの調整

　マシンは、自分の体格に合わせて調整する必要があります。マシンを使ったトレーニングが初めての方は、一度トレーナーと面談をして、各マシンの仕組みや自分に最適なセッティングを教えてもらうとよいでしょう。最も一般的な調整は、シートパッド、背パッド、太もも用のサイパッドの調整ですが、脚の位置を最適にするために、マシンの回転軸にも注意しましょう。何回かレップをやってみて違和感がある場合は、なくなるまでセッティングを調整してみましょう。

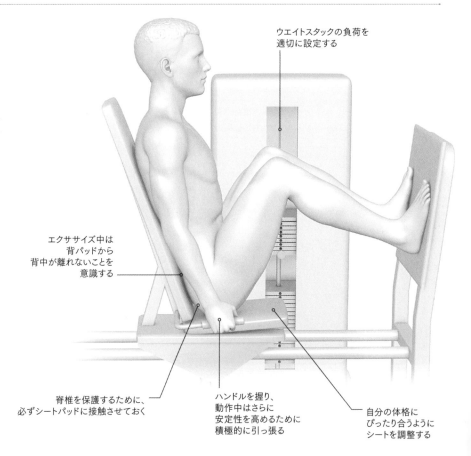

ウエイトスタックの負荷を適切に設定する

エクササイズ中は背パッドから背中が離れないことを意識する

脊椎を保護するために、必ずシートパッドに接触させておく

ハンドルを握り、動作中はさらに安定性を高めるために積極的に引っ張る

自分の体格にぴったり合うようにシートを調整する

安全なリフティング

筋トレで最も重要なのは、言うまでもなく安全性です。ジムでトレーニングをしているときも、自宅でワークアウトをしているときも、常に安全にウエイトを持ち上げるということを第一に考え、その動作に細心の注意を払う必要があります。実行中のエクササイズの動作に意識を集中していれば、安全性を保てるだけでなく、規則的なプログラムでワークアウトを持続的に行うことができます。安全性の重要なポイントの1つに、グリップ（握り方）があります。エクササイズの実践においては、ウエイト（バーベルやダンベル）をどのように、そして両手の幅をどのくらい広くとって握るかが重要です。

握り方

決まったやり方でバーを握ることは、どんなポジションでもウエイトを確実に保持し、手の痛みを抑えるために不可欠だ。一般的な握り方には、スピネイテッドグリップ、ニュートラルグリップ、プロネイテッドグリップがある（→下記、およびP50「手首」の項を参照）。セミスピネイテッドグリップは、スピネイテッドグリップとニュートラルグリップの中間的な位置のグリップ。

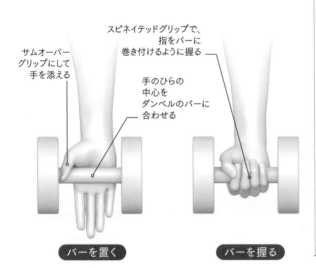

サムオーバーグリップにして手を添える

スピネイテッドグリップで、指をバーに巻き付けるように握る

手のひらの中心をダンベルのバーに合わせる

バーを置く

バーを握る

グリップの位置と種類

セットアップの他の部分と同じく、バーやマシンのアタッチメント（→P110〜111）で使用するグリップの幅や手首の位置は、どの筋肉によってこの作用が増すか、またどの筋肉が動作に最も寄与できるのかに直接影響を与える。そのため、同じエクササイズでも、両手の幅の広い（ワイド）グリップから狭い（ナロー）グリップやニュートラルグリップに変えると、ターゲットになる筋肉が少しずつ違ってくる。

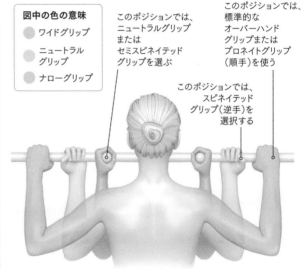

図中の色の意味
- ワイドグリップ
- ニュートラルグリップ
- ナローグリップ

このポジションでは、ニュートラルグリップまたはセミスピネイテッドグリップを選ぶ

このポジションでは、標準的なオーバーハンドグリップまたはプロネイトグリップ（順手）を使う

このポジションでは、スピネイテッドグリップ（逆手）を選択する

ワークアウト日誌をつける

ワークアウトのたびに記録をとっておくと、進捗の過程をたどり、進歩を続けるために役立つ。例えば、前の週のエクササイズで使ったウエイトが一目でわかるので、無理な増量になるのを避けながら、適切にウエイトを増やしていくことができる。紙のノートでも、スプレッドシートでもアプリでも何でもよいが、記録をつけることを習慣化しておこう。右のような表を見れば、今後進めていくプランを細かく考えることができる。

ワークアウト実施日

エクササイズの種目	レップ数とセット数	セットごとの使用ウエイト	レスト（休憩）	備考
レッグプレス	10レップス×4セット	セット1 ○○kg（またはポンド）	60秒	来週はウエイトを○○kgまで上げる
ショルダープレス	10レップス×4セット	セット1 ○○kg（またはポンド）	60秒	きつかった。次回も同じウエイトで

トレーニング用語
ガイド

人体の関節は素晴らしい動きと広い可動域をもち、それぞれの動きはこのページに記載された用語で示されます。本書のエクササイズの説明では、解剖学的な用語やそれに関連する尺度を用いて、エクササイズの特定のステップやエクササイズ全体を理解しやすくしているので、このページに付箋でもつけておけば、いつでも確認できます。

脊柱

脊柱（背骨）は、上半身を支える構造であると同時に、上半身と下半身の間で負荷を伝える機能をもつ。伸展、屈曲、回旋、側屈と、これらを組み合わせた動きができる。

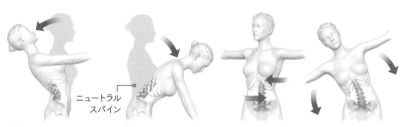

ニュートラルスパイン

伸展
腰を反らして胴体を後方に動かす

屈曲
腰を曲げて胴体を前方に動かす

回旋
胴体を、正中線を軸に右または左へ回転させる

側屈
胴体を、正中線から右または左へ離れるように曲げる

前

後

側方

正中線

側方

上方から見た図

方向の表し方

肘

手で負荷を支えるすべてのエクササイズや、特定の腕の動きを伴うエクササイズは、肘の動きを伴う。伸展、屈曲、回旋、側屈と、これらを組み合わせた動きができる。

伸展
腕をまっすぐ伸ばし、関節の角度を大きくしていく

屈曲
腕を曲げ、関節の角度を大きくしていく

手首

手首（手関節）は、特に指示がなければ、ニュートラルな状態（前腕と一直線になった状態）にしておく。

回外
手のひらが上を向くように前腕を回転させる

回内
手のひらが下を向くように前腕を回転させる

股関節

股関節は、複数の面上で幅広い動きができ、それらはどれも膝を伸ばした状態で、下図のように行われる。

内転
大腿を内側に動かし、正中線に近づける

外転
大腿を外側に動かし、正中線から遠ざける

外旋
大腿を外方向へ回転させる

内旋
大腿を内方向へ回転させる

伸展
大腿を後方に伸ばす。股関節から上はまっすぐに保つ

屈曲
大腿を前方に動かす。体が股関節から曲がった状態になる

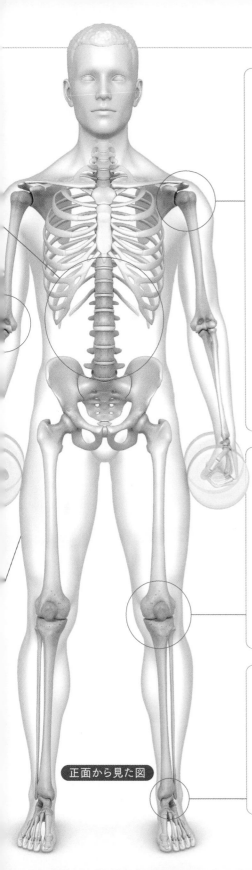

正面から見た図

肩 複雑な構造の関節で、複数の面上で幅広い動きができる。腕を前方または後方へ動かす、側方から上または下へ動かす、そして肩関節そのものから回旋させることができる。

屈曲
腕を肩から動かし、
前方へ持ち上げる

伸展
腕を肩から動かし、
後方へ伸ばす

内転
腕を体に近づけるように
動かす

外転
腕を体から離すように
動かす

外旋
腕を、肩から
外向きにひねる

内旋
腕を、肩から
内向きにひねる

膝 膝は、最大で体重の10倍もの負荷を支えることができなければならない。主な動きは屈曲と伸展で、いずれも筋力トレーニングの多くで使われる。

屈曲
膝を曲げ、
関節の角度を
大きくしていく

伸展
膝を伸ばし、
関節の角度を
小さくしていく

足首 筋力トレーニングでは、足首の背屈と底屈が重要である。

背屈
つま先が上を向くように
足首を曲げる

底屈
つま先が下を向くように
足首を曲げる

51

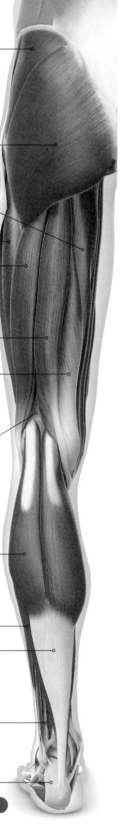

中臀筋（ちゅうでんきん）
扇形をした筋肉で、
股関節の外転、
脚の回旋を行う

大臀筋
人体の中でも最大級の筋肉。
股関節の伸展、脚の回旋を行う

大内転筋
股関節の内転筋として
知られているが、強力な
股関節の伸筋としてもはたらく

大腿二頭筋短頭
ハムストリングスを構成する筋肉の1つ

大腿二頭筋長頭
ハムストリングスの中で
最も外側に位置し、
股関節の伸展、膝の屈曲、
脚の回旋を行う

半腱様筋（はんけんようきん）
ハムストリングスを構成する筋肉の1つ

半膜様筋（はんまくようきん）
ハムストリングスを構成する筋肉の1つ

大腿骨
大腿部の骨。
人体で最も長く、強く、重い骨

腓腹筋
ふくらはぎの大部分を形づくる
二頭筋。
足首の底屈、膝の屈曲を助ける

ヒラメ筋
腓腹筋の深部に位置する、
大きく平たい筋肉。
名称はラテン語でヒラメを意味するが、
これは形状が似ていることに由来する

アキレス腱
腓腹筋とヒラメ筋が共有する
共通腱で、かかとから足裏へと
直角に巻き込んでいる

腓骨
下腿の外側に位置する細い骨

踵骨（しょうこつ）
かかとの骨

腸腰筋
2つの筋肉（大腰筋と腸骨筋）で
形成され、股関節の屈曲を行う

大腿筋膜張筋（TFL）
股関節と膝関節に加えて、
大腿骨の安定にも役立つ

恥骨筋
股関節の屈曲、内転を行う

長内転筋
扇形をしている。内転筋の1つ

薄筋（はっきん）
股関節と膝の屈曲、
内転を助ける細長い表在筋

縫工筋（ほうこうきん）
股関節の屈曲、外転、外旋、
膝の屈曲を行う

大腿直筋
大腿四頭筋を構成する
筋肉の1つで、股関節の屈曲、
膝の伸展を行う

内側広筋
大腿四頭筋を構成する筋肉の1つ

膝蓋骨（しつがいこつ）
膝頭（ひざがしら）とも呼ばれ、
大腿四頭筋腱に付着する

前脛骨筋（ぜんけいこつきん）
足首の背屈を行う

長腓骨筋
足と足首をさまざまな方向に動かし、
その腱は足底に巻きつく

脛骨（けいこつ）
すね（脛）の骨

長趾伸筋（ちょうししんきん）
第2〜5趾の伸展、
足首の背屈を行う

長趾屈筋
第2〜5趾の屈曲を行い、
足首の底屈を助ける

長母趾伸筋
母趾の屈曲を行い、
足首の底屈を助ける

背面から見た図

正面から見た図

脚のエクササイズ

下半身の動作に関わる筋肉群は、大腿前側の形状をかたちづくる大腿四頭筋、
大腿の後ろ側でこれをかたちづくるハムストリングス、
骨盤の後ろ側に位置する臀筋群、下腿の後ろ側に位置するふくらはぎの筋肉です。

　大腿四頭筋の主な役割は膝の伸展ですが、大腿四頭筋を構成する筋肉の1つである大腿直筋は、股関節の屈曲も行います。一方、ハムストリングスは股関節の伸展、膝の屈曲を行います。臀筋は股関節の伸展を行い、股関節における脚の内旋・外旋を助けるはたらきをします。ふくらはぎの筋肉は、主に足首の底屈、膝の屈曲を行います。

　下半身のトレーニングでは、複数の筋肉群が連携して、股関節、膝関節、足関節の動作をコントロールしています。

● **コンパウンドエクササイズ**（複数の関節を使うエクササイズ）では、各関節周囲の力をコントロールしながら、下半身の筋肉を総動員して動作を行います。例としては、バックスクワットやデッドリフトが挙げられます。

● **アイソレーションエクササイズ**（単一の関節のみを使うエクササイズ）では、ターゲットを1つの筋肉群に絞って鍛えますが、エクササイズで動く関節の周囲の力を安定させるために、他の筋肉群も使います。例としては、レッグエクステンションやカーフレイズなどが挙げられます。

SECTION CONTENTS

66 99

ワークアウト全体のパフォーマンスの向上は、
筋肉増強と脚の筋力によって実現されます。

バーベル バックスクワット

この多関節エクササイズ（コンパウンドエクササイズ）は、大腿四頭筋、内転筋群、臀筋の強化に有効で、ハムストリングス、脊柱起立筋、腹筋にも作用します。腰を痛めないようにするには、正しいフォームを保つことが重要です。

エクササイズの特徴

このエクササイズは、調和のとれた動作を順序正しく行うことが必要です。体幹を引き締めれば安定性と制御性が増すので、腰痛予防になります。最初は軽めのウエイトを使い、動きに慣れてきたら負荷を上げていきます。

初心者は、8〜10レップス×4セットから始めます。56〜57ページのバリエーションや、いろいろな目標を設定してエクササイズを組み合わせるトレーニングプログラム（→P201〜214）も参考にしてください。

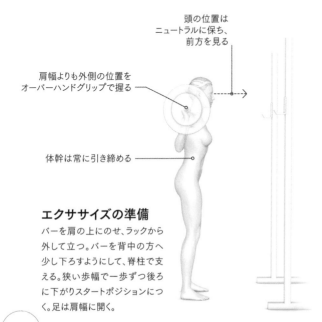

頭の位置はニュートラルに保ち、前方を見る

肩幅よりも外側の位置をオーバーハンドグリップで握る

体幹は常に引き締める

エクササイズの準備

バーを肩の上にのせ、ラックから外して立つ。バーを背中の方へ少し下ろすようにして、脊柱で支える。狭い歩幅で一歩ずつ後ろに下がりスタートポジションにつく。足は肩幅に開く。

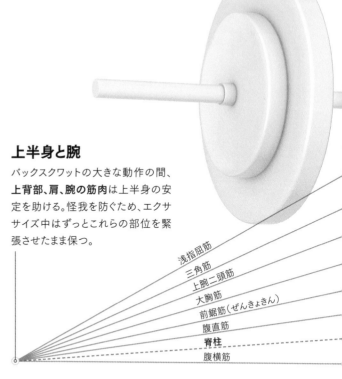

上半身と腕

バックスクワットの大きな動作の間、**上背部、肩、腕の筋肉**は上半身の安定を助ける。怪我を防ぐため、エクササイズ中はずっとこれらの部位を緊張させたまま保つ。

浅指屈筋
三角筋
上腕二頭筋
大胸筋
前鋸筋（ぜんきょきん）
腹直筋
脊柱
腹横筋

ステップ1

息を吸い、体幹を引き締めて、臀部を後ろに引くようにしながらスクワット動作を始める。膝を曲げる際は、前に出す膝の向きをつま先に合わせる。ゆっくりと腰を下ろし、ボトムポジション（一番低い位置）では太ももが床とほぼ平行になるようにする。

脚

ここでは大腿四頭筋、臀筋、内転筋群が主働筋になる。一方、ハムストリングスは骨盤、ふくらはぎの筋肉は膝の安定を助ける。このしゃがみ込む動きは、伸張性動作だ。このエクササイズでは、下半身の多くの部位全体を強く緊張させることができる。

大腰筋
大臀筋（だいでんきん）
大腿直筋
大腿二頭筋
膝
腓腹筋
ヒラメ筋
前脛骨筋（ぜんけいこつきん）
長腓骨筋
足首
長趾伸筋（ちょうししんきん）

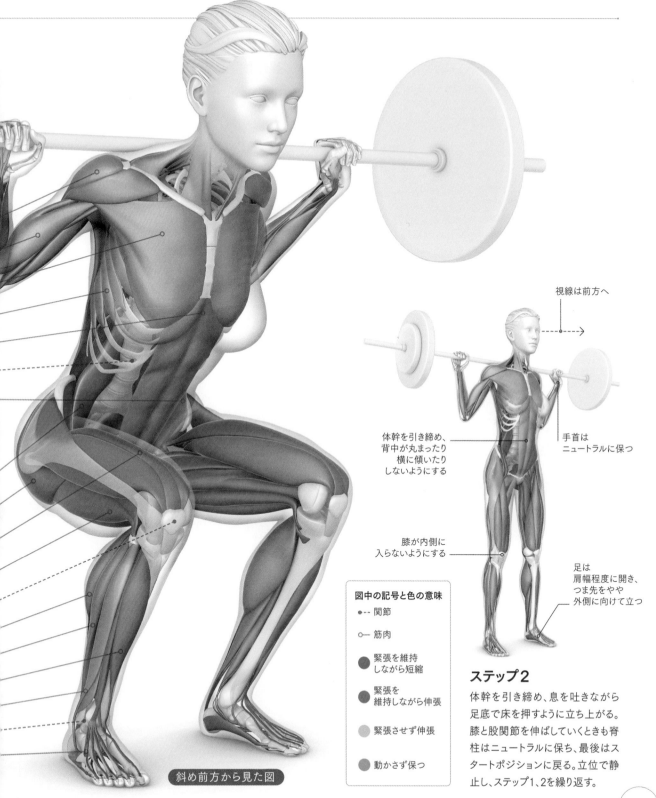

視線は前方へ

体幹を引き締め、
背中が丸まったり
横に傾いたり
しないようにする

手首は
ニュートラルに保つ

膝が内側に
入らないようにする

足は
肩幅程度に開き、
つま先をやや
外側に向けて立つ

図中の記号と色の意味

●--- 関節

○--- 筋肉

● 緊張を維持
しながら短縮

● 緊張を
維持しながら伸張

● 緊張させず伸張

● 動かさず保つ

斜め前方から見た図

ステップ2

体幹を引き締め、息を吐きながら
足底で床を押すように立ち上がる。
膝と股関節を伸ばしていくときも脊
柱はニュートラルに保ち、最後はス
タートポジションに戻る。立位で静
止し、ステップ1、2を繰り返す。

≫ バリエーション

ここに集めたバーベルバックスクワットのバリエーションは、どれも臀筋、大腿四頭筋に加えてハムストリングスをターゲットとするスクワット動作を使いますが、ウエイトの持ち方を変えることで、手軽に行えたり、他の筋肉により大きな負荷を与えるようになります。まずはダンベルスクワットでスクワット動作をマスターしてから、バーベルフロントスクワットに取り組みましょう。

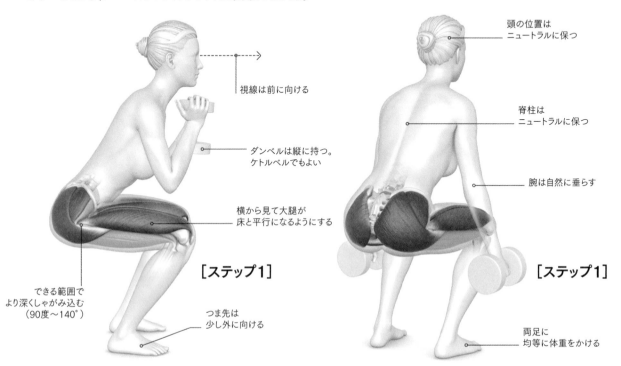

図中の色の意味
- 主にターゲットとなる筋肉
- 副次的にターゲットとなる筋肉

視線は前に向ける

ダンベルは縦に持つ。ケトルベルでもよい

横から見て大腿が床と平行になるようにする

[ステップ1]

できる範囲でより深くしゃがみ込む（90度〜140°）

つま先は少し外に向ける

頭の位置はニュートラルに保つ

脊柱はニュートラルに保つ

腕は自然に垂らす

[ステップ1]

両足に均等に体重をかける

ダンベルゴブレットスクワット

このバリエーションはバーベルを使わないので、自宅でも行える。スクワットが初めての方は、この簡単なバージョンから始めてみよう。ウエイトを前で持つので上背部に負荷がかかり、上半身をより起こした姿勢となる。

エクササイズの準備
足を肩幅に開いて立つ。両手でダンベルを胸の前、あごの下で持つ。前腕は垂直に近い状態を保つ。

ステップ1
息を吸って臀部を後ろに引き、膝を曲げて深くしゃがむ。膝は開いたまま、向きをつま先に合わせ、内側に入らないようにする。

ステップ2
息を吐きながら立ち上がる。腹筋は常に引き締めておく。ステップ1、2を繰り返す。

ダンベルスクワット

2個のダンベルを使うこのスクワットも、手軽なバリエーションだ。ウエイトを左右に持つことでスクワット姿勢が自然にとれるようになり、前腕、上腕、上背部の筋肉への効果が増す。

エクササイズの準備
足を肩幅くらいに平行に開き、背すじを伸ばして立つ。ダンベルを左右に持ち、腕は垂らしておく。視線を前に向け、胴体を緊張させる。

ステップ1
体幹を引き締めた状態で息を吸い、股関節と膝を曲げてスクワット姿勢をとる。膝の向きはつま先に合わせるようにする。視線を前に向け、腕は下に垂らしておく。

ステップ2
息を吐きながら、スクワット姿勢から立ち上がる。腹筋は常に引き締めておく。ステップ1、2を繰り返す。

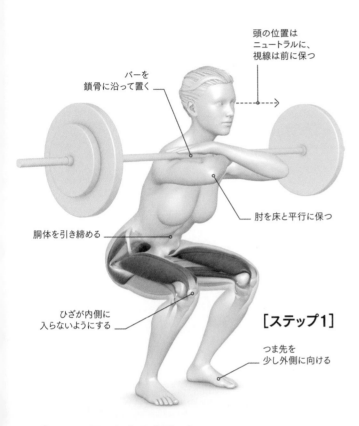

バーを
鎖骨に沿って置く

頭の位置は
ニュートラルに、
視線は前に保つ

肘を床と平行に保つ

胴体を引き締める

ひざが内側に
入らないようにする

[ステップ1]

つま先を
少し外側に向ける

> スクワットは、膝、股関節、
> 胴体のまわりの筋肉に
> 効果がある
> **多関節エクササイズ**だ。
> **可動性**と**バランス**が向上し、
> **筋力がアップ**すると、
> 日常生活の役に立つ。

バーベルフロントスクワット

バーベルバックスクワットで腰を痛めそうな場合、あるいは肩に
故障がある場合は、このバリエーションが適しているかもしれな
い。(このバージョンでは)負荷が後ろから前に移動するため、上
背部の筋肉を重点的に鍛えられる。

エクササイズの準備

足を肩幅くらいに開き、背すじを伸ばして立つ。バーベルを持ち上げ、鎖
骨のラインに沿わせて肩の上部で安定させる。

ステップ1

息を吸って体幹を引き締め、胴体をできるだけ直立させた状態で、深く
しゃがみ込んで「座る」。視線は前に向けたまま、バーベルは動かないよ
うにしておく。

ステップ2

息を吐きながら、体幹を引き締めたまま、足で床を押すようにして、股関節
と膝を伸ばして立つ。ステップ1、2を繰り返す。

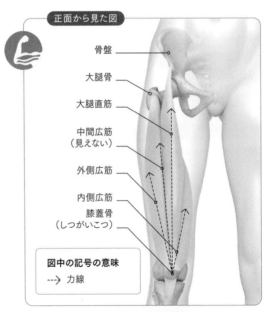

正面から見た図

骨盤

大腿骨

大腿直筋

中間広筋
(見えない)

外側広筋

内側広筋

膝蓋骨
(しつがいこつ)

図中の記号の意味
---> 力線

大腿四頭筋の力線

大腿四頭筋は1つの筋肉ではなく、連携してはたらくいくつ
の筋肉の集まりだ。これらの筋肉にはさまざまな力線(張力
線)があり、これは動作における可動域中のどこで最もはたら
くかと関連している。例えばスクワットエクササイズでは、スク
ワット動作の特定の段階で、大腿四頭筋中のどれがより多く
はたらくかが異なる。全体的には、大腿四頭筋の各筋肉は協
調してはたらく。

レッグプレス

脚を伸ばすというまっすぐな動作は、脚の筋肉に広く作用します。マシンを使ったレッグプレスは、大腿四頭筋、内転筋、臀筋（でんきん）を強化するのに役立ちます。また、ハムストリングスにも効果があります。この多関節動作は、バックスクワット（→P54〜55）によく似ていますが、脊柱に負荷をかける必要がないので、怪我の発生予防や既往症の再発防止に最適です。

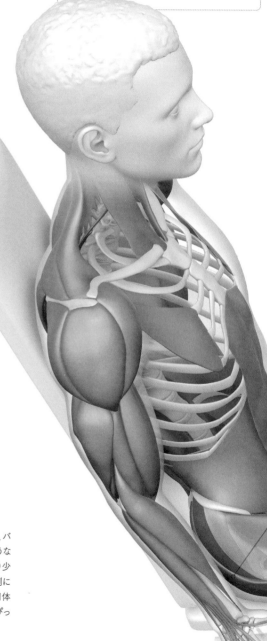

図中の記号と色の意味

- ●-- 関節
- ○— 筋肉
- ● 緊張を維持しながら短縮
- ● 緊張を維持しながら伸張
- ● 緊張させず伸張
- ● 動かさず保つ

エクササイズの特徴

　レッグプレスは、脚全体のワークアウトです。ウエイトをセットしたら、シートに深く座り、フットプラットフォームの位置を調整します。最大限の効果を得るには、股関節と膝だけを曲げるようにします。マシンのハンドルを握って胴体を安定させ、体をシートにしっかり引き寄せましょう。

　初心者は、8〜10レップス×4セットから始めます。いろいろな目標を設定してエクササイズを組み合わせるトレーニングプログラム（→P201〜214）も参考にしてください。

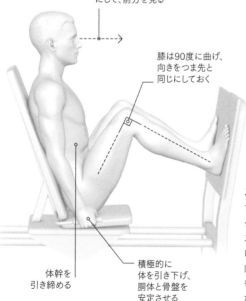

頭の位置をニュートラル（頭の位置が前後に傾かないようにすること）にして、前方を見る

膝は90度に曲げ、向きをつま先と同じにしておく

体幹を引き締める

積極的に体を引き下げ、胴体と骨盤を安定させる

エクササイズの準備

マシンをセットし終わったら、バックスクワットをするときのようなスタンスをとる。足を肩幅より少し広く開き、つま先を少し外側に向ける。腹筋を引き締めて胴体を安定させ、背パッドに腰をぴったりつける。

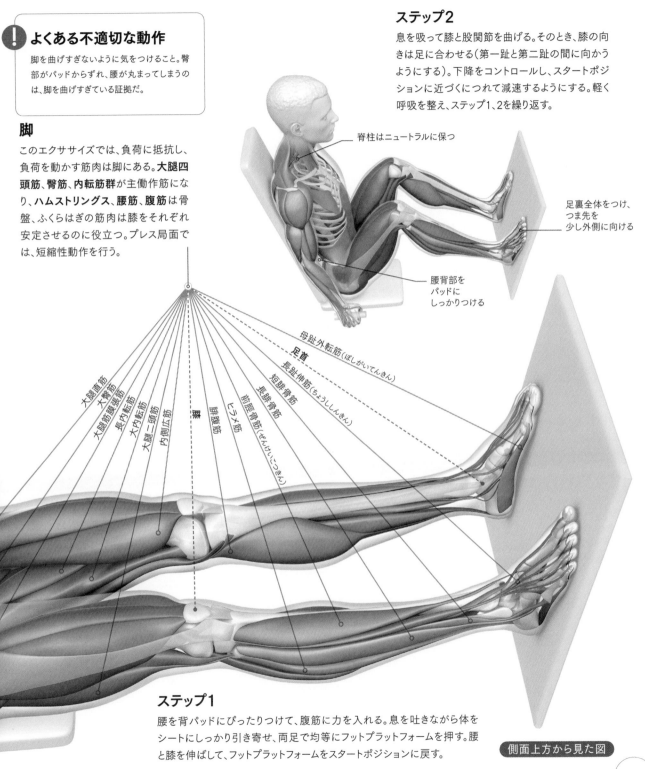

ステップ2

息を吸って膝と股関節を曲げる。そのとき、膝の向きは足に合わせる（第一趾と第二趾の間に向かうようにする）。下降をコントロールし、スタートポジションに近づくにつれて減速するようにする。軽く呼吸を整え、ステップ1、2を繰り返す。

脊柱はニュートラルに保つ

足裏全体をつけ、つま先を少し外側に向ける

腰背部をパッドにしっかりつける

！ よくある不適切な動作

脚を曲げすぎないように気をつけること。臀部がパッドからずれ、腰が丸まってしまうのは、脚を曲げすぎている証拠だ。

脚

このエクササイズでは、負荷に抵抗し、負荷を動かす筋肉は脚にある。**大腿四頭筋**、**臀筋**、**内転筋群**が主働作筋になり、**ハムストリングス**、**腰筋**、**腹筋**は骨盤、ふくらはぎの筋肉は膝をそれぞれ安定させるのに役立つ。プレス局面では、短縮性動作を行う。

大腿直筋
大臀筋
大腿筋膜張筋
長内転筋
大内転筋
大腿二頭筋
内側広筋
腰
母趾外転筋（ぼしがいてんきん）
足首
長趾伸筋（ちょうししんきん）
短腓骨筋
前脛骨筋（ぜんけいこつきん）
長趾屈筋
ヒラメ筋
腓腹筋

ステップ1

腰を背パッドにぴったりつけて、腹筋に力を入れる。息を吐きながら体をシートにしっかり引き寄せ、両足で均等にフットプラットフォームを押す。腰と膝を伸ばして、フットプラットフォームをスタートポジションに戻す。

側面上方から見た図

ハックスクワット

このスクワットは、大腿四頭筋、内転筋群、臀筋（でんきん）を強化します。また、ハムストリングスにも効果があります。マシンを使ったこのエクササイズは、動作パターンがあらかじめ決められているので、怪我のリスクを最小限に抑え、既往症の再発を避けつつ、太ももの筋肉を鍛えることができます。

エクササイズの特徴

多関節（コンパウンド）スクワット動作は、他の下半身強化運動を補完するためにワークアウトによく組み込まれています。腰背部に負担がかからないように常に体幹を引き締め、自分の可能な（無理なく動かせる）可動域の範囲内でトレーニングすることを心がけましょう。始める前に、ウエイトをセットし、マシンの上下の動きをチェックします。

初心者は、8〜10レップス×4セットから始めます。いろいろな目標を設定してエクササイズを組み合わせるトレーニングプログラム（→P201〜214）も参考にしてください。

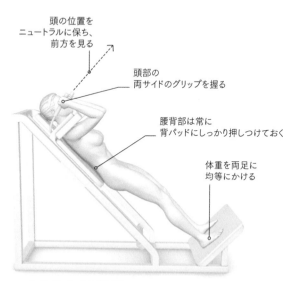

頭の位置をニュートラルに保ち、前方を見る

頭部の両サイドのグリップを握る

腰背部は常に背パッドにしっかり押しつけておく

体重を両足に均等にかける

エクササイズの準備

マシンの上で体勢を整え、立位のスターティングポジションをとる。フットプラットフォーム上でのスタンスは、バックスクワットのスタンスに近いものになる（→P54〜55）。足は肩幅よりも広く開き、つま先を少し外に向ける。

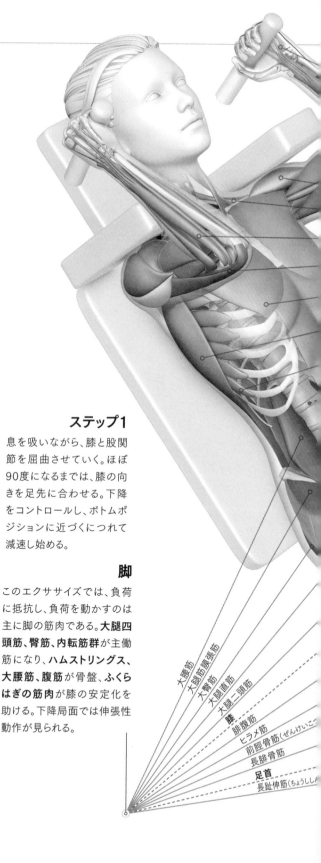

ステップ1

息を吸いながら、膝と股関節を屈曲させていく。ほぼ90度になるまでは、膝の向きを足先に合わせる。下降をコントロールし、ボトムポジションに近づくにつれて減速し始める。

脚

このエクササイズでは、負荷に抵抗し、負荷を動かすのは主に脚の筋肉である。**大腿四頭筋、臀筋、内転筋群**が主働筋になり、**ハムストリングス、大腰筋、腹筋**が骨盤、**ふくらはぎの筋肉**が膝の安定化を助ける。下降局面では伸張性動作が見られる。

大腰筋
大腿筋膜張筋
大臀筋
大腿直筋
大腿二頭筋
膝
腓腹筋
ヒラメ筋
前脛骨筋（ぜんけいこ）
長腓骨筋
足首
長趾伸筋（ちょうし）

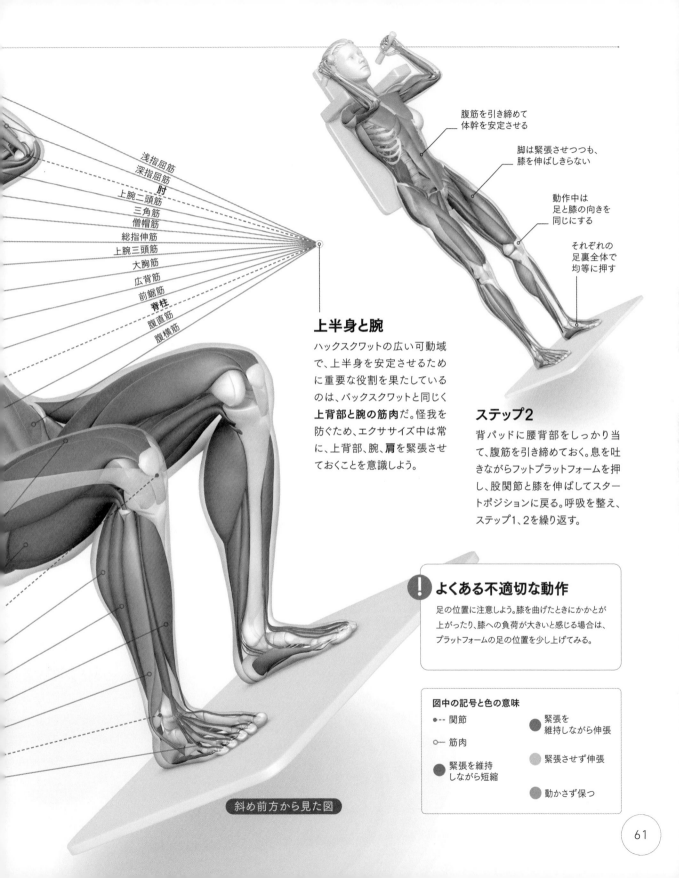

浅指屈筋
深指屈筋
肘
上腕二頭筋
三角筋
僧帽筋
総指伸筋
上腕三頭筋
大胸筋
広背筋
前鋸筋
脊柱
腹直筋
腹横筋

腹筋を引き締めて
体幹を安定させる

脚は緊張させつつも、
膝を伸ばしきらない

動作中は
足と膝の向きを
同じにする

それぞれの
足裏全体で
均等に押す

上半身と腕

ハックスクワットの広い可動域
で、上半身を安定させるため
に重要な役割を果たしている
のは、バックスクワットと同じく
上背部と腕の筋肉だ。怪我を
防ぐため、エクササイズ中は常
に、上背部、腕、肩を緊張させ
ておくことを意識しよう。

ステップ2

背パッドに腰背部をしっかり当
て、腹筋を引き締めておく。息を吐
きながらフットプラットフォームを押
し、股関節と膝を伸ばしてスター
トポジションに戻る。呼吸を整え、
ステップ1、2を繰り返す。

！ よくある不適切な動作

足の位置に注意しよう。膝を曲げたときにかかとが
上がったり、膝への負荷が大きいと感じる場合は、
プラットフォームの足の位置を少し上げてみる。

図中の記号と色の意味

●-- 関節
○— 筋肉
● 緊張を維持
しながら短縮

● 緊張を
維持しながら伸張
● 緊張させず伸張
● 動かさず保つ

斜め前方から見た図

ダンベル ステーショナリー ランジ

ランジは、大腿四頭筋と臀筋（でんきん）を鍛えつつ、体幹を安定させる筋肉にも効果がある有効なエクササイズです。どちらの脚も鍛えられますが、前に出した脚の筋肉を鍛えることに重点が置かれています。

エクササイズの特徴

ランジをするときは、前に出るのではなく上半身を落とすような意識で行います。ランジ姿勢では、耳、股関節、肘、手が垂直に並ぶようにします。エクササイズ中は、必ず胴体を安定させて体幹を引き締め、体重が踏み出した足と後ろの足の母趾球に均等にかかるようにします。ウエイトを横に持ち、その重みで自然に体を沈み込ませます。レップごとかセットごとに前に出す脚を入れ替え、確実に両脚を均等に鍛えられるようにしましょう。

初心者は、8〜10レップス×4セットから始めます。64〜65ページのバリエーションや、いろいろな目標を設定してエクササイズを組み合わせるトレーニングプログラム（→P201〜214）も参考にしてください。

図中の記号と色の意味

- ●-- 関節
- ○- 筋肉
- ● 緊張を維持しながら短縮
- ● 緊張を維持しながら伸張
- ○ 緊張させず伸張
- ● 動かさず保つ

上半身

体幹、上背部、腕、肩の筋肉は、上半身の安定を助ける。エクササイズ中は、この緊張を保つことで、筋力を最大にすることができる。

僧帽筋
三角筋
小胸筋
脊柱
上腕三頭筋
上腕二頭筋
脊柱伸筋群
腹直筋
腹横筋
中臀筋
大腰筋
大臀筋
大腿直筋
外側広筋
大腿二頭筋
膝
ヒラメ筋
長趾伸筋（ちょうししんきん）
足首
小趾外転筋

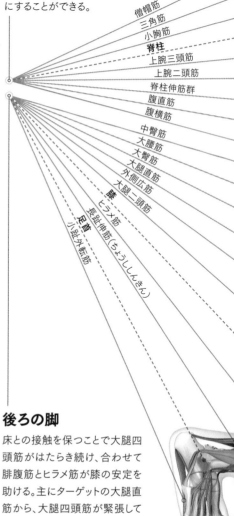

!よくある不適切な動作

前に出す一歩が大きすぎたり小さすぎたりすると、ランジのフォームが悪くなる。また、上背部を丸めないこと。

後ろの脚を引き締め、バランスをとり骨盤を安定させる

頭の位置はニュートラルに保ち、前方を見る

脊柱はニュートラルに保ち、丸めたり、横に傾いたりしない

ダンベルはニュートラルグリップで持つ

前に一歩踏み出す

後ろの足にかかる重さは母趾球で支える

エクササイズの準備

足を肩幅に開いて立ち、体の横にウエイトが位置する状態で行う。通常の歩幅で一方の脚を一歩前に出す。これがスタートポジションになる。

後ろの脚

床との接触を保つことで大腿四頭筋がはたらき続け、合わせて腓腹筋とヒラメ筋が膝の安定を助ける。主にターゲットの大腿直筋から、大腿四頭筋が緊張しているのが感じられるだろう。

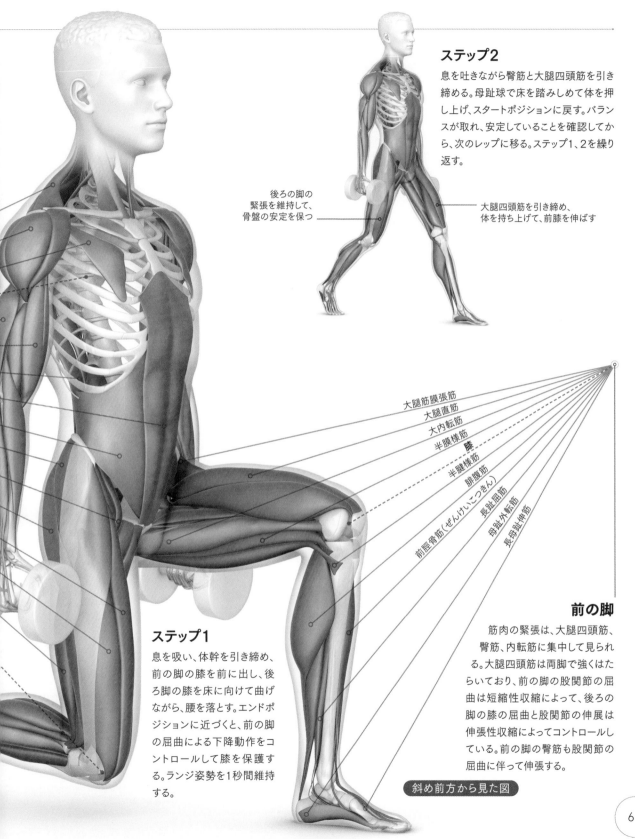

ステップ2

息を吐きながら臀筋と大腿四頭筋を引き締める。母趾球で床を踏みしめて体を押し上げ、スタートポジションに戻す。バランスが取れ、安定していることを確認してから、次のレップに移る。ステップ1、2を繰り返す。

後ろの脚の
緊張を維持して、
骨盤の安定を保つ

大腿四頭筋を引き締め、
体を持ち上げて、前膝を伸ばす

大腿筋膜張筋
大腿直筋
大内転筋
半膜様筋
膝
半腱様筋
腓腹筋
前脛骨筋（ぜんけいこつきん）
長趾屈筋
母趾外転筋
長母趾伸筋

ステップ1

息を吸い、体幹を引き締め、前の脚の膝を前に出し、後ろ脚の膝を床に向けて曲げながら、腰を落とす。エンドポジションに近づくと、前の脚の屈曲による下降動作をコントロールして膝を保護する。ランジ姿勢を1秒間維持する。

前の脚

筋肉の緊張は、大腿四頭筋、臀筋、内転筋に集中して見られる。大腿四頭筋は両脚で強くはたらいており、前の脚の股関節の屈曲は短縮性収縮によって、後ろの脚の膝の屈曲と股関節の伸展は伸張性収縮によってコントロールしている。前の脚の臀筋も股関節の屈曲に伴って伸張する。

斜め前方から見た図

63

≫ バリエーション

ランジ動作でフォームを改善するには、まずはウエイトを持たずに練習する
のがよいでしょう。すべてのランジは、大腿四頭筋、ハムストリングス、臀筋を
ターゲットにしています。ダンベルは常に横に持ち、ランジと戻る動作を自然
な動きで行いましょう。

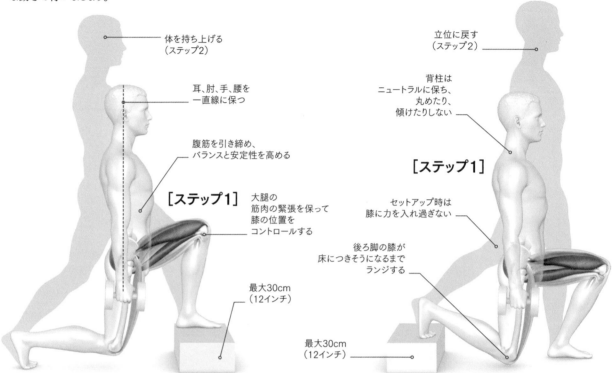

**フロントフットエレベーテッドスクワット
ウィズ・ダンベル**

このバリエーションは、踏み段や丈夫な箱の上に片脚を乗せ、
膝前部への負荷を軽減しながら可動域を広げる。脚の筋肉をは
たらかせて骨盤を安定させる。ランジ動作に慣れていない人は、
この簡単なバージョンを試してみるとよいだろう。

エクササイズの準備

スタッガードスタンス（片足を前に出したスタンス）で足を肩幅に開いて立
つ。前の脚を箱の上に乗せる。膝に力を入れ過ぎず、後ろの脚を引き締
め、バランスをとる。

ステップ1

息を吸いながら腰を落とし、後ろの脚の膝を床の方に下げながら、前脚
の膝を前に押し出す。腹筋は引き締めたまま維持する。

ステップ2

息を吐き、大腿四頭筋と臀筋を使って上体を上げる。ステップ1、2を予
定のレップ数になるまで繰り返す。反対の脚も同じように繰り返す。

**バックフットエレベーテッドスプリットスクワット
ウィズ・ダンベル**

このバリエーションでは、踏み段や丈夫な箱があるので股関節
がより大きく屈曲でき、大腿四頭筋への負荷が高まる。しかし、踏
み段が高すぎると、腰がアライメントからずれてしまうこともある。
上半身を動かないようにして、腕は横に自然に垂らしておく。

エクササイズの準備

足を肩幅に開いて箱の前に立つ。片方の脚を後ろに下げ、足趾を背屈し
て母趾球で支える。後ろ脚を引き締め、体を安定させる。

ステップ1

息を吸って、前脚の膝を曲げながら、後ろ脚の膝が床に向かうように体
重を落としていく。腹筋を引き締め、背骨は常にニュートラルに保つ。

ステップ2

息を吐きながら、大腿四頭筋と臀筋を使って体を持ち上げ、元に戻る。ス
テップ1、2を予定のレップ数になるまで繰り返す。反対の脚も同じように
繰り返す。

ダンベルウォーキングランジ

このバリエーションは、ステーショナリーランジにさらなる負荷と協調性を加えることを目的とする。最初のうちは、負荷をまったく、あるいはほとんどかけずに練習しよう。そうすれば、ランジのこのウォーキングバージョンの動作に慣れ、バランスと協調性がしっかり保たれるだろう。動作に自信が持てるようになったら、ウエイトを増やしていこう。

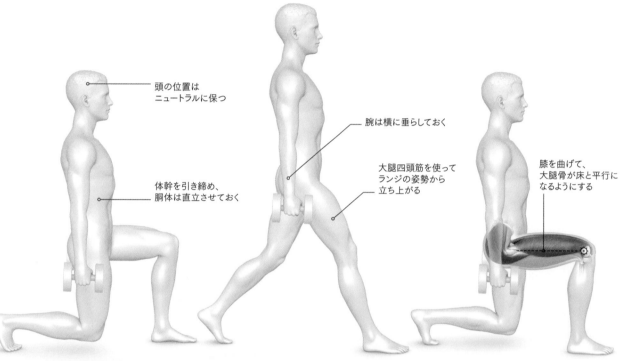

頭の位置は
ニュートラルに保つ

体幹を引き締め、
胴体は直立させておく

腕は横に垂らしておく

大腿四頭筋を使って
ランジの姿勢から
立ち上がる

膝を曲げて、
大腿骨が床と平行に
なるようにする

エクササイズの準備

足を肩幅に開く。息を吸い、前に大きく一歩を踏み出し、ランジのポジション（前脚の膝は直角に曲げ、後ろ脚の膝は床すれすれ）をとる。

ステップ1

力を込めてランジ姿勢から起き上がる。息を吐き、反対の脚を前に大きく踏み出す。背すじを伸ばして立ち、腹筋は常に引き締めておく。

ステップ2

息を吸いながら腰を落とし、前脚の膝を前に出して、後ろ脚の膝を曲げ、準備姿勢と同じ姿勢をとる。脚を交互に踏み出し進んでいく。

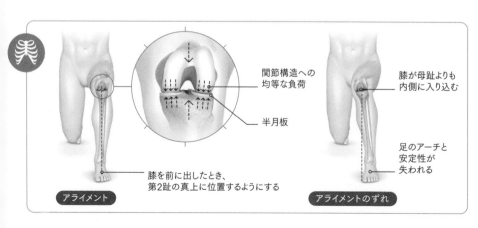

関節構造への
均等な負荷

半月板

膝を前に出したとき、
第2趾の真上に位置するようにする

アライメント

膝が母趾よりも
内側に入り込む

足のアーチと
安定性が
失われる

アライメントのずれ

膝のアライメント

アライメントのずれは、多くの場合、膝が母趾よりも内側に入り込むことで起こる。すると膝にトラブルが生じ、痛みやけがの原因となる。膝が第2趾に向かうようなアライメントを保ちながら膝を前に押し出すことで、膝の安定性を保ち、怪我のリスクを減らせる。

ダンベル ステップアップ

このエクササイズは、大腿四頭筋と臀筋(でんきん)を強化するだけでなく、体幹を安定させる筋肉にも効果があります。

エクササイズの特徴

高さ30cm(12インチ)以上のエクササイズ用踏み台が必要になります。踏み台に乗せた前脚を主に鍛えますが、体幹は常に引き締めておきます。前の足は必ず全体をしっかりステップに乗せ、両足を肩幅に開きます。踏み台にのせた力で上がるように、後ろの脚で蹴る力を使わないようにしましょう。レップごとにかセットごとに前に出す脚を交互に変え、両脚を確実にエクササイズするようにします。

初心者は、8〜10レップス×4セットから始めます。いろいろな目標を設定してエクササイズを組み合わせるトレーニングプログラム(→P201〜214)も参考にしてください。

腰と脚

踏み台に上がるときは、臀筋と大腿四頭筋に意識を集中する。エクササイズのこの短縮性局面では、前脚に思い切り力をかけて、股関節と膝を十分に伸ばしながら、臀筋、近位ハムストリングス、大腿四頭筋を強化する。一方、ふくらはぎの筋肉が安定性を提供する。降りる時(伸張性収縮)は、重力に任せるのではなく、前脚の大腿四頭筋と臀筋の緊張は維持します。

図中の記号と色の意味

- - - 関節
○ 筋肉

- 緊張を維持しながら短縮
- 緊張を維持しながら伸張
- 緊張させず伸張
- 動かさず保つ

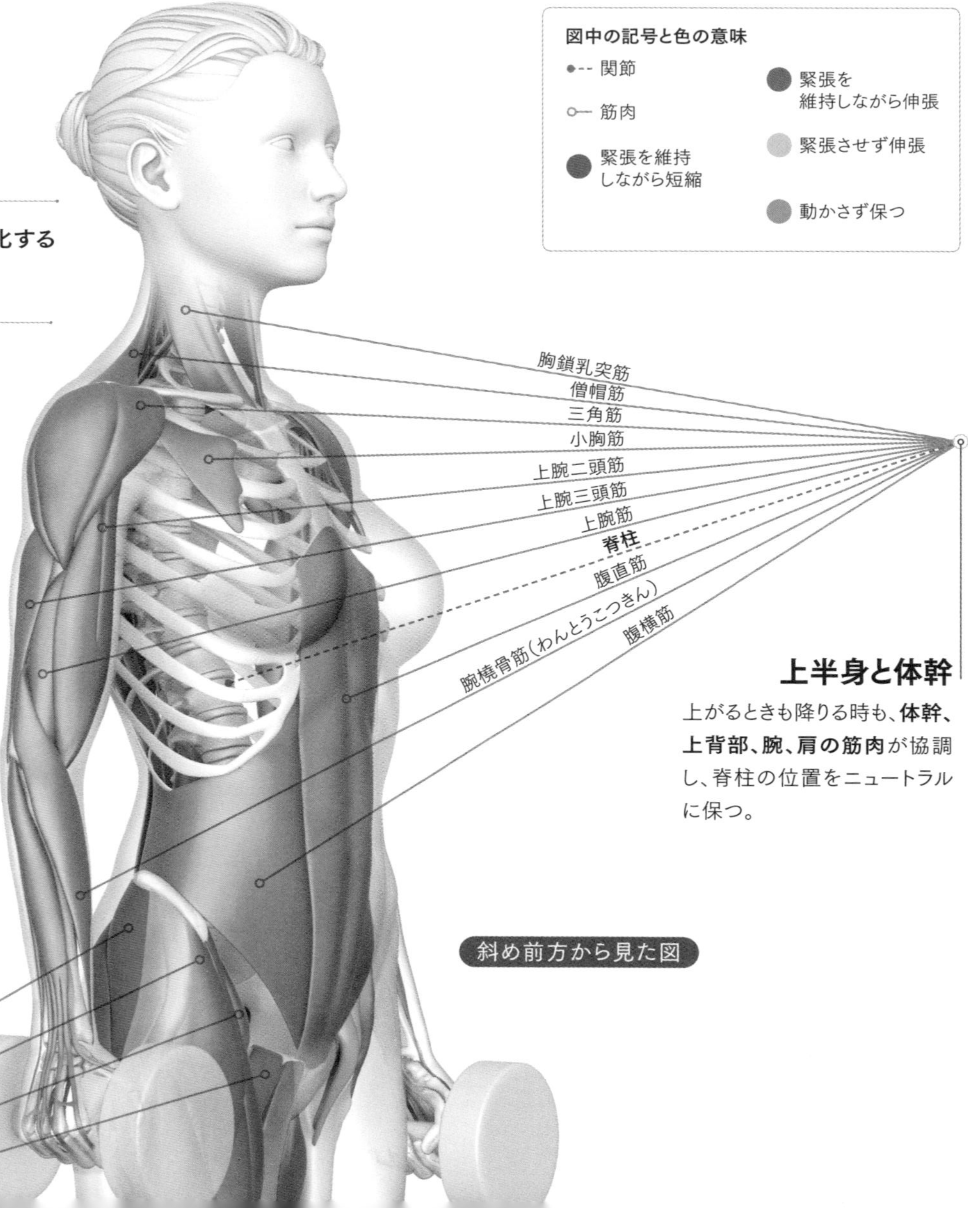

上半身と体幹

上がるときも降りる時も、体幹、上背部、腕、肩の筋肉が協調し、脊柱の位置をニュートラルに保つ。

斜め前方から見た図

胸鎖乳突筋
僧帽筋
三角筋
小胸筋
上腕二頭筋
上腕三頭筋
脊柱
腹直筋
腹横筋(われらとろこの奥)
腰筋

中臀筋前膜筋
大腿筋膜張筋

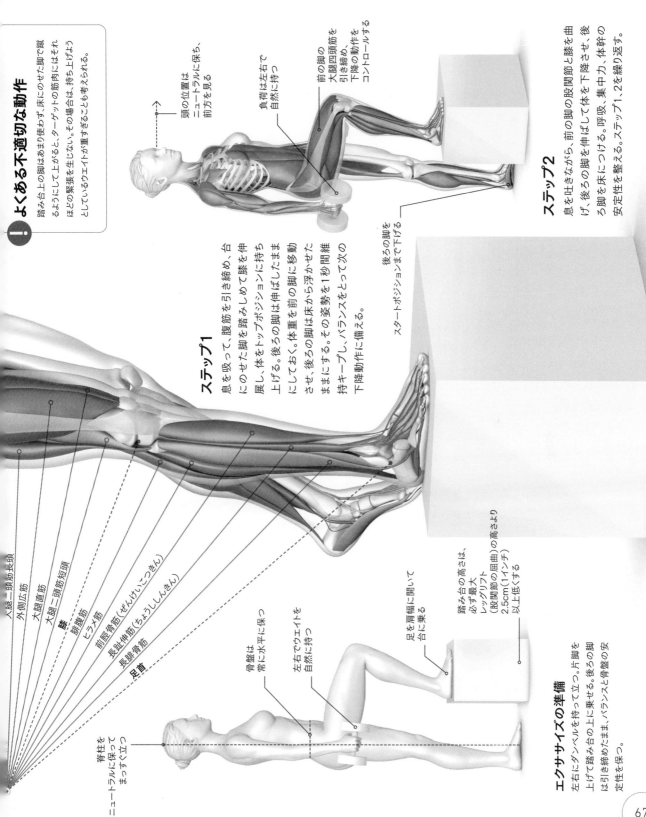

! よくあるる不適切な動作

踏み台上の脚はあまり使わず、床にのせた脚で蹴るようにして上がると、ターゲットの筋肉にはそれほどの緊張を生じない。その場合、持ち上げようとしているウエイトが重すぎることも考えられる。

頭の位置はニュートラルに保ち、前方を見る

負荷は左右で自然に持つ

前の脚の大腿四頭筋を引き締め、下降の動作をコントロールする

ステップ2

息を吐きながら、前の脚の股関節と膝を曲げ、後ろの脚を伸ばして体を下降させ、後ろ脚を床につける。呼吸、集中力、体幹の安定性を整える。ステップ1、2を繰り返す。

後ろの脚を下げる

スタートポジションまで下げる

ステップ1

息を吸って、腹筋を引き締め、合にのせた脚を踏みしめて膝を伸展し、体をトップポジションに持ち上げる。後ろの脚は伸ばしたままにしておく。体重を前の脚に移動させ、後ろの脚は床から浮かせたままにする。その姿勢を1秒間維持キープし、バランスをとって次の下降動作に備える。

大腿二頭筋長頭
外側広筋
大腿直筋
大腿二頭筋短頭
膝
腓腹筋
ヒラメ筋
前脛骨筋(ぜんけいこつきん)
長趾伸筋(ちょうししんきん)
長腓骨筋
足首

ニュートラルに保ってまっすぐ立つ

エクササイズの準備

左右にダンベルを持って立つ。片脚を上げて踏み台の上に乗せる。後ろの脚は引き締めたまま、バランスと骨盤の安定性を保つ。

骨盤は常に水平に保つ

左右でウエイトを自然に持つ

足を肩幅に開いて台に乗る

踏み台の高さは、必ずレッグリフト(股関節の屈曲)の高さより2.5cm(1インチ)以上低くする

脊柱をニュートラルに保ってまっすぐ立つ

レッグカール

このエクササイズは、大腿部のハムストリングスとふくらはぎの主な筋肉である腓腹筋を鍛えます。これらの筋肉は、膝関節の屈曲を助けます。このような伏臥位（ふくがい）で上半身を固定しておくと、脊椎に負荷をかけずに膝を強く屈曲させることができます。

エクササイズの特徴

この伏臥位での動作では、脚をまっすぐ伸ばした状態から屈曲させる際の膝関節の動きに集中します。体幹を安定させ、腰を痛めないためには、腹筋を引き締めることが重要です。始める前に、ウエイトをセットし、アンクルパッドをチェックしておきましょう。

初心者は、8〜10レップス×4セットから始めます。70〜71ページのバリエーションや、いろいろな目標を設定してエクササイズを組み合わせるトレーニングプログラム（→P201〜214）も参考にしてください。

図中の記号と色の意味

- ●-- 関節
- ○ 筋肉
- ● 緊張を維持
しながら短縮
- ● 緊張を
維持しながら伸張
- 緊張させず伸張
- ● 動かさず保つ

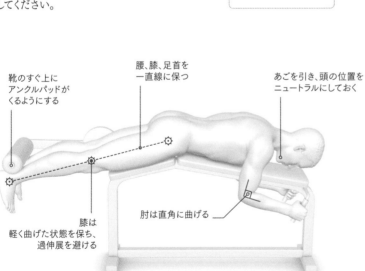

靴のすぐ上にアンクルパッドがくるようにする

腰、膝、足首を一直線に保つ

あごを引き、頭の位置をニュートラルにしておく

肘は直角に曲げる

膝は軽く曲げた状態を保ち、過伸展を避ける

エクササイズの準備

マシンの上に脚を伸ばしてうつ伏せになり、アンクルパッドが靴のすぐ上にくるように位置を調整する。その状態から、マシンのハンドルを引っ張ることで腹筋と広背筋を引き締める。臀筋（でんきん）にぎゅっと力を入れて骨盤を安定させる。

上半身と腕

広背筋、上腕二頭筋、三角筋など、上半身の筋肉をコントロールすれば、このエクササイズの安定性を高められる。上半身の安定性が増せば、下半身の筋肉の潜在的な筋出力がアップし、ターゲットの筋肉の緊張を高めることにもつながる。

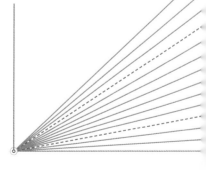

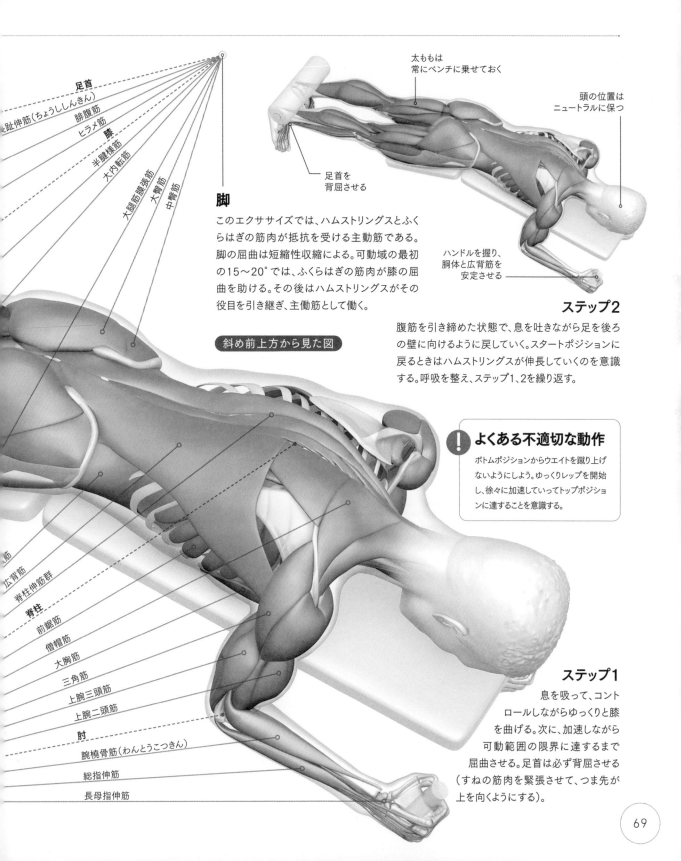

足首
長趾伸筋（ちょうししんきん）
腓腹筋
ヒラメ筋
膝
半腱様筋
大内転筋
大腿筋膜張筋
大臀筋
中臀筋

太ももは
常にベンチに乗せておく

頭の位置は
ニュートラルに保つ

足首を
背屈させる

ハンドルを握り、
胴体と広背筋を
安定させる

脚

このエクササイズでは、ハムストリングスとふくらはぎの筋肉が抵抗を受ける主動筋である。脚の屈曲は短縮性収縮による。可動域の最初の15〜20°では、ふくらはぎの筋肉が膝の屈曲を助ける。その後はハムストリングスがその役目を引き継ぎ、主働筋として働く。

斜め前上方から見た図

ステップ2

腹筋を引き締めた状態で、息を吐きながら足を後ろの壁に向けるように戻していく。スタートポジションに戻るときはハムストリングスが伸長していくのを意識する。呼吸を整え、ステップ1、2を繰り返す。

！ よくある不適切な動作

ボトムポジションからウエイトを蹴り上げないようにしよう。ゆっくりレップを開始し、徐々に加速していってトップポジションに達することを意識する。

広背筋
脊柱起立筋群
脊柱
前鋸筋
僧帽筋
大胸筋
三角筋
上腕三頭筋
上腕二頭筋
肘
腕橈骨筋（わんとうこつきん）
総指伸筋
長母指伸筋

ステップ1

息を吸って、コントロールしながらゆっくりと膝を曲げる。次に、加速しながら可動範囲の限界に達するまで屈曲させる。足首は必ず背屈させる（すねの筋肉を緊張させて、つま先が上を向くようにする）。

» バリエーション

前ページのレッグカールと同じく、ここで紹介するバリエーションはすべて、ハムストリングスと腓腹筋をターゲットにしています。立位のものもあれば座位のものもあるので、自宅でのエクササイズや、別のマシンを使ったジムでのエクササイズのバリエーションが広がります。

図中の色の意味
- ● 主に
ターゲットとなる筋肉
- ● 副次的に
ターゲットとなる筋肉

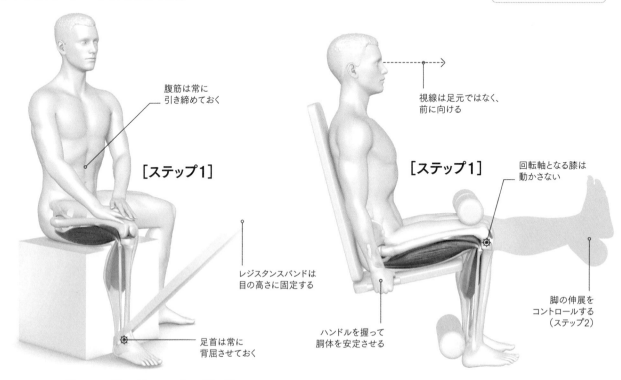

腹筋は常に
引き締めておく

[ステップ1]

レジスタンスバンドは
目の高さに固定する

足首は常に
背屈させておく

視線は足元ではなく、
前に向ける

[ステップ1]

回転軸となる膝は
動かさない

脚の伸展を
コントロールする
（ステップ2）

ハンドルを握って
胴体を安定させる

シーティッド・ユニラテラル・バンデッド
レッグカール

適切なレジスタンスバンドを選び（→P47）、安定したアンカーポイントを見つけて固定する。アンカーポイントは目の高さくらいがよい。このエクササイズは片脚ずつ行うので、必ず交互に行うようにする。

エクササイズの準備

レジスタンスバンドを固定する。背すじを伸ばし、足を広げて座る。足裏は床にぴったりつける。片方の脚を伸ばし、靴のバックステーのすぐ上あたりにバンドをかける。

ステップ1

息を吸い込む。次に息を吐きながら、伸ばした脚の膝を曲げ下腿を台に近づける。足は床につけない。バンドの抵抗の増大を感じること。

ステップ2

腹筋を引き締め、足首は背屈させておく。 息を吸いながら、脚をコントロールしつつスタートポジションまで伸ばす。ステップ1、2を繰り返す。

シーテッドレッグカール

このマシンを使った座位のバリエーションは、膝の屈曲と伸張した状態のハムストリングスを鍛えつつ、骨盤の安定性を高める。このエクササイズを利用すれば、ジムで別のマシンを使ってもハムストリングスと腓腹筋を効果的に鍛えられる。

エクササイズの準備

マシンをセットする。シートの端で膝を曲げ、背パッドにしっかり腰をつけて座る。足首をパッドに乗せ、ハンドルを握る。

ステップ1

息を吐き、膝をコントロールしながらゆっくり曲げる。膝の可動範囲の限界まで屈曲を続ける。足首は必ず背屈させる。

ステップ2

息を吸い、コントロールしつつ脚を伸ばす。その際、ハムストリングスを伸張させていることをイメージする。ステップ1、2を繰り返す。

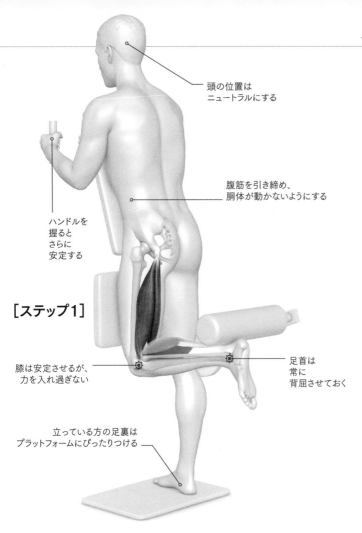

頭の位置は
ニュートラルにする

腹筋を引き締め、
胴体が動かないようにする

ハンドルを
握ると
さらに
安定する

［ステップ1］

膝は安定させるが、
力を入れ過ぎない

足首は
常に
背屈させておく

立っている方の足裏は
プラットフォームにぴったりつける

膝の屈曲のバリエーションは、

安全でコントロールされた状態で

ハムストリングスなどの

膝屈筋を鍛えるのに最適だ。

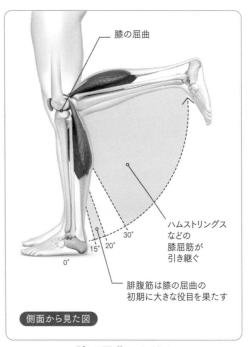

膝の屈曲

ハムストリングス
などの
膝屈筋が
引き継ぐ

30°

20°
15°

0°

腓腹筋は膝の屈曲の
初期に大きな役目を果たす

側面から見た図

**膝の屈曲における
腓腹筋の役割**

腓腹筋と他の膝屈筋（ハムストリングスなど）が統合することによって、全可動域で膝が安定する（0から15°の間は、ハムストリングスにはたらかない）。膝屈曲のエクササイズで、いきなり勢いをつけて曲げ始めることがよくあるが、これは不適切なので避けるべきであり、ふくらはぎとハムストリングスの両方をコントロールしながら膝を曲げることで、使うべき筋肉のすべてを緊張させながら行うとよい。

スタンディングユニラテラルレッグカール

ジムのマシンを使用するバリエーションで、立った状態で行う。この動作は片脚ずつ鍛えるので、左右の脚を均等に鍛えられるようにレップ数を把握しておくことが重要だ。ハンドルを積極的に引っ張ることで、背中の広背筋が安定し、骨盤の安定性が高まる。

エクササイズの準備
息を吸って腹筋を引き締める。次に息を吐きながら、膝をできるだけ深く屈曲させる。すねの筋肉を緊張させ、足首を背屈させる。

ステップ1
息を吸って腹筋を引き締める。次に息を吐きながら、膝をできるだけ深く屈曲させる。すねの筋肉を緊張させ、足首を背屈させる。

ステップ2
息を吸って、ウエイトに抵抗しつつ、曲げていた脚を完全に伸ばしてスタートポジションに戻る。ステップ1、2を繰り返す。

ハムストリング・ボールカール

このエクササイズはハムストリングスと腓腹筋がターゲットで、脊椎に負荷をかけず、またマシンを使わずに、ハムストリングスを鍛えることができます。また、このボールを転がす動作においては、持ち上げた胴体を支えるために体幹と臀筋（でんきん）が大いに貢献しています。

エクササイズの特徴

　直径55〜65cm（21.5〜26インチ）以上のバランスボールが必要になります。背中を床にぴったりつけ、股関節を伸ばして、ボールを下腿とかかとに当てます。次に体を持ち上げ、ブリッジ姿勢をとります。この動作の最大の難関は、常に臀部を床から浮かせ、胴体を安定させた状態のまま、ハムストリングスを使って膝を曲げることです。

　初心者は、8〜10レップス×4セットから始めます。いろいろな目標を設定してエクササイズを組み合わせるトレーニングプログラム（→P201〜214）も参考にしてください。臀部が下がってしまうようなら、各セットのレップ数を下げ、トータルセット数を増やしましょう。胸の上で腕を組めば、体幹の筋肉をさらに鍛えられます。

下肢

ハムストリングスは、短縮性収縮によって膝を屈曲させる。かかとをボールに食い込ませ、ボールを引き寄せるというよりも、膝を上げる意識で行う。**臀筋**はブリッジポジションを保持するために働き、股関節が屈曲するにつれて伸張する。**股関節屈筋**は、短縮性収縮によって股関節を屈曲させる。**腓腹筋**は、短縮性収縮によって膝を屈曲させ、かかとを体の方に引き寄せる。

膝
大腿二頭筋（短頭）
腓腹筋
大腿直筋
外側広筋
大腿二頭筋（長頭）
内側広筋
大臀筋
大腿筋膜張筋
中臀筋

上半身

腕はカウンターバランスとして働き、上半身の安定を保ち、回転を防ぐ。
体幹は、ボール上でのバランスを保ち、腰背部を支えるために働く。

外腹斜筋
脊柱
上腕三頭筋
三角筋
脊柱起立筋群

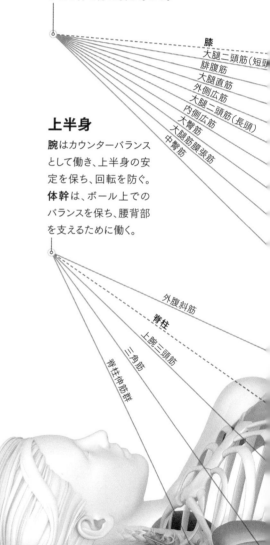

頭の位置はニュートラルに保つ

伸ばした腕を斜めに広げて体を安定させる

体幹と臀筋を緊張させる

足は腰幅に開く

脚の下部3分の1とかかとの下にボールを置く

エクササイズの準備

床に仰向けになる。腕は手のひらを下向きにして両サイドに置く。脚とかかとをボールの上に乗せ、体幹と臀筋を緊張させて、体をブリッジの位置まで持ち上げる。頭と背骨の位置はニュートラルに保つ。

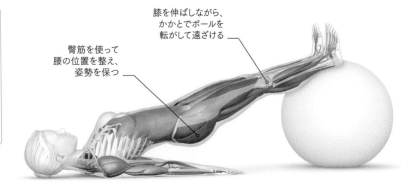

図中の記号と色の意味

- ●-- 関節
- ○- 筋肉
- ● 緊張を維持
しながら短縮
- ● 緊張を
維持しながら伸張
- ● 緊張させず伸張
- ● 動かさず保つ

膝を伸ばしながら、
かかとでボールを
転がして遠ざける

臀筋を使って
腰の位置を整え、
姿勢を保つ

ステップ2

息を吸い、ゆっくりとボールを転がし
てスタートポジションに戻す。膝と股
関節を伸ばした姿勢をしばらくキー
プし、呼吸、腰の位置、胴体の安定
性を整えて次のレップに備える。ス
テップ1、2を繰り返す。

かかとをボールに
食い込ませ、体の方に
転がして引き寄せる

つま先には力を入れない

常に体幹と臀筋を
引き締めておく

ステップ1

息を吸って、体幹を引き締める。次に息を吐
いて、ハムストリングスを引き締める。腰を床
から上げたまま、膝を曲げ、ボールを転がし
引き寄せる。1〜2秒静止する。

斜め前方から見た図

73

レッグエクステンション

マシンを使ったこのエクササイズは、膝を曲げたり伸ばしたりしながら、特に大腿四頭筋を鍛えます。大腿四頭筋だけを使い、短縮した状態で効果的に負荷をかけることができるので、初心者にも最適なマシンエクササイズです。

エクササイズの特徴

　背パッドを調整して、座ったときに膝の裏側が自然にシートパッドの端にくるようにします。膝がマシンの回転軸の位置になるからです。ゆっくりとレップを開始し、加速しながらトップポジションにもっていきます。戻りの動きもコントロールしながら行います。

　初心者は、8〜10レップス×4セットから始めます。76〜77ページのバリエーションや、いろいろな目標を設定してエクササイズを組み合わせるトレーニングプログラム（→P201〜214）も参考にしてください。

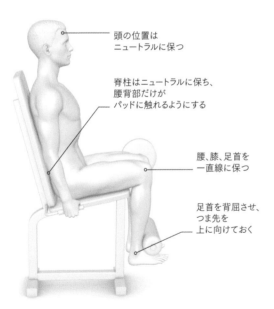

頭の位置は
ニュートラルに保つ

脊柱はニュートラルに保ち、
腰背部だけが
パッドに触れるようにする

腰、膝、足首を
一直線に保つ

足首を背屈させ、
つま先を
上に向けておく

エクササイズの準備

ウエイトをセットし、マシンに座る。膝を曲げ、足首をアンクルパッドの下に入れる。アンクルパッドが靴のすぐ上に来るように調整する。ハンドルを握り、体をシートパッドに引き寄せて骨盤を安定した状態に保つ。息を吸う。

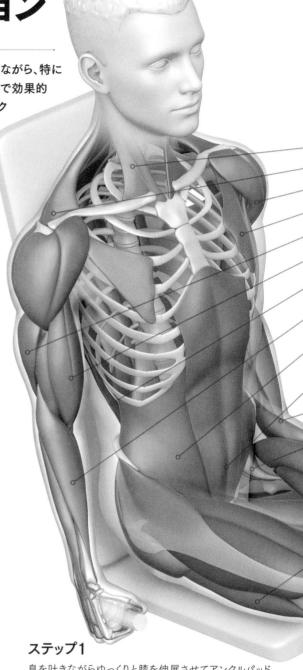

ステップ1

息を吐きながらゆっくりと膝を伸展させてアンクルパッドを押し上げる。持ち上げられる限界（これは個人差がある）に向かって加速していく。足首は常に背屈させておく。目標は、大腿四頭筋を限界まで収縮させることだ。1〜2秒トップポジションをキープすれば、効果が増す。

胴体と腕

（ハンドルを積極的に引っ張ることで）**上背部、腕、肩の筋肉**を意識的に緊張させ、骨盤を安定させる。骨盤が安定すればするほど、**大腿四頭筋**はより多くの力を生み出せる。

脚

エクササイズ中は、**大腿四頭筋**が抵抗を受ける。このレッグエクステンションは、短縮した状態の**大腿直筋**（大腿四頭筋に含まれ、股関節をまたぐ）にも負荷をかけ、骨盤の安定を助ける。レップの下降局面（伸張性動作）を確実にコントロールし、大腿四頭筋の緊張を保つようにする。

胸鎖乳突筋
僧帽筋
三角筋
小胸筋
上腕三頭筋
上腕二頭筋
広背筋
腕橈骨筋（わんとうこっきん）
腹横筋
腹直筋

大腿筋膜張筋
腸腰筋
内側広筋
大腿直筋
大腿二頭筋
大内転筋
膝
前脛骨筋（ぜんけいこつきん）
腓腹筋
長趾伸筋（ちょうししんきん）
ヒラメ筋

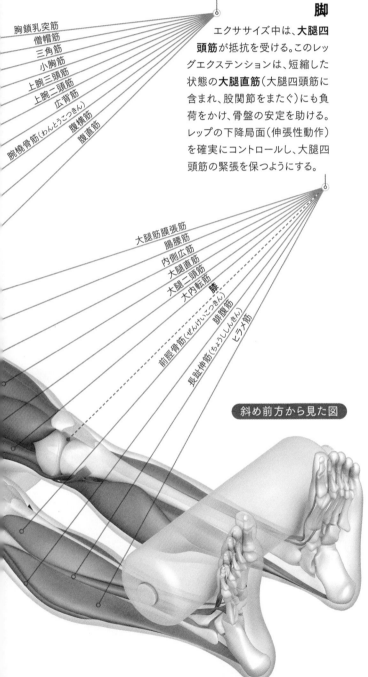

斜め前方から見た図

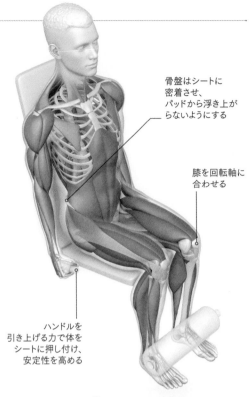

骨盤はシートに密着させ、パッドから浮き上がらないようにする

膝を回転軸に合わせる

ハンドルを引き上げる力で体をシートに押し付け、安定性を高める

ステップ2

背パッドに腰を当て、腹筋を引き締めておく。シートに体を引き寄せた状態で、息を吸いながらゆっくりと膝を曲げ、アンクルパッドをスタートポジションに戻す。軽く呼吸を整え、ステップ1、2を繰り返す。

❗ よくある不適切な動作

アンクルパッドが足から離れるような、勢いをつけた動作は怪我の原因になり、またターゲットとなる筋肉をきちんと使えていないかもしれない。レップのたびにシートからずれてしまうのは、体幹と骨盤を十分に安定させていない証拠だ。

図中の記号と色の意味

- ●─ 関節
- ○─ 筋肉
- ● 緊張を維持しながら短縮
- ● 緊張を維持しながら伸張
- ● 緊張させず伸張
- ● 動かさず保つ

≫ バリエーション

ここに集めたレッグエクステンションのバリエーションは、一見どれも簡単そうに見えます。しかし、正確な動作で行えば、大腿四頭筋だけをアイソレートして使い、短縮した状態を維持することになるのでかなり大変です。見た目ほど再現しやすい動作ではありません。

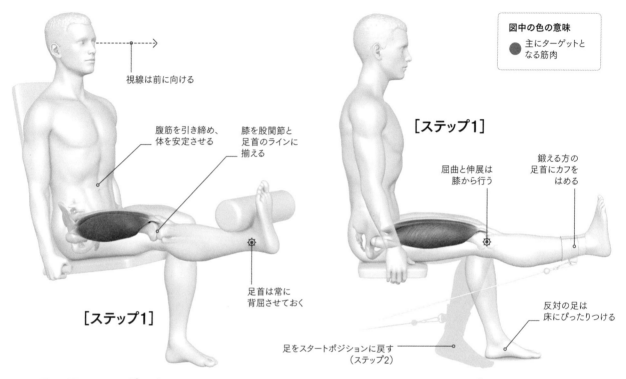

視線は前に向ける

腹筋を引き締め、体を安定させる

膝を股関節と足首のラインに揃える

足首は常に背屈させておく

[ステップ1]

図中の色の意味
● 主にターゲットとなる筋肉

[ステップ1]

屈曲と伸展は膝から行う

鍛える方の足首にカフをはめる

反対の足は床にぴったりつける

足をスタートポジションに戻す（ステップ2）

ユニラテラル・レッグエクステンション

このエクササイズでは、片脚ずつ鍛えることができる。怪我またはトレーニングの中断後に筋力をつけ、筋力を回復させたい方には、このような片側だけの動作が最適かもしれない。一方の脚とまったく同じ動作を、必ず反対側でも繰り返すこと。

エクササイズの準備

マシンをセットする。一方の膝をシートの角で曲げた状態で、背パッドを背にして座る。もう片方の足をアンクルパッドの下に置く。グリップを握り、引き下げる。

ステップ1

息を吐き、片方の脚の足首は背屈にし、膝を伸ばしてアンクルパッドを持ち上げる。脊柱をニュートラルに保ち、腹筋を引き締めておく。

ステップ2

息を吸い、ハンドルを引いて安定させ、脚をコントロールしながらスタートポジションに戻す。もう片方の脚でも同じように繰り返す。

ユニラテラルカフド・レッグエクステンション

このエクササイズはカフ付きケーブルプーリーマシンを使用するが、自立式レジスタンスバンドで代用もできる。短縮性局面（ステップ1）で負荷が減少するのが欠点だが、トップポジションで1〜4秒間のキープやスクイーズを追加すれば、その分を補える。

エクササイズの準備

ケーブルを低めの設定からセットし、片方の脚の足首にカフを装着する。脊柱をニュートラルにして背すじを伸ばし、臀部（でんぶ）全体をベンチにつけて座る。

ステップ1

息を吐きながら、足首を背屈させ、膝を伸ばして足を持ち上げる。その際、動作はケーブルの抵抗に逆らって行う。

ステップ2

ベンチの端を握ったまま、息を吸い、脚をゆっくりとスタートポジションに戻す。レップを終えたら、カフを反対の足にはめ替え、同じように繰り返す。

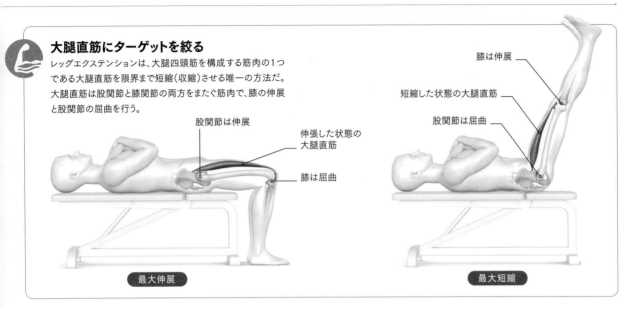

大腿直筋にターゲットを絞る

レッグエクステンションは、大腿四頭筋を構成する筋肉の1つである大腿直筋を限界まで短縮（収縮）させる唯一の方法だ。大腿直筋は股関節と膝関節の両方をまたぐ筋肉で、膝の伸展と股関節の屈曲を行う。

股関節は伸展

伸張した状態の大腿直筋

膝は屈曲

最大伸展

膝は伸展

短縮した状態の大腿直筋

股関節は屈曲

最大短縮

バンデッドライイング・レッグエクステンション

このマシン不要のレッグエクステンションは、レジスタンスバンドを使って自宅やジムで簡単に行える。ただし、適切なバンドを選び（→P47）、バンドを固定する安定したアンカーポイントを見つける必要はある。

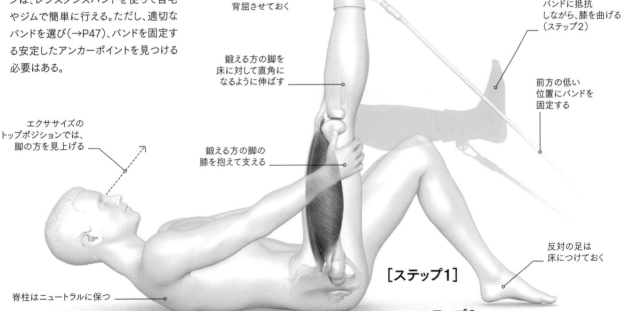

足首は常に背屈させておく

鍛える方の脚を床に対して直角になるように伸ばす

鍛える方の脚の膝を抱えて支える

エクササイズのトップポジションでは、脚の方を見上げる

脊柱はニュートラルに保つ

鍛える方の脚の足首にカフをはめる

バンドに抵抗しながら、膝を曲げる（ステップ2）

前方の低い位置にバンドを固定する

反対の足は床につけておく

［ステップ1］

エクササイズの準備

レジスタンスバンドを前方の低い位置で固定する。仰向けになり、片方の脚の足首にバンドをかけ、反対の脚は曲げておく。

ステップ1

足首を曲げ、膝は裏から支えた状態で、息を吐きながら、バンドをかけた脚の膝を垂直になるように伸ばす。この姿勢を1〜4秒キープする。

ステップ2

息を吸い、バンドに抵抗しつつ、ゆっくりとコントロールしながら膝だけを曲げる。レップを完了したら、アンクルカフを反対の脚にはめ替え、同じように繰り返す。

バーベル・グルートブリッジ

このエクササイズはヒップスラストとも呼ばれ、股関節の屈曲と伸展を行いながら臀筋（でんきん）を鍛えます。大腿四頭筋をターゲットにしたレッグエクステンション（→P74〜75）と同じように、背骨に負荷をかけることなく、短縮した状態の臀筋に負荷をかけるエクササイズです。

エクササイズの特徴

このエクササイズには、もたれかかれる丈夫なベンチや踏み段が必要になります。股関節の屈曲部位でバーベルを持って、股関節の伸展・屈曲を行い、体を上昇・下降させます。バーベルが安定しない場合は、パッドをはさみましょう。正しいアライメント（足、足首、膝を一直線にする）を保つことが、スムーズな動作、怪我の予防につながります。

初心者は、8〜10レップス×4セットから始めます。80〜81ページのバリエーションや、いろいろな目標を設定してエクササイズを組み合わせるトレーニングプログラム（→P201〜214）も参考にしてください。

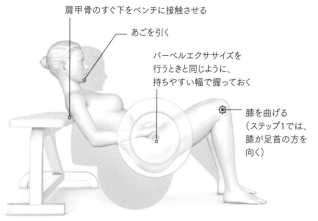

肩甲骨のすぐ下をベンチに接触させる

あごを引く

バーベルエクササイズを行うときと同じように、持ちやすい幅で握っておく

膝を曲げる（ステップ1では、膝が足首の方を向く）

エクササイズの準備

膝を曲げ、足を肩幅よりやや広めに開いた状態で、ベンチに背中をもたせかけて座る。股関節の屈曲部位にバーベルを乗せ、臀筋を引き締め、腰を床から高い位置に持ち上げ、ここをスタートポジションとする。息を吸い、体幹を引き締める。

上半身と腕

このエクササイズでは、腹筋が重要な役割を果たしており、背骨と骨盤を安定させ、上半身と下半身の動作の協調を助けている。腕と肩の筋肉は、可動域全体を通してバーベルの負荷を所定の位置に保つのに役立つ。

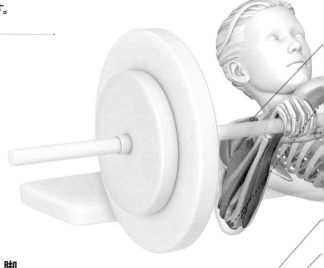

脚

ここでは、主に臀筋が緊張し抵抗を支えている。臀筋を使って、股関節でバーを持ち上げることを意識しよう。腹筋は引き締めたままにしておく。胴体と骨盤が協調することで、臀筋により強い緊張が生じる。ハムストリングス、内転筋、ふくらはぎの筋肉は、下半身全体の負荷の安定を助けている。

大腿筋膜張筋
大腿直筋
大臀筋
長内転筋
大腿二頭筋長頭
外側広筋
大内転筋
半膜様筋
膝
腓腹筋
ヒラメ筋
前脛骨筋
長腓骨筋
短腓骨筋
足首
長趾伸筋（ちょうし）
長母趾伸筋

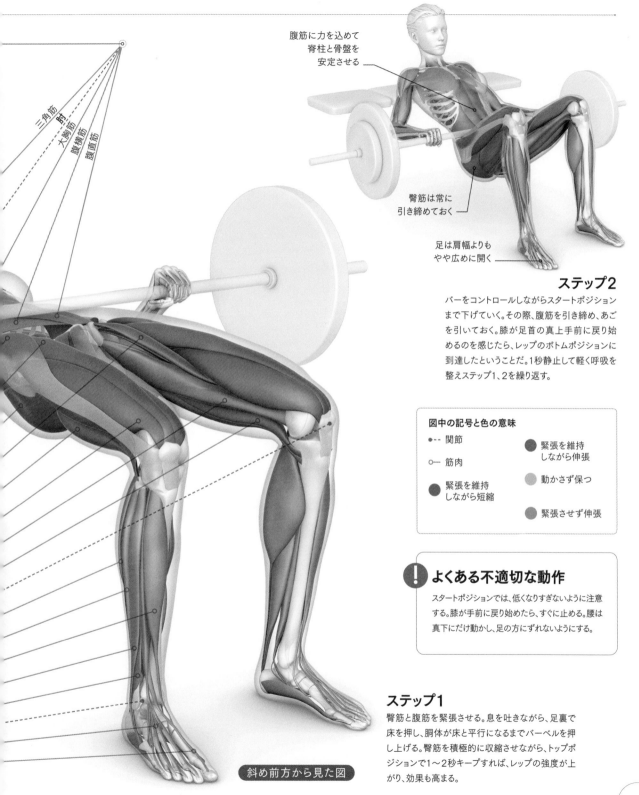

三角筋
肘
大胸筋
腹横筋
腹直筋

腹筋に力を込めて
脊柱と骨盤を
安定させる

臀筋は常に
引き締めておく

足は肩幅よりも
やや広めに開く

ステップ2

バーをコントロールしながらスタートポジション
まで下げていく。その際、腹筋を引き締め、あご
を引いておく。膝が足首の真上手前に戻り始
めるのを感じたら、レップのボトムポジションに
到達したということだ。1秒静止して軽く呼吸を
整えステップ1、2を繰り返す。

図中の記号と色の意味

- ●—- 関節
- ○— 筋肉
- ● 緊張を維持
  しながら短縮
- ● 緊張を維持
  しながら伸張
- ● 動かさず保つ
- ● 緊張させず伸張

⚠ よくある不適切な動作

スタートポジションでは、低くなりすぎないように注意
する。膝が手前に戻り始めたら、すぐに止める。腰は
真下にだけ動かし、足の方にずれないようにする。

斜め前方から見た図

ステップ1

臀筋と腹筋を緊張させる。息を吐きながら、足裏で
床を押し、胴体が床と平行になるまでバーベルを押
し上げる。臀筋を積極的に収縮させながら、トップポ
ジションで1〜2秒キープすれば、レップの強度が上
がり、効果も高まる。

≫ バリエーション

ここに集めたエクササイズはどれも臀筋をターゲットにしていますが、ハムストリングスによる股関節の伸展だけで行うこともできます。片側ずつのトレーニングは、エクササイズの強度を上げ、鍛える脚の臀筋に大きな負荷をかけることができるので、特に効果的です。

図中の色の意味
● 主にターゲットとなる筋肉
● 副次的にターゲットとなる筋肉

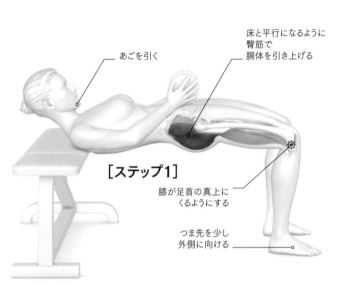

あごを引く

床と平行になるように臀筋で胴体を引き上げる

[ステップ1]

膝が足首の真上にくるようにする

つま先を少し外側に向ける

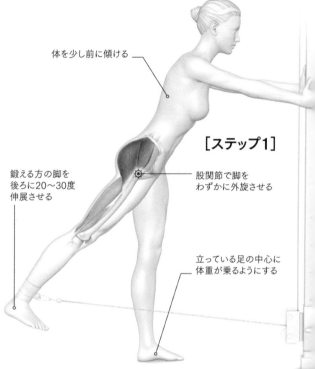

体を少し前に傾ける

[ステップ1]

鍛える方の脚を後ろに20〜30度伸展させる

股関節で脚をわずかに外旋させる

立っている足の中心に体重が乗るようにする

ダンベル・グルートブリッジ

このバリエーションの動作は、前ページのメインエクササイズとほぼ同じだが、バーベルの代わりにダンベルを使用する。軽めの負荷で行うので、重いウエイトに進む前のよい練習になる。

エクササイズの準備

膝を曲げた状態でベンチにもたれる。股関節の屈曲する部位にダンベルを置く。臀筋を引き締め、腰を床から少し浮かせる。

ステップ1

臀筋と腹筋を緊張させた状態で、息を吐きながら、胴体をダンベルとともに持ち上げる。可能なら、トップポジションで1〜2秒静止する。

ステップ2

腹筋を引き締め、あごを引いた状態で、胴体をスタートポジションまで下げていく。ここで一旦静止してから、ステップ1、2を繰り返す。

スタンディングケーブル・グルートキックバック

フリーウエイトを使えない場合や、臀筋だけにボリュームを加えたい場合は、このバリエーションを他の臀筋エクササイズと組み合わせて利用しよう。腰背部を丸めたり、勢いあまってウエイトを跳ね返したりしないように気をつける。

エクササイズの準備

ケーブルストラップを足首の靴の上あたりにかける。足を腰幅に開いて立ち、ケーブルマシンに手をついて体を安定させる。

ステップ1

息を吸って腹筋を引き締める。次に息を吐きながら脚を後ろに蹴り、20〜30度くらい外転させる。その姿勢を1〜2秒キープすれば、効果が増す。

ステップ2

腹筋を引き締め、背柱をニュートラルに保つ。息を吸いながら、コントロールしつつスタートポジションに戻る。ステップ1、2を繰り返す。

シングルレッグ・グルートブリッジ

ウエイトが制限されている場合や、さらなる効果を期待する場合には、この片脚バージョンが効果的だ。一方の脚だけを使ってエクササイズを行うことで、支える方の脚に対する負荷が強まる。ウエイトは、使っても使わなくてもよい。それぞれの脚を均等に鍛えられるように、レップ数を記録しておこう。

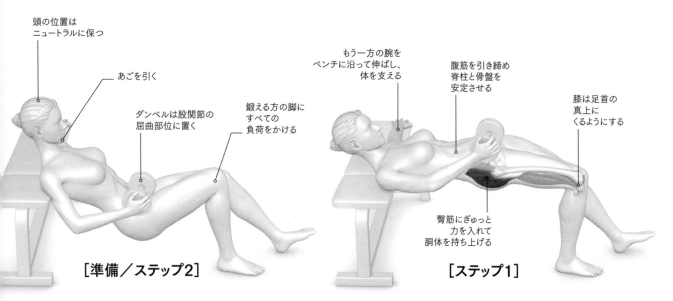

頭の位置はニュートラルに保つ

あごを引く

ダンベルは股関節の屈曲部位に置く

鍛える方の脚にすべての負荷をかける

もう一方の腕をベンチに沿って伸ばし、体を支える

腹筋を引き締め脊柱と骨盤を安定させる

膝は足首の真上にくるようにする

臀筋にぎゅっと力を入れて胴体を持ち上げる

[準備／ステップ2]

[ステップ1]

エクササイズの準備

鍛える方の脚を曲げ、ベンチに背中をもたせかける。反対の脚は前に出してかかとをつける。臀筋を引き締め、腰を床から少し持ち上げる。

ステップ1

臀筋と腹筋の緊張を保った状態で、息を吐きながら、鍛える方の脚だけ使って胴体を持ち上げる。その姿勢を1～2秒キープすると負荷がさらに増す。

ステップ2

腹筋を引き締め、あごを引いたまま、ゆっくりとスタートポジションまで胴体を下げる。ここで一旦静止してから、ステップ1、2を繰り返す。

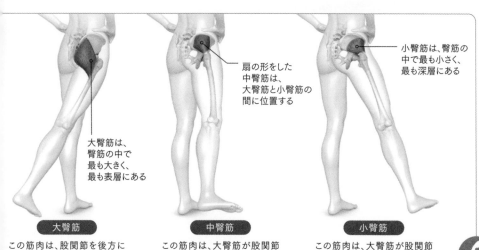

大臀筋は、臀筋の中で最も大きく、最も表層にある

扇の形をした中臀筋は、大臀筋と小臀筋の間に位置する

小臀筋は、臀筋の中で最も小さく、最も深層にある

大臀筋

この筋肉は、股関節を後方に伸展させ、脚を回旋させる。

中臀筋

この筋肉は、大臀筋が股関節をより側方に伸展させ、脚を回旋させるのを助ける。

小臀筋

この筋肉は、大臀筋が股関節をより側方に伸展させるのを支える。

3つの臀筋

歩行やジャンプ、ダッシュ、筋力トレーニングなどの運動をする際、臀筋は股関節の安定性と強度における中心的存在として機能する。大臀筋、中臀筋、小臀筋は、股関節の伸展、外旋・内旋、内転を助ける（→P50）。強力かつ機能的な臀筋は、腰痛を緩和し、立つ、歩く、階段を上るといった日常的な動作を楽にしてくれる。

カーフレイズ

マシンを使ったこのエクササイズは、底屈(つま先立ち)に関わる、ふくらはぎの腓腹筋とヒラメ筋を鍛えます。また、アキレス腱にも作用します。ふくらはぎの筋力は膝の健康維持に役立ちます。

エクササイズの特徴

ステップの上で、足を平行にし、母趾球をステップにしっかり乗せておきます。体を上げてつま先で立ち、次に体を下げてかかとを落とします。足は平行でも少し開いても、やりやすい幅にして構いません。適切な実践こそが重要であり、動作はコントロールしながらゆっくりと行います。脚の筋肉は緊張を維持しますが、膝はわずかに曲げ(「ソフトロックアウト」)、過伸展(膝裏を後方へ限界まで押し出した状態)を防ぎます。

初心者は、8～10レップス×4セットから始めます。84～85ページのバリエーションや、いろいろな目標を設定してエクササイズを組み合わせるトレーニングプログラム(→P201～214)も参考にしてください。

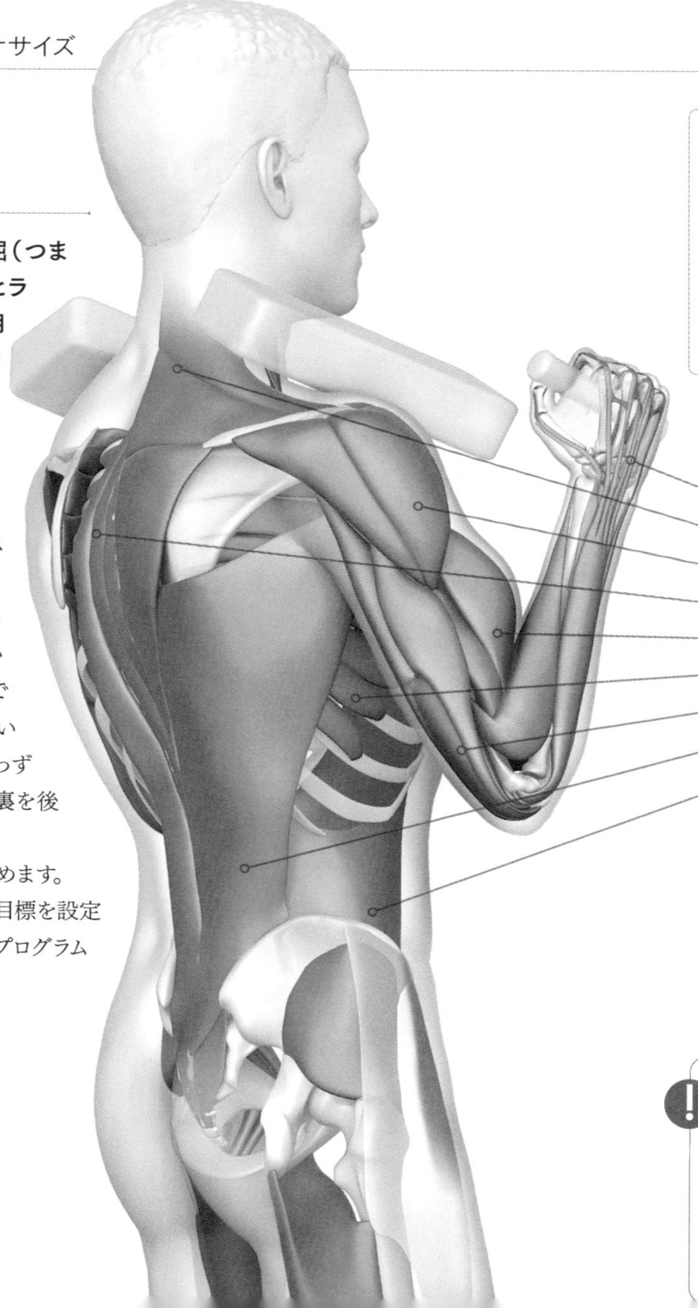
総指伸筋
僧帽筋
三角筋
脊柱伸筋
上腕二頭筋
前鋸筋
上腕三頭筋
広背筋
腹横筋

図中の記号と色の意味

- ●-- 関節
- ○— 筋肉
- 緊張を維持しながら短縮
- 緊張を維持しながら伸張
- 緊張させず伸張(ストレッチ)
- 動かさず保つ

上半身と腕

腕と肩の筋肉を使ってハンドルを持ち、上半身を安定させる。また**腹筋**は、負荷から脊椎を保護し、怪我を防ぐために、常に引き締めておく必要がある。ふくらはぎが運動を行っている間は、体を安定させておくこと。

! よくある不適切な動作

体を上げる際、足首が外向きになるとアキレス腱に負担がかかるので、足首は膝と一直線に保つ。また、勢いをつけようとして膝を曲げてしまうと、ふくらはぎを効果的に鍛えられない。

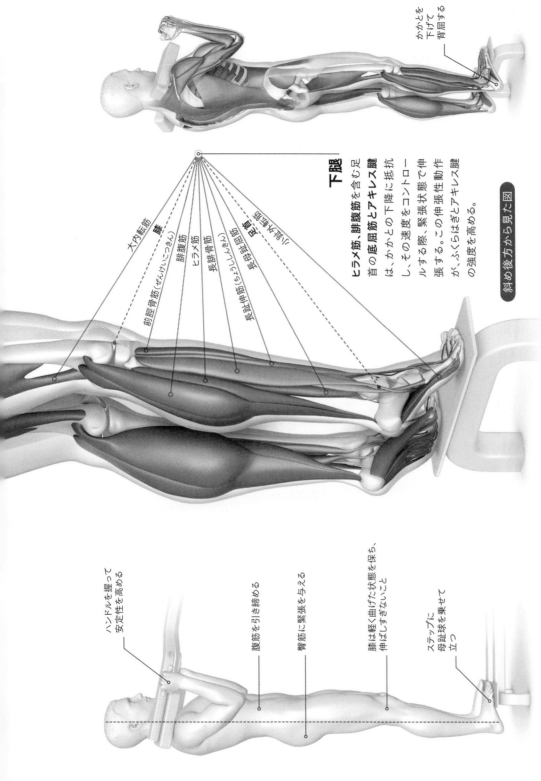

ステップ2

息を吸いスムーズにコントロールできる範囲でゆっくりとかかとを下げる。ボトムポジションで1～2秒静止し、アキレス腱の受動的張力を緩める。軽くリズミカルに繰り返す。

かかとを下げて背屈する

斜め後方から見た図

下腿

ヒラメ筋、腓腹筋とアキレス腱
足首の底屈筋とアキレス腱は、かかとの下降に抵抗し、その速度をコントロールする際、緊張状態で伸張する。この伸張性動作が、ふくらはぎとアキレス腱の強度を高める。

大内転筋

腰

前脛骨筋（ぜんけいこつきん）

腓腹筋

ヒラメ筋

長腓骨筋

足部

長母趾屈筋（ちょうぼしくっきん）

長母趾伸筋

ステップ1

息を吸い込み、体幹を安定させる。息を吐きながらふくらはぎを収縮させ、ゆっくりとコントロールしつつかかとを上げて、つま先立ちになる。常に足首と骨盤は常に安定させておく。常に足首と膝を一直線に保つ。

エクササイズの準備

ウエイトをセットし、パッドの下に肩を置く。ステップの端に母趾球を乗せて立つ。足は腰幅に開く。体幹と骨盤は常に安定させておく。かかとを下げ、スタートポジションとする。

ハンドルを握って安定性を高める

腹筋を引き締める

臀筋に緊張を与える

膝は軽く曲げた状態を保ち、伸ばしすぎないこと

ステップに母趾球を乗せて立つ

》バリエーション

ふくらはぎを鍛えれば、健康的で安定した膝関節を保つことができます。ここで紹介するバリエーションは、前のページのカーフレイズと同じく、腓腹筋とヒラメ筋をターゲットとし、アキレス腱にも作用します。

図中の記号
● 主にターゲットとなる筋肉

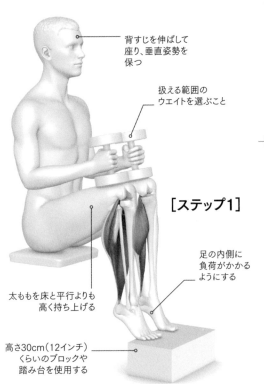

背すじを伸ばして座り、垂直姿勢を保つ

扱える範囲のウエイトを選ぶこと

[ステップ1]

足の内側に負荷がかかるようにする

太ももを床と平行よりも高く持ち上げる

高さ30cm（12インチ）くらいのブロックや踏み台を使用する

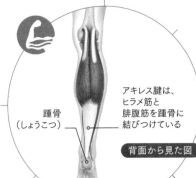

踵骨（しょうこつ）

アキレス腱は、ヒラメ筋と腓腹筋を踵骨に結びつけている

背面から見た図

アキレス腱

アキレス腱は、足に弾力性と衝撃吸収性を与え、足首の底屈に関わっている（→P51）。この腱は歩行やランニングの動作時に活性化し、その強さは、体重の10倍にもなる巨大な張力に耐えられるほどだ。

腹筋を引き締め、近くの支えを持ちながら、背すじを伸ばして立つ

[ステップ1]

シーテッド・カーフレイズ

このトレーニングを座位で行うと、膝が屈曲しているせいで、腓腹筋よりもヒラメ筋にターゲットが絞られる。このシーテッド・カーフレイズは、自宅でもジムでも日常のトレーニングに幅をもたらしてくれる。

エクササイズの準備

足を腰幅に開き、正面のブロックやステップに足裏の母趾球を乗せ、背すじを伸ばして座る。ダンベルは膝の上に置く。

ステップ1

息を吸って、体幹を引き締める。息を吐きながら、コントロールしつつふくらはぎを収縮させてかかとを上げ、足首を前に出す。

ステップ2

息を吸ってかかとをゆっくり下げる。足首と膝は常に一直線に保つ。各レップのボトムポジションで静止する。ステップ1、2を繰り返す。

シングルレッグ・カーフレイズ

この片側のみのバリエーションでは、余分なウエイトは要らない。カーフレイズ中に片脚で自重を支えるだけで十分な負荷がかかるからだ。必ずどちらの脚も均等にトレーニングすること。

エクササイズの準備

背すじを伸ばして立つ。鍛える方の足の母趾球を踏み台に乗せ、そこに反対側の足を巻きつける。かかとを下げ、スタートポジションとする。

ステップ1

息を吸って体幹を引き締める。息を吐きながら、かかとを上げてふくらはぎを収縮させる。バランスがとりにくい場合は、近くに支えを用意する。

ステップ2

息を吸い、足の内側に負荷をかけた状態で、コントロールしながらかかとを下げていく。ボトムポジションを少しキープしてから、ステップ1、2を繰り返す。

❝❞

ふくらはぎの筋肉を鍛えれば、

下腿のサイズと強度が増すだけでなく、

膝の安定性を高めることにもなる。

レッグプレス・カーフレイズ

このバリエーションはカーフレイズを模したものだが、背骨にまったく負担をかけず、より安定した姿勢で行うことができる。立位のカーフレイズマシンを使っていて、不安定さや違和感を感じる場合には、最適のバリエーションだ。

足首の背屈と底屈

足首の筋肉は、背屈と底屈に重要な役割を果たしている。また、足の筋肉と連携して歩行を安定させ、足と足首を正常に機能させる。腓腹筋やヒラメ筋などの下腿の筋肉を適切にトレーニングすれば、健康的な動作パターンが生まれ、長期的に怪我の予防が可能になる。

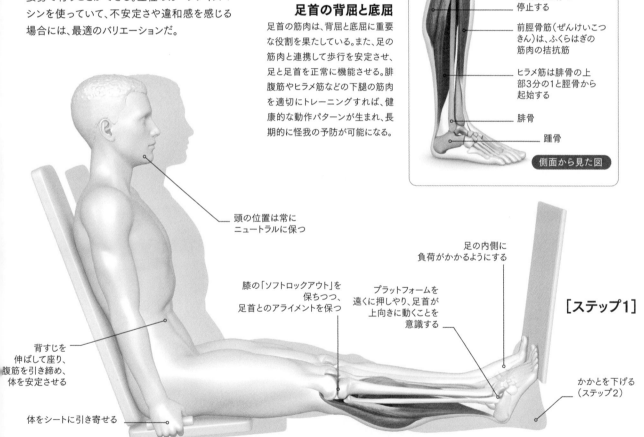

大腿骨

脛骨（けいこつ）

腓腹筋は大腿骨から起始し、踵骨で停止する

前脛骨筋（ぜんけいこつきん）は、ふくらはぎの筋肉の拮抗筋

ヒラメ筋は腓骨の上部3分の1と脛骨から起始する

腓骨

踵骨

側面から見た図

頭の位置は常にニュートラルに保つ

足の内側に負荷がかかるようにする

膝の「ソフトロックアウト」を保ちつつ、足首とのアライメントを保つ

プラットフォームを遠くに押しやり、足首が上向きに動くことを意識する

[ステップ1]

背すじを伸ばして座り、腹筋を引き締め、体を安定させる

かかとを下げる（ステップ2）

体をシートに引き寄せる

エクササイズの準備

ウエイトをセットする。足を腰幅に開き、母趾球をプラットフォームに乗せて座る。かかとは下げておく。

ステップ1

息を吸い込んで、腹筋を引き締め、体をシートに引き寄せる。息を吐きながら母趾球をプラットフォームに押し付け、かかとが上がるようにする。

ステップ2

息を吸って、常にコントロールしながら、かかとをスタートポジションまで下げる。ボトムポジションで静止してから、ステップ1、2を繰り返す。

トラディショナル デッドリフト

このエクササイズは、下半身のほとんどの筋肉を鍛えられるだけでなく、上半身の多くの筋肉群にも作用します。股関節伸展は臀筋（でんきん）とハムストリングスや大腿四頭筋を鍛えます。怪我を防ぐために、この動作をしっかり習得してから、負荷を上げるようにしましょう。股関節伸展は常に背中と体幹が支えられ、安定化し、膝の伸展はしっかり習得してから、負荷を上げるようにしましょう。

エクササイズの特徴

フルサイズがバンパープレートが付いたバーベルが必要になりますが、バーを持ち上げようとするのではなく、下に引かれる力に抵抗することで、大腿四頭筋、ハムストリングス、臀筋によって生み出される上向きの動作になるという意識を持ちましょう。戻りの動作は必ずコントロールしながら行います。

初心者は、8〜10レップス×4セットから始めます。88〜89ページのバリエーションや、いろいろな目標を設定してエクササイズを組み合わせるトレーニングプログラム（→P201〜214）も参考にしてください。

! よくある不適切な動作

エクササイズ中は体幹を引き締めて、上半身を安定させておかないと、腰を痛めることがある。必ず軽めのウエイトから始めること。

上半身

体を直立姿勢にまで上げていく際、腹直筋と外腹斜筋が緊張状態を保ち、脊柱伸筋群が収縮する。大胸筋と僧帽筋を引き締め、肩甲骨を後ろに寄せて安定させる。動作中は常に背中と体幹の筋肉を引き締めておくことで、脊柱が支えられ、安定する。

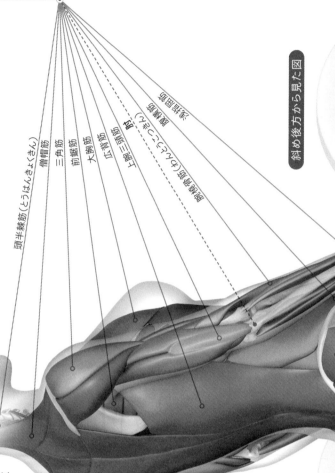

斜め後方から見た図

頭半棘筋（とうはんきょくきん）
僧帽筋
三角筋
前鋸筋
大胸筋
広背筋
上腕三頭筋
肘（ひじ）
脊柱起立筋
腕橈骨筋（わんとうこつきん）

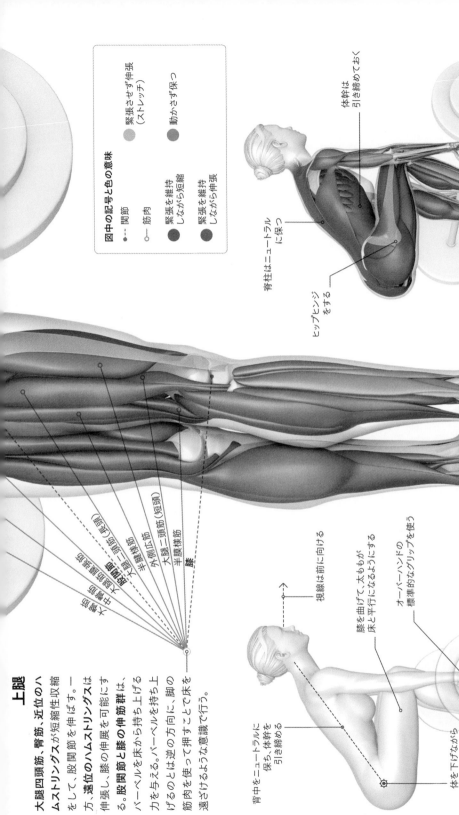

脊柱はニュートラルに保つ

ヒップヒンジをする

体幹は引き締めておく

ステップ2

バーの下降をコントロールしながら、ヒップヒンジ（股関節から折り曲げることで）してスタートポジションに戻る。動作中は常に頭の位置をニュートラルに保ち、視線を前に向けておく。呼吸とバランスを整えてから、ステップ1、2を繰り返す。

ステップ1

息を吸って、上半身と体幹に力を入れる。息を吐きながら、大腿四頭筋を使って足で床を押し、リフトのトップポジションに近づくにつれ股関節を前方に押し出す。一旦静止し、安定性を確認する。

大中小臀筋
腸腰靭帯
腸脛靭帯
股関節
大腿二頭筋（長頭）
大腿四頭筋
外側広筋
膝蓋腱
大腿二頭筋（短頭）
半膜様筋
膝

視線は前に向ける

膝を曲げて、太ももが床と平行になるようにする

オーバーハンドの標準的なグリップを使う

背中をニュートラルに保ち、体幹を引き締める

体を下げながら臀部を後ろに引く

エクササイズの準備

足を肩幅ほどに開き、バーの中央に立つ。つま先を少し外側に向ける。臀部を後ろに引き、膝を曲げてバーに手を伸ばすと、すねがバーの近くにくる。肩を後ろにそらし、上背部の筋肉を引き締めて、脊柱をニュートラルに保つ。

上腿

大腿四頭筋、臀筋、近位のハムストリングスが短縮性収縮をして、股関節を伸ばす。一方、遠位のハムストリングスは伸展し、膝の伸展を可能にする。股関節と膝の伸筋群は、バーベルを床から持ち上げる力を与える。バーベルを持ち上げるのとは逆の方向に、脚の筋肉を使って床を押すことで床を遠ざけるような意識で行う。

⟩⟩ バリエーション

前のページのトラディショナル・デッドリフトと同じように、ここで紹介するバリエーションも、臀筋、大腿四頭筋、脊柱起立筋、上背部と胴体の筋肉に作用します。デッドリフトの動作パターンを使ったこの種のエクササイズは、多くの筋肉を鍛えることができるので人気があり、筋トレプログラムに取り入れられます。

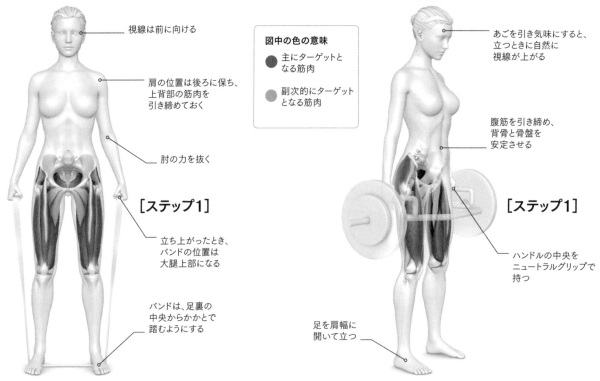

視線は前に向ける

肩の位置は後ろに保ち、上背部の筋肉を引き締めておく

肘の力を抜く

図中の色の意味
● 主にターゲットとなる筋肉
● 副次的にターゲットとなる筋肉

[ステップ1]

立ち上がったとき、バンドの位置は大腿上部になる

バンドは、足裏の中央からかかとで踏むようにする

あごを引き気味にすると、立つときに自然に視線が上がる

腹筋を引き締め、背骨と骨盤を安定させる

[ステップ1]

ハンドルの中央をニュートラルグリップで持つ

足を肩幅に開いて立つ

バンデッド・デッドリフト

このバリエーションは、メインエクササイズと同じ筋肉に負荷をかけるが、抵抗を受けながらデッドリフトの動作パターンを行う点が異なる。レジスタンスバンドに加えてダンベルも持てば、さらに効果が増す(→P97)。

エクササイズの準備

適切なレジスタンスバンドを選ぶ(→P47)。足を肩幅に開いてバンドの上に立つ。かがんで、膝の高さでバンドを保持する。

ステップ1

息を吸って、体幹を引き締める。次に息を吐きながら、大腿四頭筋を使って足で床を押し、引いていた臀部を前に押し出し股関節を伸展させる。

ステップ2

ヒップヒンジをして、スタートポジションまで体を落とす。その際、視線は前方に保ち、動作は抵抗に逆らいながら行う。ステップ1、2を繰り返す。

トラップバーデッドリフト

トラップバーを使えば、負荷が常に中心にかかるようにしておくことができ、大腿四頭筋により重点を置きつつ、臀筋にも効くエクササイズが行える。関節に負担がかからず、簡単にできるので、大腿四頭筋を鍛えたい初心者には最適だろう。

エクササイズの準備

ウエイトをセットし、トラップバー(ヘックスバー)に入る。つま先をやや外向きにして立つ。臀部を後ろに引いて膝を曲げ、ハンドルを握る。

ステップ1

息を吸って体幹を引き締める。息を吐きながら、腰に力を入れて前に出し、直立する。バーは床に対して垂直にまっすぐ動く。

ステップ2

臀部を後ろに引いてスタートポジションに戻る。その際、視線を前に保ち、肩が丸まらないようにする。ステップ1、2を繰り返す。

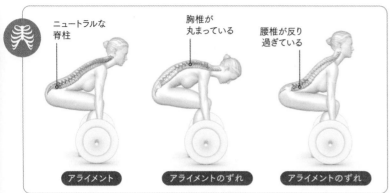

ニュートラルな脊柱

胸椎が丸まっている

腰椎が反り過ぎている

アライメント | アライメントのずれ | アライメントのずれ

脊柱のアライメント

デッドリフトの動作パターンを使ったエクササイズを行う際は、背骨を弓なりにしたり、過度に丸めたりせず、ニュートラルな位置に保つことが大切だ。エクササイズ中に腹筋を引き締めておけば、背骨と骨盤が安定し、腰への負担や怪我の予防になる。

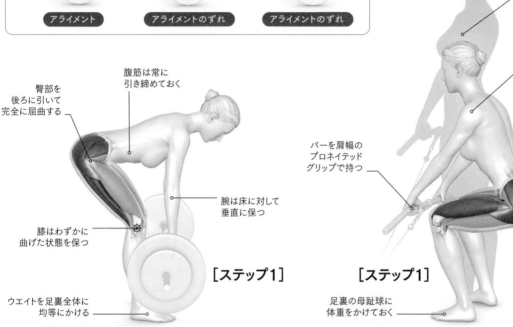

臀部を後ろに引いて完全に屈曲する

腹筋は常に引き締めておく

膝はわずかに曲げた状態を保つ

腕は床に対して垂直に保つ

ウエイトを足裏全体に均等にかける

[ステップ1]

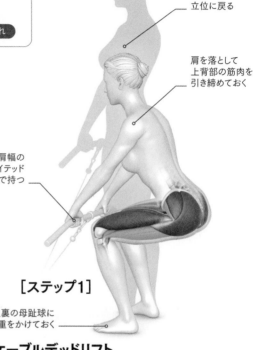

ステップ2では、息を吐きながら立位に戻る

肩を落として上背部の筋肉を引き締めておく

バーを肩幅のプロネイテッドグリップで持つ

足裏の母趾球に体重をかけておく

[ステップ1]

ルーマニアンデッドリフト

このバリエーションは直立姿勢から開始し、ベントオーバー姿勢へと下降していく。股関節の主要な伸筋であるハムストリングスと臀筋が、股関節を屈曲して下がる動作と、伸展して戻る動作をコントロールする。大腿四頭筋は二次的な役割を果たす。

エクササイズの準備

足を肩幅に開いてバーベルの前に立つ。持ちやすい幅でバーを握る。体幹を引き締め、直立する。

ステップ1

息を吸い、臀部を後ろに引いて、完全に屈曲させる。頭の位置はニュートラルを保ち、体幹を強く引き締めながら、伸張性下降局面をコントロールする。

ステップ2

息を吐きながら足で床を押し、股関節を前方に突き出すようにして直立し、スタートポジションに戻る。ステップ1、2を繰り返す。

ケーブルデッドリフト

ケーブルプーリーシステムを使用する、このデッドリフトの動作パターンの負荷は、バーベルを使う場合の負荷とは少し異なる感じになる。立位からスクワットポジションに移行する。必ず最初は軽めの重量から始め、ゆっくりと重くしていく。

エクササイズの準備

ケーブルプーリーマシンと向き合い、バーを握り、後ろに一歩下がる。足を肩幅に開き、つま先を少し外側に向けて立つ。視線は前に向ける。

ステップ1

息を吸い、コントロールしながら腰を引き、股関節が完全に屈曲するまで体を下げる。頭の位置は常にニュートラルに保ち、体幹を引き締めておく。

ステップ2

低い位置から股関節に力を入れて前に押し出し、足で床を押すようにしてスタートポジションに戻る。この動作は息を吐きながら行う。ステップ1、2を繰り返す。

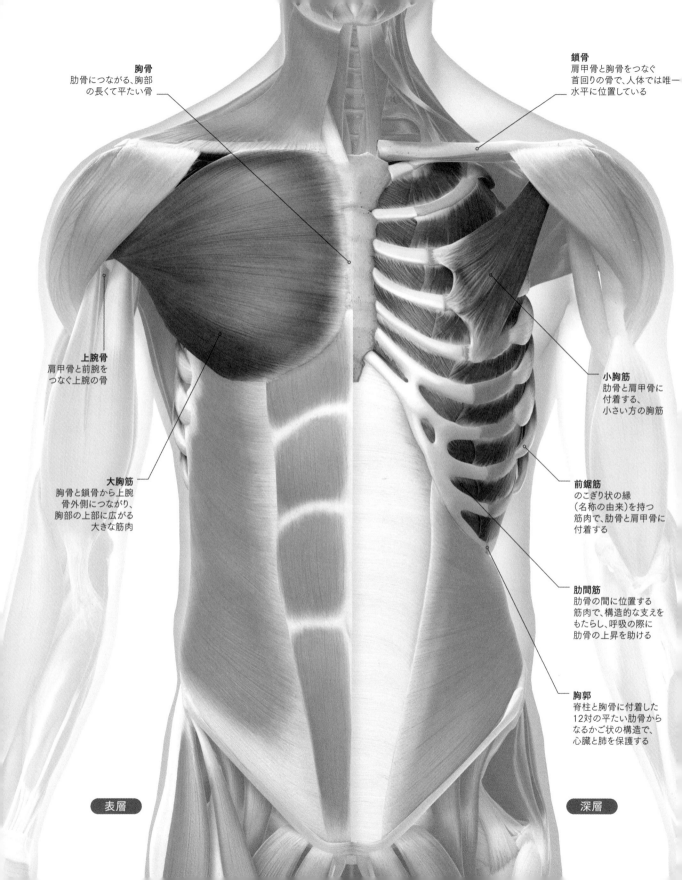

胸骨
肋骨につながる、胸部
の長くて平たい骨

鎖骨
肩甲骨と胸骨をつなぐ
首回りの骨で、人体では唯一
水平に位置している

上腕骨
肩甲骨と前腕を
つなぐ上腕の骨

小胸筋
肋骨と肩甲骨に
付着する、
小さい方の胸筋

大胸筋
胸骨と鎖骨から上腕
骨外側につながり、
胸部の上部に広がる
大きな筋肉

前鋸筋
のこぎり状の縁
(名称の由来)を持つ
筋肉で、肋骨と肩甲骨に
付着する

肋間筋
肋骨の間に位置する
筋肉で、構造的な支えを
もたらし、呼吸の際に
肋骨の上昇を助ける

胸郭
脊柱と胸骨に付着した
12対の平たい肋骨から
なるかご状の構造で、
心臓と肺を保護する

表層

深層

胸部のエクササイズ

胸部の動作には、以下の3つの筋肉が大きくかかわっています。
大胸筋：胸の表面の形状をつくる。
小胸筋：大胸筋の下の深層に位置し、胸郭と肩甲骨に付着する。
前鋸筋：同じく深層筋で、胸郭に付着する。

　大胸筋は肩関節の動きをつくりだし、これによって上半身全体が広い可動域で機能することができます。小胸筋と前鋸筋は、プレスやフライの動作中に肩関節を外転させます。

　トレーニングにおける胸筋の主な役割は、上腕を胸の中心に向かって引き寄せることです。

● **水平プレスを行うときは**、例えばベンチプレスがそうですが、最大限の可動域で動作を行うために、三角筋と上腕三頭筋の補助を受けて胸筋群を統合的にはたらかせます。そのため、単に負荷を動作のトップポジションまで持ち上げることを考えるのではなく、プレス動作とドライブ動作（動作と反対方向に力を加えること）をどのように組み合わせるのがベストなのかを意識してみましょう。

● **フライエクササイズを行うときは**、やはり三角筋と上腕三頭筋の助けを借りることになりますが、寄与は多くありません。フライ動作をする際は、ハンドルやダンベルを中央で合わせようとするのではなく、上腕を胸骨に向かって寄せていくようにします。

　小胸筋の主なはたらきは、プレスやフライの動作中に、前鋸筋の助けを借りて、前方に腕を伸ばすことです。また、プルダウンでは肩の下制を助けます。

66 99

胸部のトレーニングとは、単にウエイトを
挙上するだけではなく、肩で押し付けるように
下方へ押しながら、上腕で押し上げることです。

バーベル ベンチプレス

これは、ベンチに横たわり、胸の上でバーベルを上げ下げするという古典的な胸部のエクササイズです。主な動作であるプレスは、胸と肩の筋肉、上腕三頭筋を鍛えます。

エクササイズの特徴

　ベンチプレスでは、ラックの設置が重要になります。バーラックは、バーベルをかけたり外したりしやすいように、バーベルから15〜20cm（6〜8インチ）の位置に設置します。バーベルを持ち上げやすい高さにラックをセットし、所定のポジションについたらラックピンを外します。初心者は、8〜10レップス×4セットから始めます。94〜95ページのバリエーションや、いろいろな目標を設定してトレーニングを組み合わせるトレーニングプログラム（→P201〜214）も参考にしてください。

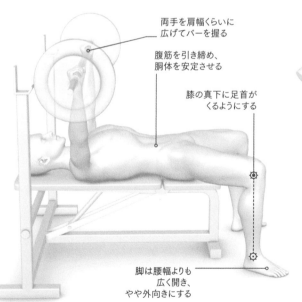

両手を肩幅くらいに広げてバーを握る

腹筋を引き締め、胴体を安定させる

膝の真下に足首がくるようにする

脚は腰幅よりも広く開き、やや外向きにする

エクササイズの準備

ラックをセットしたら、ベンチに臀部（でんぶ）をしっかり乗せ、足裏全体を床につけて横たわる。バーベルをオーバーハンドの標準的なグリップで握り、真上に持ち上げる。頭の位置は常にニュートラルに保っておく。

ステップ1

息を吸って腹筋を引き締め、体幹を安定させてその状態を保つ。上背部の筋肉をはたらかせ、肘を曲げながら、胸に下りてくる負荷に抵抗する。バーは胸部中央から胸骨下部に移動し、胸に触れるか、その寸前で止める。

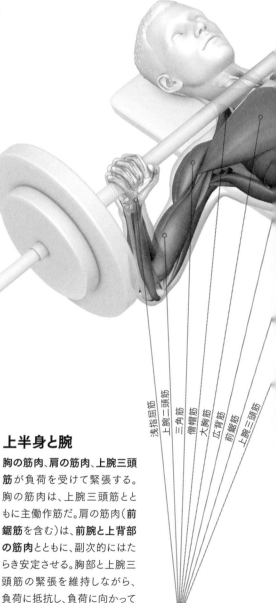

浅指屈筋
上腕二頭筋
三角筋
僧帽筋
大胸筋
広背筋
前鋸筋
上腕三頭筋

上半身と腕

胸の筋肉、肩の筋肉、上腕三頭筋が負荷を受けて緊張する。胸の筋肉は、上腕三頭筋とともに主働作筋だ。肩の筋肉（**前鋸筋**を含む）は、**前腕と上背部の筋肉**とともに、副次的にはたらき安定させる。胸部と上腕三頭筋の緊張を維持しながら、負荷に抵抗し、負荷に向かって押すことを意識しよう。

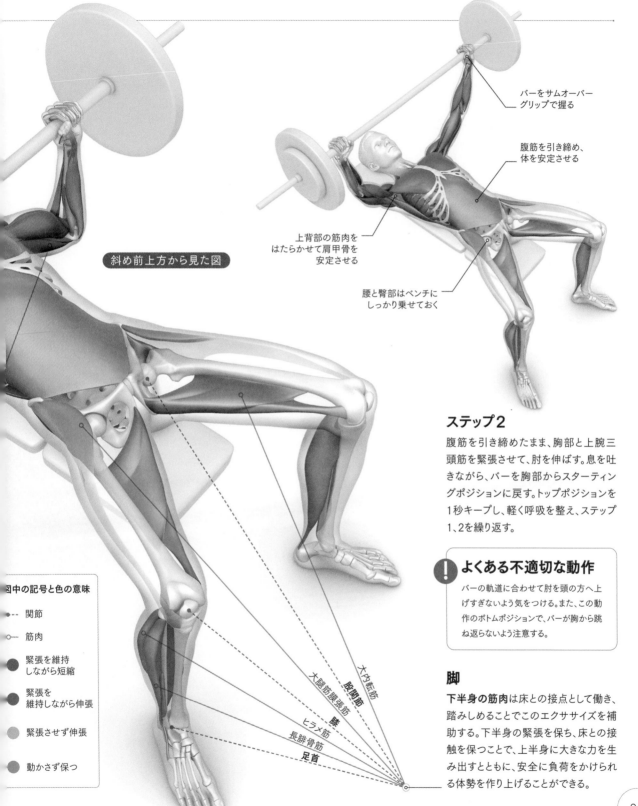

斜め前上方から見た図

バーをサムオーバー
グリップで握る

腹筋を引き締め、
体を安定させる

上背部の筋肉を
はたらかせて肩甲骨を
安定させる

腰と臀部はベンチに
しっかり乗せておく

図中の記号と色の意味

- - - 関節

━○━ 筋肉

● 緊張を維持
しながら短縮

● 緊張を
維持しながら伸張

● 緊張させず伸張

● 動かさず保つ

大内転筋
股関節
大腿筋膜張筋
膝
ヒラメ筋
長腓骨筋
足首

ステップ2

腹筋を引き締めたまま、胸部と上腕三頭筋を緊張させて、肘を伸ばす。息を吐きながら、バーを胸部からスターティングポジションに戻す。トップポジションを1秒キープし、軽く呼吸を整え、ステップ1、2を繰り返す。

⚠ よくある不適切な動作

バーの軌道に合わせて肘を頭の方へ上げすぎないよう気をつける。また、この動作のボトムポジションで、バーが胸から跳ね返らないよう注意する。

脚

下半身の筋肉は床との接点として働き、踏みしめることでこのエクササイズを補助する。下半身の緊張を保ち、床との接触を保つことで、上半身に大きな力を生み出すとともに、安全に負荷をかけられる体勢を作り上げることができる。

≫ バリエーション

ベンチプレスは、同時にいくつもの筋肉（大胸筋、三角筋、上腕三頭筋）を鍛えることができるので、人気のあるエクササイズです。その上、ベンチプレスでは、上半身と腕の筋肉のはたらきを支えるために体幹、背中、脚にも力が入るので、全身トレーニングといえます。上半身の筋力アップは、短距離走、サッカー、テニスなどの競技に効果的です。

視線は前方に保つ

手の位置は
肩幅より狭くする

前腕は
床に対して
垂直を保つ

上背部の筋肉を
引き締め、負荷を
安定させる

膝の真下に
足首が
くるようにする

[ステップ1]

両手を
肩幅くらいに広げる

胸に向かって
移動する負荷に
抵抗する

頭の位置は
ニュートラルに
保つ

つま先は少し外側に向ける

[ステップ1]

クローズグリップバーベルベンチプレス

基本的には前のページのワイドグリップバーベルベンチプレスと似ているが、グリップを内側に寄せることで、より上腕三頭筋に的を絞ったエクササイズになる。このエクササイズで関節に違和感がある場合は、ダンベルバージョン（→P96〜97）に変えてみよう。

エクササイズの準備

92〜93ページと同じポジションでベンチに横たわる。バーベルをオーバーハンドグリップで肩幅より狭く握り、水平になるように持ち上げる。

ステップ1

息を吸って、腹筋を引き締める。肘を曲げて胸に向かって下降してくるバーをコントロールし、バーが胸につくか、その寸前で止める。

ステップ2

息を吐きながら、胸と上腕三頭筋を緊張させて肘を伸ばし、バーをスターティングポジションまで押し上げる。ステップ1、2を繰り返す。

インクラインバーベルベンチプレス

これはベンチプレスの座位バージョンで、行う動作も似ているが、立位に近いこのポジションでは、胸の中央と上部を主なターゲットにしながらも、肩の筋肉と上腕三頭筋のトレーニングにもなる。ベンチの角度は約45°にセットする。

エクササイズの準備

背パッドに背中を当ててベンチに座り、バーベルを膝の上に乗せる。腕が床に対して垂直になるようにバーベルを頭上に持ち上げる。

ステップ1

息を吸って腹筋と上背部の筋肉を引き締めながら、肘を曲げ、胸に下降する負荷に抵抗する。

ステップ2

胸と上腕三頭筋に緊張を与えて肘を伸ばし、息を吐きながらバーをスターティングポジションまで持ち上げる。ステップ1、2を繰り返す。

運動強度

総合的な自重プレスのバリエーションとして、プッシュアップはすばらしいエクササイズだ。床に足をつける通常のプッシュアップの場合、体重の64％の重量を押していることになる。しかし、足を30cm（12インチ）の箱やベンチの上に乗せれば、押している重量は、体重の70％にアップする。だから、さらなる効果を望むなら、足を上げるのが、単純ながらも効果的な方法だ。

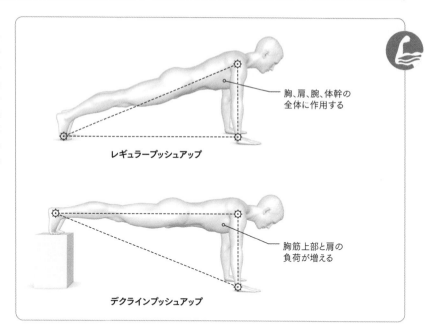

胸、肩、腕、体幹の全体に作用する

レギュラープッシュアップ

胸筋上部と肩の負荷が増える

デクラインプッシュアップ

図中の色の意味

● 主にターゲットとなる筋肉

● 副次的にターゲットとなる筋肉

プッシュアップ

このバリエーションは、バーベルベンチプレスと同じプレス動作を使う（同じ筋肉に効果がある）。しかし、プッシュアップは自重と伏臥位（ふくがい）のみで完結する。手軽な「いつでもどこでもできる」エクササイズだ。

安定性が足りない場合は、スタンスの幅を調整する

腹筋は常に引き締め、緩ませないこと

上腕三頭筋に緊張を与えて、腕の肘を伸ばす

息を吸いながら、スターティングポジションに戻る

視線は床に向け、頭の位置をニュートラルに保つ

肩を緊張させ、体を一直線に保つ

[ステップ1]

手のひら全体を床につける

エクササイズの準備

床にうつ伏せになる。足は腰幅、手は肩幅よりやや広めに開く。体全体を床からわずかに浮かせておく。

ステップ1

息を吸い込み、腹筋と上背部の筋肉を引き締める。息を吐きながら、肘を伸ばして胸と体を床から離すように引き上げる。

ステップ2

息を吸いながら、スターティングポジションに戻る。その際、下降をコントロールし、常に体を一直線に保つ。ステップ1、2を繰り返す。

ダンベル
ベンチプレス

このエクササイズは、胸、上腕三頭筋、肩を鍛えます。バーベルの代わりにダンベルを使えば、腕がやや下がって自然な位置になり、その結果、可動域が広がって肩がより伸展します。

エクササイズの特徴

　この動きには、バーベルベンチプレス(→P92〜93)と同じく、ベンチの上に横たわるポジションで行います。ウエイトが体の上にあるので、グリップは親指を他の指の上に乗せるオーバーハンドグリップにします。ウエイトを上げ下げしているときは、体と脚は動かさず、力を入れたままにしておきます。初心者は、8〜10レップス×4セットから始めます。98〜99ページのバリエーションや、いろいろな目標を設定してエクササイズを組み合わせるトレーニングプログラム(→P201〜214)も参考にしてください。

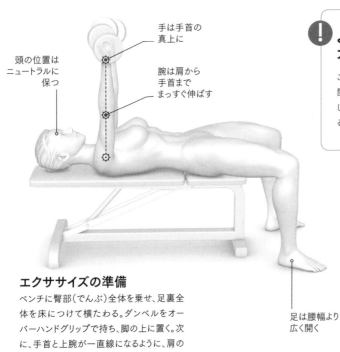

頭の位置は
ニュートラルに
保つ

手は手首の
真上に

腕は肩から
手首まで
まっすぐ伸ばす

足は腰幅より
広く開く

エクササイズの準備
ベンチに臀部(でんぶ)全体を乗せ、足裏全体を床につけて横たわる。ダンベルをオーバーハンドグリップで持ち、脚の上に置く。次に、手首と上腕が一直線になるように、肩の真上にウエイトを持ち上げる。

ⓘ よくある
不適切な動作
このエクササイズは肩や肘の関節を痛めやすい。胸を強化し、腕の軌道を適切なものにすることがその予防につながる。

腕橈骨筋(わんとうこつきん)
上腕三頭筋
胸鎖乳突筋
広背筋
大胸筋
三角筋
腹横筋

上半身と腕
ここでは、**胸と肩の筋肉、上腕三頭筋**が緊張を受けている。上腕三頭筋とともに、胸の筋肉がここでの主働作筋だ。肩の筋肉(**前鋸筋**を含む)は、**前腕、上背部の筋肉**とともに安定させる役割を果たす。胸部と上腕三頭筋の緊張を維持しながら、負荷に抵抗し、負荷に向かって押すことを意識しよう。

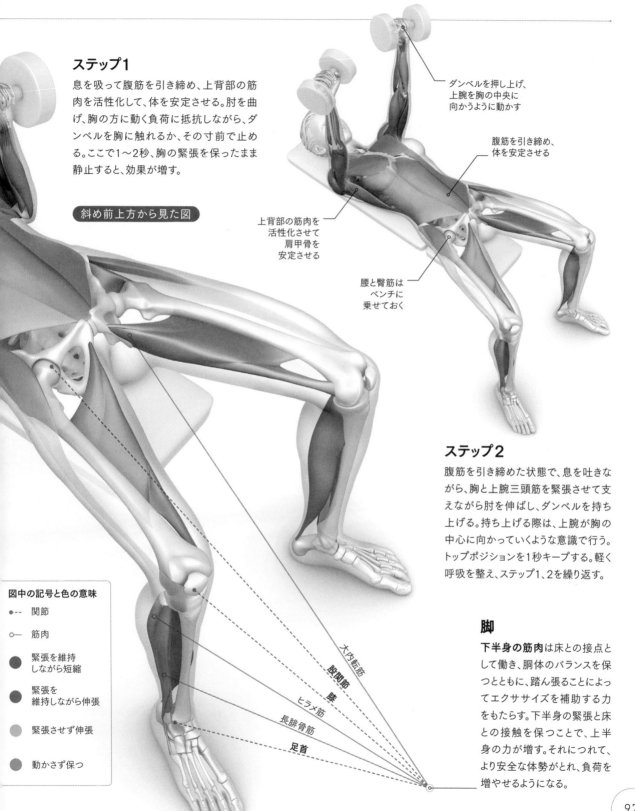

ステップ1

息を吸って腹筋を引き締め、上背部の筋肉を活性化して、体を安定させる。肘を曲げ、胸の方に動く負荷に抵抗しながら、ダンベルを胸に触れるか、その寸前で止める。ここで1〜2秒、胸の緊張を保ったまま静止すると、効果が増す。

斜め前上方から見た図

ダンベルを押し上げ、上腕を胸の中央に向かうように動かす

腹筋を引き締め、体を安定させる

上背部の筋肉を活性化させて肩甲骨を安定させる

腰と臀筋はベンチに乗せておく

ステップ2

腹筋を引き締めた状態で、息を吐きながら、胸と上腕三頭筋を緊張させて支えながら肘を伸ばし、ダンベルを持ち上げる。持ち上げる際は、上腕が胸の中心に向かっていくような意識で行う。トップポジションを1秒キープする。軽く呼吸を整え、ステップ1、2を繰り返す。

脚

下半身の筋肉は床との接点として働き、胴体のバランスを保つとともに、踏ん張ることによってエクササイズを補助する力をもたらす。下半身の緊張と床との接触を保つことで、上半身の力が増す。それにつれて、より安全な体勢がとれ、負荷を増やせるようになる。

大内転筋
股関節
膝
ヒラメ筋
長腓骨筋
足首

図中の記号と色の意味

- ●--- 関節
- ○— 筋肉
- ● 緊張を維持しながら短縮
- ● 緊張を維持しながら伸張
- ● 緊張させず伸張
- ● 動かさず保つ

≫ バリエーション

ここには、仰臥位（ぎょうがい）、座位、立位というさまざまな姿勢で行うダンベルベンチプレスのバリエーションを集めました。初めての方は、立位や、腕を片方ずつ鍛えるベンチプレスの動作を練習してみるのがよいでしょう。

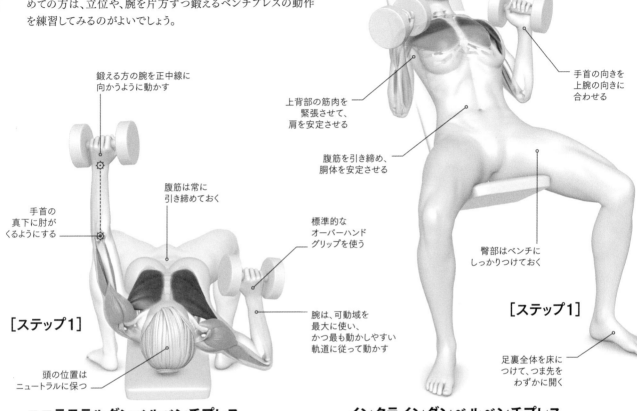

鍛える方の腕を正中線に向かうように動かす

手首の向きを上腕の向きに合わせる

上背部の筋肉を緊張させて、肩を安定させる

腹筋は常に引き締めておく

腹筋を引き締め、胴体を安定させる

手首の真下に肘がくるようにする

標準的なオーバーハンドグリップを使う

臀部はベンチにしっかりつけておく

[ステップ1]

腕は、可動域を最大に使い、かつ最も動かしやすい軌道に従って動かす

頭の位置はニュートラルに保つ

[ステップ1]

足裏全体を床につけて、つま先をわずかに開く

ユニラテラルダンベルベンチプレス

この仰臥位のバリエーションは、胸、肩、上腕三頭筋をターゲットにしている。しかし、この動作を片腕ずつ行うことで、体幹と腰の安定性を鍛え、プレス動作のバリエーションを増やすことができる。必ずどちらの腕も均等に鍛えること。交互に行うか、レップごとに鍛える腕を交代する。

エクササイズの準備

96～97ページと同じ姿勢で、ベンチに横たわる。ダンベルを標準的なオーバーハンドグリップで持つ。上腕を正中線に向けるように伸ばし、負荷を持ち上げる。

ステップ1

息を吸って腹筋を引き締め、上背部の筋肉をはたらかせる。鍛える方の腕の肘を曲げ、下降してくる負荷に抵抗する。

ステップ2

腹筋を引き締め、上腕三頭筋と胸を緊張させた状態で、息を吐きながら、腕を伸ばしてダンベルを押し返す。ステップ1、2を繰り返す。

インクラインダンベルベンチプレス

この座位バージョンは、インクラインバーベルベンチプレス（→P94）と似ているが、バーベルよりもダンベルの方が自由度が高く、自分に合った腕の軌道を使える多様性がある。また、肩と上腕三頭筋に加えて、胸の上部と中部も鍛えられる。

エクササイズの準備

96ページと同じ姿勢をとる。ただし、膝の上にはダンベルを置く。標準的なオーバーハンドグリップを使って、ダンベルを正中線の方に寄せるように押し上げる。

ステップ1

息を吸って腹筋を引き締め、上背部の筋肉をはたらかせる。肘を曲げ、胸の方に動く負荷に抵抗する。

ステップ2

腹筋を引き締め、上腕三頭筋と胸を緊張させておく。息を吐きながら腕を伸ばし、ダンベルを押し戻す。ステップ1、2を繰り返す。

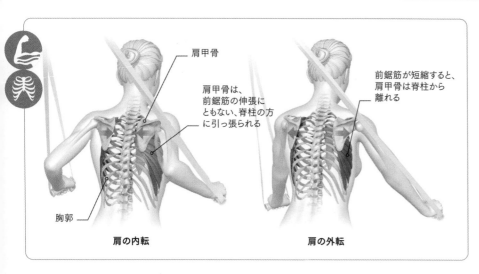

肩甲骨

肩甲骨は、
前鋸筋の伸張に
ともない、脊柱の方
に引っ張られる

前鋸筋が短縮すると、
肩甲骨は脊柱から
離れる

胸郭

肩の内転

肩の外転

前鋸筋の役割

前鋸筋は扇形をした深層筋で、肩甲骨の下に位置し、胸郭に巻きついている。腕を伸ばしてパンチする動作に関連しているため、「ボクサーの筋肉」と呼ばれることも多い。前鋸筋は肩甲骨をつなぎ止めているので、肩甲骨の伸展と胸郭の挙上に重要な役割を果たしている。オーバーヘッドプレス動作でも、肩を安定させる重要な役割を果たしている。

バンデッドチェストプレス

この立位のバリエーションは、プレスパターンの動作の練習になる。常に胸部の緊張を維持しながら、上背部の筋肉を使って腕を後ろに引っ張るようにして、腕を体の中心から遠ざけるような意識で行う。

エクササイズの準備

適切なレジスタンスバンドを選び（→P47）、高い位置に固定する。バンドを手に持ち、肘を曲げた状態にして、スタッガードスタンスで立つ。

ステップ1

息を吸って腹筋を引き締める。上背部の筋肉をはたらかせて腕を後ろに引き、肘を曲げてバンドに抵抗する。

ステップ2

上腕三頭筋と胸部を緊張させる。次に息を吐きながら、腕を伸ばしながら体の中心に寄せるように押す。ステップ1、2を繰り返す。

図中の色の意味

- 主に
  ターゲットとなる筋肉
- 副次的に
  ターゲットとなる筋肉

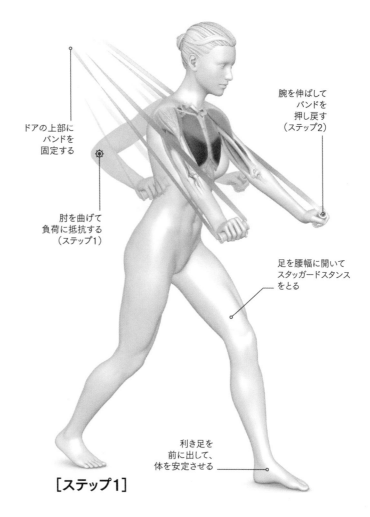

ドアの上部に
バンドを
固定する

肘を曲げて
負荷に抵抗する
（ステップ1）

腕を伸ばして
バンドを
押し戻す
（ステップ2）

足を腰幅に開いて
スタッガードスタンス
をとる

利き足を
前に出して、
体を安定させる

［ステップ1］

ハイロー ケーブルチェストフライ

このエクササイズは、高い位置から低い位置へのフライ動作を使って、胸と肩の筋肉、特に前鋸筋と小胸筋を強化します。ケーブルマシンを使えば、自由に腕の軌道を描くことができます。

エクササイズの特徴

この動作は大胸筋下部に作用するので、ケーブルを高い位置にセットします。関節に違和感がある場合は、セッティングを調整し、ケーブルの軌道が腕の軌道に一致するようにしましょう。初心者は、8〜10レップス×4セットから始めます。102〜103ページのバリエーションや、いろいろな目標を設定してエクササイズを組み合わせるトレーニングプログラム（→P201〜214）も参考にしてください。

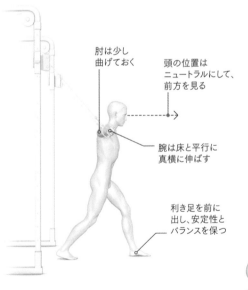

肘は少し曲げておく

頭の位置はニュートラルにして、前方を見る

腕は床と平行に真横に伸ばす

利き足を前に出し、安定性とバランスを保つ

斜め前方から見た図

エクササイズの準備
ウエイトとケーブルの高さを設定する。ハンドルを握り（肩に違和感がある場合は、一度に1本ずつ握る）、マシンに背を向ける。左右のケーブルの真ん中に体の正中線がくる位置でスタッガードスタンスをとり、前後の脚の角度はほぼ直角にして立つ。体幹を引き締める。

ステップ1
息を吸って、上背部の筋肉をはたらかせる。息を吐きながら、胸と肩の筋肉を引き締め、上腕を正中線の方にスムーズに動かすと、腕は自然にまっすぐ伸びる。その状態を1秒キープする。

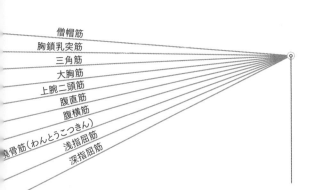

僧帽筋
胸鎖乳突筋
三角筋
大胸筋
上腕二頭筋
腹直筋
腹横筋
尺骨筋（わんとうこつきん）
浅指屈筋
深指屈筋

上背部の筋肉を
引き締め、肩を後ろに
引いたままにする

脊柱は
ニュートラルに保つ

ケーブルの軌道に
合わせて腕を
動かす

腹筋を引き締め、
胴体を安定させる

上半身と腕

ここでは、**胸の筋肉（小胸筋を含む）**がケーブルの張力を受けている。**上腕、上背部、肩の筋肉**は、**前腕の筋肉**とともに、副次的な動作筋および安定化筋として働く。このエクササイズから最大の効果を得るためには、**大胸筋**と**小胸筋**の下部、および**前鋸筋**（→P100）の筋線維の方向とケーブルのラインが同じになるように、ハンドルを押し下げることを意識する。

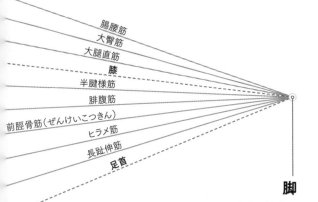

腸腰筋
大臀筋
大腿直筋
膝
半腱様筋
腓腹筋
前脛骨筋（ぜんけいこつきん）
ヒラメ筋
長趾伸筋
足首

脚

このエクササイズでは、**下半身の筋肉**が体を支える土台になる。土台が安定すれば、ターゲットとなる筋肉の緊張を高められる。スタッガードスタンスで、この動作のバランスと協調を助ける。どちらの脚を前にしてもよく、より安定する方にする。

足を腰幅に開いて
スタッガードスタンス
で立つ

ステップ2

息を吸って腹筋を引き締める。息を吐きながら、上背部を引き締め、腕を水平に戻す。胸の緊張を保ったまま、肘を曲げる。その状態を1秒キープする。軽く呼吸を整え、ステップ1、2を繰り返す。

図中の記号と色の意味

- •-- 関節
- ○— 筋肉
- ● 緊張を維持しながら短縮
- ● 緊張を維持しながら伸張
- ● 緊張させず伸張
- ● 動かさず保つ

❗ よくある不適切な動作

ケーブルフライのエクササイズでは、腕の軌道とケーブルによって引き戻される力の方向のずれが、肩を痛める原因となる。ケーブルの高さを調整し、レジスタンスラインを自分の体格と腕の軌道に合わせることで、怪我を予防できる。

》 バリエーション

チェストフライに使うケーブルのスターティングポジションとエンドポジションを変化させれば、さまざまな筋肉領域をターゲットにすることができます。スターティングポジションの変更は腕のポジションに影響を与えるので、抵抗が胸部に対してどのような角度で移動するのか、大胸筋のどの部分が使われるかということに直接的な影響を及ぼすことになります。また、ケーブルの代わりにレジスタンスバンドを使っても、上下式のエクササイズを実現できます。手軽にバンドを使って抵抗が得られるので、自宅でのトレーニングには最適です。

ケーブルを使用して安全かつ
効果的に胸の筋肉に的を絞る。
ケーブルマシンでは、各レップの
引き上げられるときも押し下げるときも
胸筋の緊張を保つ。

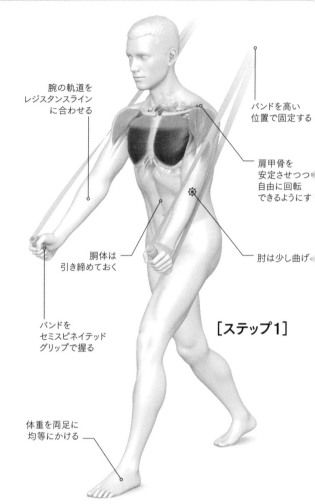

腕の軌道を
レジスタンスライン
に合わせる

バンドを高い
位置で固定する

肩甲骨を
安定させつつ
自由に回転
できるように

胴体は
引き締めておく

肘は少し曲げ

バンドを
セミスピネイテッド
グリップで握る

［ステップ1］

体重を両足に
均等にかける

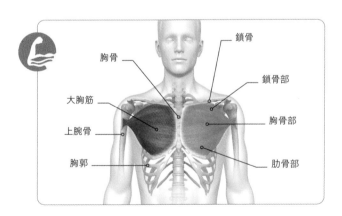

鎖骨

胸骨

鎖骨部

大胸筋

胸骨部

上腕骨

肋骨部

胸郭

大胸筋の3つの部位

大胸筋は、肋骨部（下部）、胸骨部（中部）、鎖骨部（上部）の3つの部位に大別される。プレスやフライの動作中に、この3つの部位のどこに最も負荷がかかるかは、腕の軌道とレジスタンスライン（使用するケーブルやバンドのライン）によって決まる。

ハイローバンデッドチェストフライ

この自宅用のバリエーションは、フリーウエイトやケーブルを使わずにフライの動作パターンの練習をすることができ、プッシュアップやプレスよりも効果的に胸の筋肉を鍛えられる。

エクササイズの準備
2本のバンドをドアの上やその他のアンカーに固定する。100〜101ページのスターティングポジションと同じく、利き足を前に出して、バンドを握る。

ステップ1
息を吸って、体幹を引き締める。息を吐きながら、腕をバンドの方向に沿って、正中線の方に寄せるように動かす。その状態を1秒キープする。

ステップ2
息を吸って体幹を引き締める。息を吐きながら、腕を正中線から離しながら後ろに動かす。バンドに引かれるままにするのでなく、上背部の筋肉は緊張させ続ける。ステップ1、2を繰り返す。

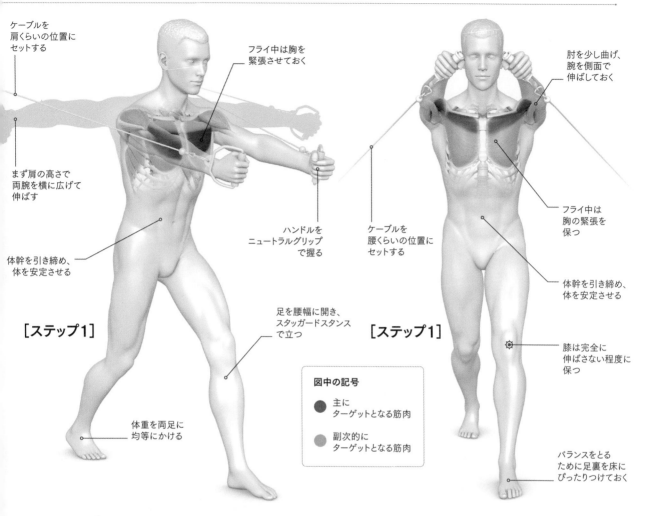

ケーブルを
肩くらいの位置に
セットする

フライ中は胸を
緊張させておく

まず肩の高さで
両腕を横に広げて
伸ばす

ハンドルを
ニュートラルグリップ
で握る

体幹を引き締め、
体を安定させる

[ステップ1]

足を腰幅に開き、
スタッガードスタンス
で立つ

体重を両足に
均等にかける

肘を少し曲げ、
腕を側面で
伸ばしておく

フライ中は
胸の緊張を
保つ

ケーブルを
腰くらいの位置に
セットする

体幹を引き締め、
体を安定させる

[ステップ1]

膝は完全に
伸ばさない程度に
保つ

バランスをとる
ために足裏を床に
ぴったりつけておく

図中の記号

● 主に
ターゲットとなる筋肉

● 副次的に
ターゲットとなる筋肉

ミッドケーブルチェストフライ

このケーブルエクササイズ中は、上腕二頭筋を痛めないように肘を少し曲げておく。腕は、ケーブルのレジスタンスラインに合わせるようにする。前方へのフライ動作中は肩を丸めないこと。

エクササイズの準備
ケーブルのスターティングポジションを肩の高さに設定し、100〜101ページのスターティングポーズをとる。ケーブルをまっすぐ伸ばして横に広げておく。

ステップ1
息を吸って体幹を引き締めてから、息を吐きながら両手を正面で合わせるように動かすと、腕はまっすぐに伸びる。

ステップ2
もう一度息を吸って体幹を引き締めてから、息を吐きながら肘を少し曲げ、腕を広げてスターティングポジションに戻る。ステップ1、2を繰り返す。

ローハイケーブルチェストフライ

このバリエーションは、胸の上部の筋繊維をターゲットにしているが、三角筋前部も鍛えられる。上背部を緊張させつつも肩甲骨を安定させ、可動域を広く使って自由に回転できるようにしておく。

エクササイズの準備
ケーブルのスターティングポジションを腰の高さか、それよりやや低くする。腕は体の横にくるように、100〜101ページと同じポーズをとる。

ステップ1
息を吸って体幹を引き締めてから、息を吐きながら、上胸部の筋肉と三角筋前部を使い、やや上方に向かって、かつ正中線方向に寄せるように腕を伸ばす。

ステップ2
息を吸って再び体幹を引き締め、そのままキープする。次に息を吐いて上背部の筋肉を引き締め、腕を戻す。ステップ1、2を繰り返す。

マシン チェストフライ

このエクササイズは、ペックデックとも呼ばれ、胸と肩の筋肉を鍛えられます。マシンを使って行うので、安全かつ効果的なトレーニング体勢でエクササイズができます。

エクササイズの特徴

エクササイズ中の肩の違和感を最小限に抑えるには、自分の体格と望ましい腕の軌道に最もフィットするように、適切にシート位置を設定することが重要です。コントロールされたフライ動作で、腕を正中線から真横に広げた範囲まで、床と平行に動かすことが容易になります。初心者は、8〜10レップス×4セットから始めます。いろいろな目標を設定してエクササイズを組み合わせるトレーニングプログラム（→P201〜214）も参考にしてください。

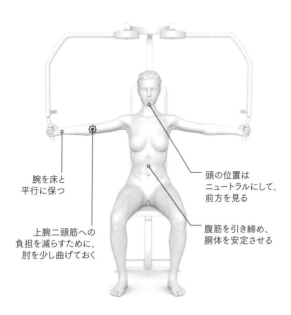

腕を床と
平行に保つ

上腕二頭筋への
負担を減らすために、
肘を少し曲げておく

頭の位置は
ニュートラルにして、
前方を見る

腹筋を引き締め、
胴体を安定させる

エクササイズの準備

ウエイトをセットし、シートの高さを調整する。シートに座って、背中を背パッドにぴったりつけ、安定した快適な体勢をとる。脚はやりやすい幅に開いてよいが、足裏は全体を床につけておく。腕を横に伸ばし、ハンドルを握る（肩に違和感がある場合は、ハンドルは片方ずつ）。

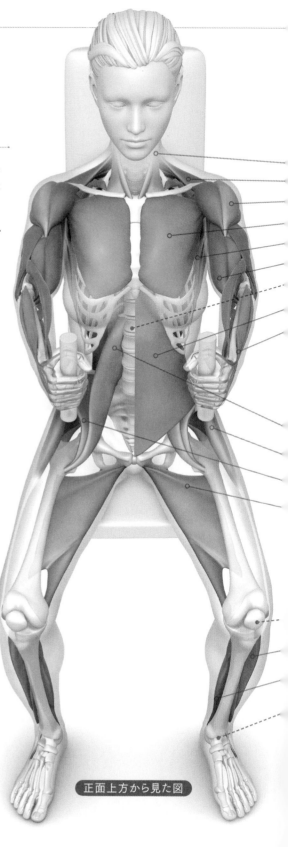

正面上方から見た図

ステップ1

息を吸い、腹筋と上背部の筋肉をはたらかせる。息を吐きながら、胸と肩の筋肉を引き締め、胸部を横切って胸骨の方に向かうように上腕を動かすと、腕は自然にまっすぐになる。胸部の緊張を保ったまま1〜2秒静止すると、効果が増す。

胸鎖乳突筋
僧帽筋
三角筋
大胸筋
前鋸筋
上腕二頭筋
脊柱
腹横筋
総指伸筋

！よくある
不適切な動作

肩関節を痛めることがよくあるが、これは腕の軌道に合うようにマシンを適切に調節していないことが原因だ。ハンドルまたは両手を真ん中で合わせようとしがちな人は、むしろターゲットとなる筋肉に集中し、両腕を正中線に向かって寄せていく意識を持つとよい。

上半身と腕

ここでは、胸の筋肉がケーブルの張力を受けている。**腕、上背部、肩の筋肉（前鋸筋を含む）**は、**前腕の筋肉**とともに、より副次的な動作筋および安定化筋として働く。胸にかかるケーブルの張力を最大にするには、上腕を正中線に向かって寄せるように動かすことを意識する。

上背部の筋肉を
引き締め、肩を
後ろに引く

大腰筋
大腿筋膜張筋
腸骨筋
大内転筋

膝
長腓骨筋
ヒラメ筋
足首

必ず背中をパッドに
ぴったり押し当てる

ステップ2

息を吸って腹筋を引き締める。息を吐き、上背部の筋肉を引き締める。胸の緊張を保ちつつ、腕をスターティングポジションに戻す。肘は軽く曲げた状態を保ち上背部の筋肉は引き締めたままにしておく。軽く呼吸を整えてから、ステップ1、2を繰り返す。

脚

この動作では、**下半身の筋肉**が体を支える土台になる。土台が安定すれば、ターゲットとなる筋肉をよりはたらかせることができる。小柄な人は、ステップや小さな箱に足を乗せ、エクササイズ中に床との接触を保つようにする。

足裏全体を
床につけ、体重を
両足に均等にかける

ダンベル チェストフライ

これはアイソレーションエクササイズ（個別の筋肉のみを鍛えるエクササイズ）で、はたらくのは胸と三角筋前部のみです。ウエイトを正中線から遠ざける動作は、重力の効果によって、他のバージョンのチェストフライよりも伸張性収縮（下降局面）における効果が期待できます。

エクササイズの特徴

　横たわった状態でチェストフライを行うので、ハードなエクササイズだと思われるかもしれませんが、怪我をしないように正しいテクニックを身につけることも重要です。ダンベルを下げて一番低い位置に近づいたら、必ず速度を緩め、筋肉や関節への負担を避けます。このエクササイズで関節に違和感がある場合は、ケーブルやマシンを使ったバージョンに切り替えてみましょう（→P100〜101、P104〜105）。

　初心者は、8〜10レップス×4セットから始めます。目標を設定してエクササイズを組み合わせるトレーニングプログラム（→P201〜214）も参考にしてください。

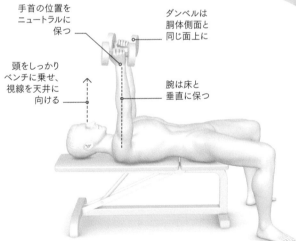

手首の位置をニュートラルに保つ

ダンベルは胴体側面と同じ面上に

頭をしっかりベンチに乗せ、視線を天井に向ける

腕は床と垂直に保つ

エクササイズの準備
ベンチに臀部（でんぶ）全体を乗せて横たわる。足は腰幅よりも広く開き、足裏全体を床につける。ダンベルを体の側面で持つ。その後、頭の位置をニュートラルに保ちながら、ダンベルを胸の上にあげる。

ステップ1
息を吸い、体幹と上背部を引き締め、体を安定させる。息を吐き、胸と肩の緊張を維持しながら、腕を横に広げる。ダンベルは胴体と平行になるようにする。1〜2秒静止すれば、効果が増す。

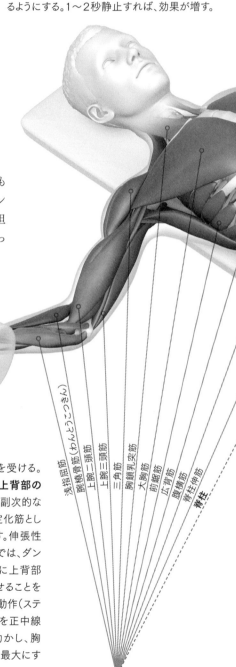

浅指屈筋
腕橈骨筋（わんとうこつきん）
上腕三頭筋
上腕三頭筋
三角筋
胸鎖乳突筋
大胸筋
前鋸筋
広背筋
腹横筋
脊柱起立筋
脊柱

上半身と腕
胸の筋肉が緊張を受ける。一方、**腕の筋肉**、**上背部の筋肉**、**肩の筋肉**は副次的な動作筋および安定化筋としての役割を果たす。伸張性動作（ステップ1）では、ダンベルを下ろすときに上背部の筋肉を収縮させることを意識する。短縮性動作（ステップ2）では、上腕を正中線に寄せるように動かし、胸部にかかる緊張を最大にすることを意識する。

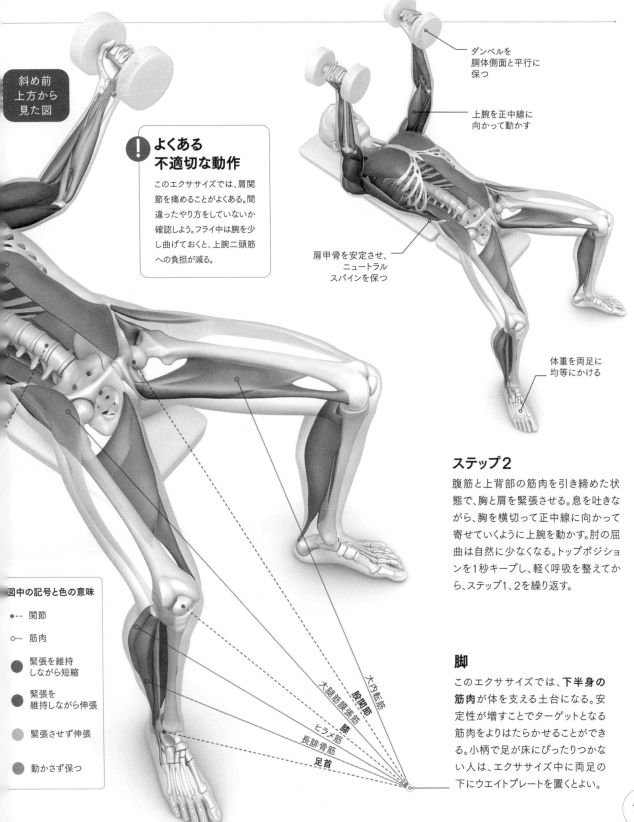

斜め前
上方から
見た図

ダンベルを
胴体側面と平行に
保つ

上腕を正中線に
向かって動かす

肩甲骨を安定させ、
ニュートラル
スパインを保つ

体重を両足に
均等にかける

！ よくある 不適切な動作

このエクササイズでは、肩関節を痛めることがよくある。間違ったやり方をしていないか確認しよう。フライ中は腕を少し曲げておくと、上腕二頭筋への負担が減る。

ステップ2

腹筋と上背部の筋肉を引き締めた状態で、胸と肩を緊張させる。息を吐きながら、胸を横切って正中線に向かって寄せていくように上腕を動かす。肘の屈曲は自然に少なくなる。トップポジションを1秒キープし、軽く呼吸を整えてから、ステップ1、2を繰り返す。

脚

このエクササイズでは、**下半身の筋肉**が体を支える土台になる。安定性が増すことでターゲットとなる筋肉をよりはたらかせることができる。小柄で足が床にぴったりつかない人は、エクササイズ中に両足の下にウエイトプレートを置くとよい。

図中の記号と色の意味

- ●--- 関節
- ○— 筋肉
- ● 緊張を維持 しながら短縮
- ● 緊張を 維持しながら伸張
- ● 緊張させず伸張
- ● 動かさず保つ

大内転筋
腸腰筋
大腿筋膜張筋
膝
ヒラメ筋
長腓骨筋
足首

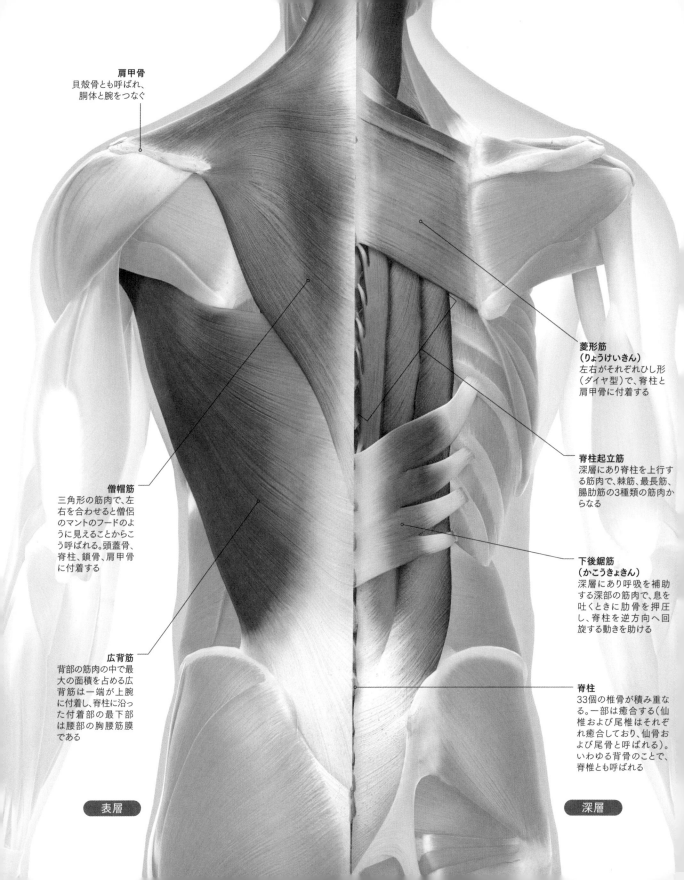

肩甲骨
貝殻骨とも呼ばれ、胴体と腕をつなぐ

菱形筋（りょうけいきん）
左右がそれぞれひし形（ダイヤ型）で、脊柱と肩甲骨に付着する

脊柱起立筋
深層にあり脊柱を上行する筋肉で、棘筋、最長筋、腸肋筋の3種類の筋肉からなる

下後鋸筋（かこうきょきん）
深層にあり呼吸を補助する深部の筋肉で、息を吐くときに肋骨を押圧し、脊柱を逆方向へ回旋する動きを助ける

僧帽筋
三角形の筋肉で、左右を合わせると僧侶のマントのフードのように見えることからこう呼ばれる。頭蓋骨、脊柱、鎖骨、肩甲骨に付着する

脊柱
33個の椎骨が積み重なる。一部は癒合する（仙椎および尾椎はそれぞれ癒合しており、仙骨および尾骨と呼ばれる）。いわゆる背骨のことで、脊椎とも呼ばれる

広背筋
背部の筋肉の中で最大の面積を占める広背筋は一端が上腕に付着し、脊柱に沿った付着部の最下部は腰部の胸腰筋膜である

表層

深層

背部のエクササイズ

背部を使って動くときに重要なはたらきをするのが広背筋（ラット）で、これは体表に近いところにある筋肉の中で最大です。僧帽筋（トラップ）も体表近くにある重要な筋肉です。僧帽筋の内側に菱形筋があり、さらにその内側に脊柱起立筋があります。

広背筋は上腕と下背部の結合組織に付着し、僧帽筋と菱形筋は上背部の肩甲骨と脊柱に付着しています。脊柱起立筋は骨盤と脊柱と胸郭に付着します。

背部の筋肉は、肩の動き（伸展、水平内転と垂直内転、下制、内転）と脊柱の動き（伸展、側屈）を可能にします。胸部と胴体の筋肉と拮抗してはたらき、スクワットやデッドリフトを行うときに脊柱を安定させ、保護します。

背部に着目した運動を行うとき、可動域全体にわたる動きを行うために、肩と腕の筋肉と同時に、さまざまな筋肉を使うことになります。

● **ローイングのバリエーションを行うとき**は、僧帽筋中部や広背筋の上部のように、水平方向に筋線維が並ぶ筋肉が、腕を後ろに引いて正中線に向かって引き寄せるようにはたらきます。

● **プルダウンのバリエーションを行うとき**は、広背筋の下部や僧帽筋の上部と下部のように、縦方向に筋線維が並ぶ筋肉が、腕を下げて後ろに引き、正中線に向かって引き寄せるようにはたらきます。

❝❞

背筋が強いと、完全に**協調した**さまざまな**動き**が容易になります。

ワイドグリップ・ラットプルダウン

ラットプルダウンはすぐれたエクササイズで、よい姿勢を維持し、体全体の可動性をもたらします。このエクササイズのバリエーションで行うワイドグリップは、上背部と広背筋を鍛え、上腕と肩回りの上腕二頭筋と三角筋後部のトレーニングになります。

エクササイズの特徴

　バーを使ったワイドグリップでは上背部が鍛えられ、グリップがニュートラルに近づくほど、広背筋と上腕二頭筋のはたらきが大きくなります。グリップの位置の変化により使う筋肉がどのように違うかを感じてください（→P112〜113）。このエクササイズをしていて関節に違和感があるときは、ステップ2で肩関節への負荷が少なくなるように動作の範囲を調節します。

　初心者は8〜10レップス×4セット行うとよいでしょう。自宅で行うときは、112〜113ページのバリエーションも取り入れてみましょう。また、目的に応じたトレーニングプログラムは201〜214ページを参照してください。

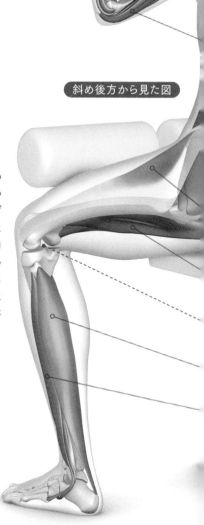

斜め後方から見た図

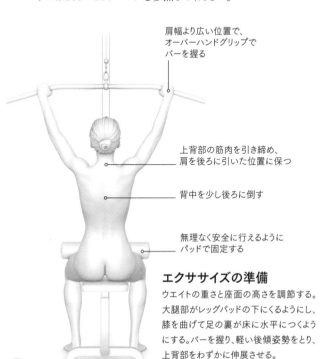

肩幅より広い位置で、オーバーハンドグリップでバーを握る

上背部の筋肉を引き締め、肩を後ろに引いた位置に保つ

背中を少し後ろに倒す

無理なく安全に行えるようにパッドで固定する

エクササイズの準備

ウエイトの重さと座面の高さを調節する。大腿部がレッグパッドの下にくるようにし、膝を曲げて足の裏が床に水平につくようにする。バーを握り、軽い後傾姿勢をとり、上背部をわずかに伸展させる。

ステップ1

息を吸い、腹筋を引き締めて安定させ、体幹を堅く締める。息を吐きながら肘を曲げてバーを引き下ろす。このとき、上背部と中背部の筋肉は収縮し、肘は外向きになるようにする。胸を高い位置に維持したまま、胸骨の最上部へバーを引き寄せる（体につけなくてもよい）。

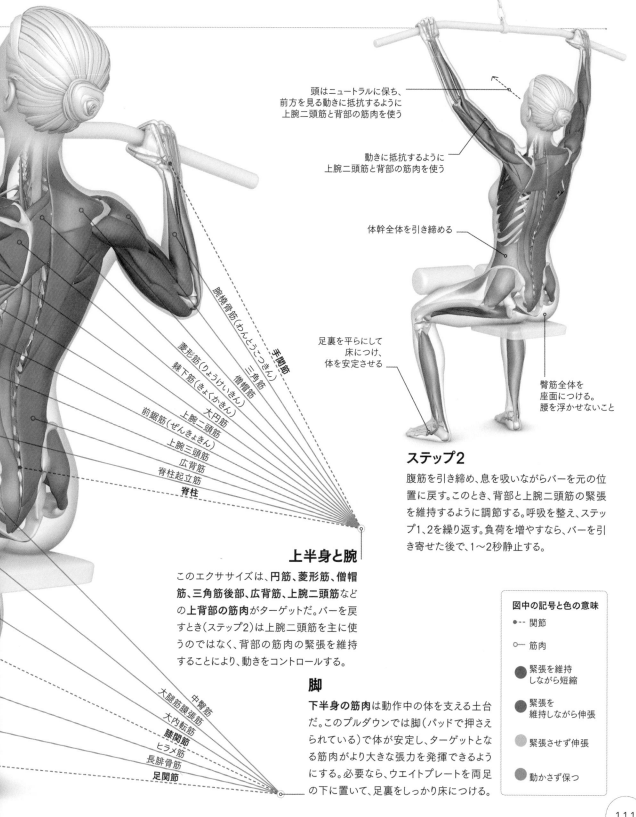

頭はニュートラルに保ち、
前方を見る動きに抵抗するように
上腕二頭筋と背部の筋肉を使う

動きに抵抗するように
上腕二頭筋と背部の筋肉を使う

体幹全体を引き締める

足裏を平らにして
床につけ、
体を安定させる

臀筋全体を
座面につける。
腰を浮かせないこと

腕脚筋（わんとうこつきん）
手関節
三角筋
僧帽筋
菱形筋（りょうけいきん）
棘下筋（きょくかきん）
大円筋
上腕二頭筋
前鋸筋（ぜんきょきん）
上腕三頭筋
広背筋
脊柱起立筋
脊柱

中臀筋
大腿筋膜張筋
大内転筋
膝関節
ヒラメ筋
長腓骨筋
足関節

ステップ2

腹筋を引き締め、息を吸いながらバーを元の位置に戻す。このとき、背部と上腕二頭筋の緊張を維持するように調節する。呼吸を整え、ステップ1、2を繰り返す。負荷を増やすなら、バーを引き寄せた後で、1〜2秒静止する。

上半身と腕

このエクササイズは、**円筋、菱形筋、僧帽筋、三角筋後部、広背筋、上腕二頭筋**などの**上背部の筋肉**がターゲットだ。バーを戻すとき（ステップ2）は上腕二頭筋を主に使うのではなく、背部の筋肉の緊張を維持することにより、動きをコントロールする。

脚

下半身の筋肉は動作中の体を支える土台だ。このプルダウンでは脚（パッドで押さえられている）で体が安定し、ターゲットとなる筋肉がより大きな張力を発揮できるようにする。必要なら、ウエイトプレートを両足の下に置いて、足裏をしっかり床につける。

図中の記号と色の意味

●-- 関節
○- 筋肉
● 緊張を維持
  しながら短縮
● 緊張を
  維持しながら伸張
● 緊張させず伸張
● 動かさず保つ

111

》 バリエーション

ラットプルダウンはさまざまな用具やマシンを使って行うことができます。広背筋や僧帽筋などのターゲットにする筋肉に合わせてグリップを変えるとよいでしょう。運動中に肩関節への過剰なストレスがかからないように注意してください。

図中の色の意味
● 主にターゲットとなる筋肉
● 副次的にターゲットとなる筋肉

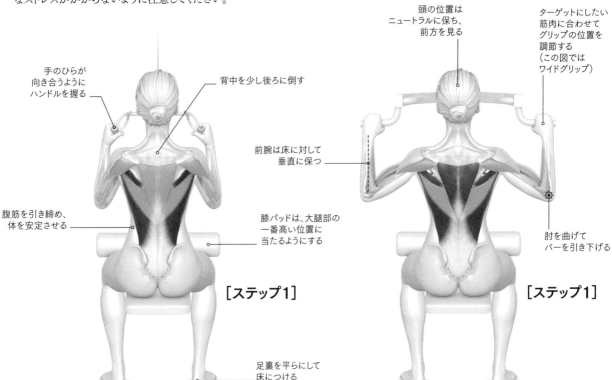

手のひらが向き合うようにハンドルを握る

背中を少し後ろに倒す

頭の位置はニュートラルに保ち、前方を見る

ターゲットにしたい筋肉に合わせてグリップの位置を調節する（この図ではワイドグリップ）

前腕は床に対して垂直に保つ

腹筋を引き締め、体を安定させる

膝パッドは、大腿部の一番高い位置に当たるようにする

肘を曲げてバーを引き下げる

足裏を平らにして床につける

[ステップ1]

[ステップ1]

ニュートラルグリップ・ラットプルダウン

前のページで示した間隔をとったプロネイティッドグリップでのラットプルダウンは、背の上部の筋肉がターゲットだが、手のひらが向かい合うようにしてニュートラルグリップで行うこのバリエーションは広背筋により負荷をかける。

エクササイズの準備

ワイドグリップ・ラットプルダウンと同じように体の位置を調える。肩幅程度の幅をとって、ニュートラルグリップでハンドルを握る。軽い後傾姿勢をとる。

ステップ1

息を吸い、腹筋を引き締める。息を吐きながら肘を曲げ、広背筋を収縮させてハンドルを引き寄せる。

ステップ2

再び息を吸い、腹筋を引き締める。コントロールを維持しながらハンドルを元の位置に戻す。ステップ1、2を繰り返す。

マシン・ラットプルダウン

マシンを使うこのバリエーションはプロネイティッドグリップでもニュートラルグリップでも可能だが、マシンからの抵抗が伝わる経路は固定されている。図のようにワイドグリップにすると、ニュートラルグリップよりも僧帽筋への負荷が大きくなる。

エクササイズの準備

マシンをセットする。座ってパッドで大腿部を固定し、膝を曲げ、足を床につける。好みのグリップでハンドルを握る。

ステップ1

息を吸い、腹筋を引き締める。息を吐きながら、上背部と中背部の筋肉を収縮させてバーを引き下げる。

ステップ2

再び息を吸いながら体幹を引き締め、動きを制御しつつ、息を吐きながらバーを元の位置に戻す。ステップ1、2を繰り返す。

6699

ラットプルダウンの
バリエーションでは、
どの**筋肉への**
負荷を大きくするかは
主に**グリップ**に影響される。

肩幅の広さで
バーをニュートラル
グリップまたは
スピネイティッド
グリップで握る

腕は完全に伸ばす

肘と肩を
屈曲させ、
体を引き上げる

腹筋を引き締め、
体を安定させる

脚は腰の真下に
維持する

脚の力を抜いて、
膝を伸ばしきらない
ようにする

［準備／ステップ2］　　**［ステップ1］**

バランスを維持するために
足首を組む

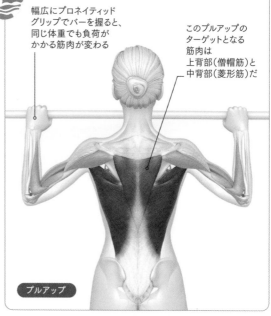

幅広にプロネイティッド
グリップでバーを握ると、
同じ体重でも負荷が
かかる筋肉が変わる

このプルアップの
ターゲットとなる
筋肉は
上背部（僧帽筋）と
中背部（菱形筋）だ

プルアップ

チンアップ（懸垂）

このエクササイズは、上背部、広背筋、上腕二頭筋を鍛える。自重を利用したチンアップはあらゆる筋力トレーニングメニューにぜひ加えたい。ニュートラルグリップのこのバリエーションは、1回の動作のたびに背中の広い部分を強化できる。

エクササイズの準備

体幹を安定させてバーにぶら下がる。バランスと筋肉の共同作用のために足首を組むとよい。

ステップ1

息を吐きながら肘を曲げて体を引き上げる。エクササイズの強度を上げるなら、ここで1〜2秒維持する。

ステップ2

息を吸いながら肘を伸ばして体を下ろす。この間体幹は引き締めたままにする。体を振って反動を使わないこと。ステップ1、2を繰り返す。

グリップについて

両手を近づけて、よりニュートラルなグリップ、セミスピネイティッドあるいはスピネイティッドグリップでチンアップを行うと、上背部よりも広背筋と上腕二頭筋のトレーニングになる。グリップの間を広くして、よりプロネイティッドグリップにすると、プルアップしたときに背の上部が鍛えられ、上腕二頭筋のトレーニングにもなるが、全体的に見て広背筋への負荷は少なめだ。

ニュートラルグリップ・ホリゾンタル・ロー

ホリゾンタルプルはどのような筋トレプログラムにも加えられます。ここで解説するニュートラルグリップでは、上背部の大部分、広背筋、上腕二頭筋を鍛えます。動作の可動域を最大にするには、ベンチに近づき過ぎず正しい位置に座ることが大切です。

エクササイズの特徴

　足は座面より下の位置でフットプラットフォームに置き、腰を動かせるようにします。肩に違和感があるときは、ステップ2での可動域を調節してみましょう。

　初心者は8〜10レップス×4セット行うとよいでしょう。116〜117ページのバリエーションも取り入れてみましょう。また、目的に応じたトレーニングプログラムは201〜214ページを参照してください。

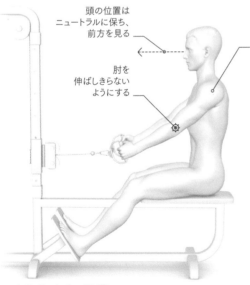

頭の位置はニュートラルに保ち、前方を見る

上背部の筋肉を引き締め、肩の位置を後ろに保つ

肘を伸ばしきらないようにする

よくある不適切な動作

腰や胴体で勢いをつける人は多いが、これは不適切で、ローイングではなく上半身が後ろに倒れることになる。動作中は、体幹をしっかり保った姿勢を維持する。

エクササイズの準備

ウエイトをセットし、座面の高さを調節する。マシンに正対するようにベンチに座る。足は低い位置でフットプラットフォームに置き、膝を伸ばしきらないようにする。腕を肩幅に開き、ハンドルを握り、深く座る。腕を伸ばし、背すじをまっすぐに立てる。

ステップ1

息を吸い、腹筋を引き締める。息を吐きながら肘を曲げ、上背部と中背部の筋肉を収縮させて、オールを漕ぐように上腹部に当たる位置までハンドルを引き寄せる。肘は真後ろに引く。肩が丸まって前方に出る直前に動きを止める。

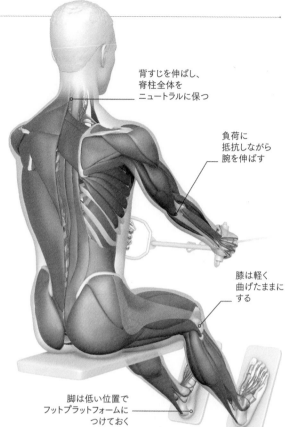

背すじを伸ばし、
脊柱全体を
ニュートラルに保つ

負荷に
抵抗しながら
腕を伸ばす

膝は軽く
曲げたままに
する

脚は低い位置で
フットプラットフォームに
つけておく

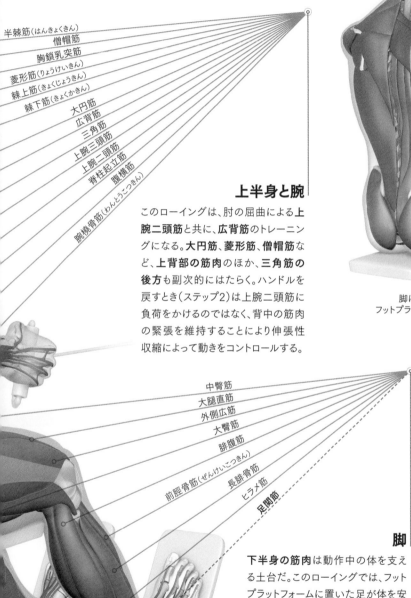

半棘筋(はんきょくきん)
僧帽筋
胸鎖乳突筋
菱形筋(りょうけいきん)
棘上筋(きょくじょうきん)
棘下筋(きょくかきん)
大円筋
広背筋
三角筋
上腕三頭筋
上腕二頭筋
脊柱起立筋
腹横筋
腕橈骨筋(わんとうこつきん)

中臀筋
大腿直筋
外側広筋
大臀筋
腓腹筋
前脛骨筋(ぜんけいこつきん)
長腓骨筋
ヒラメ筋
足関節

上半身と腕

このローイングは、肘の屈曲による**上腕二頭筋**と共に、**広背筋**のトレーニングになる。**大円筋、菱形筋、僧帽筋**など、**上背部の筋肉**のほか、**三角筋の後方**も副次的にはたらく。ハンドルを戻すとき(ステップ2)は上腕二頭筋に負荷をかけるのではなく、背中の筋肉の緊張を維持することにより伸張性収縮によって動きをコントロールする。

ステップ2

腹筋を引き締め、息を吸いながらハンドルを元の位置に戻す。このとき、背部と上腕二頭筋の緊張を維持しつつ、負荷に抵抗するように動きを調節する。呼吸を整え、ステップ1、2を繰り返す。負荷を増やすなら、ここかステップ1の後で、1秒静止する。

脚

下半身の筋肉は動作中の体を支える土台だ。このローイングでは、フットプラットフォームに置いた足が体を安定させ、ターゲットとなる筋肉がより張力を発揮できるようにする。必要なら、ウエイトプレートを両足の下に置いて、動作中は足裏がしっかりプラットフォームにつくようにする。

図中の記号と色の意味

- ●-- 関節
- ○- 筋肉
- ● 緊張を維持
  しながら短縮
- ● 緊張を
  維持しながら伸張
- ● 緊張させず伸張
- ● 動かさず保つ

》 バリエーション

ローイングでターゲットになるのは、広背筋などの背部の筋肉と上腕二頭筋です。ローイングはさまざまな用具やマシンで実践することができます。各レップ中は、胴体を安定させ、流れるような動きで肩と腕を後ろに引きましょう。

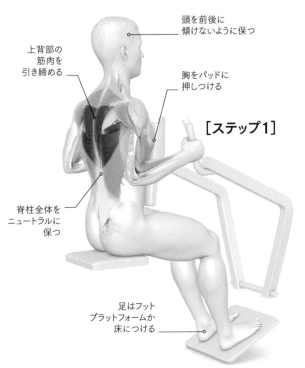

頭を前後に傾けないように保つ

上背部の筋肉を引き締める

胸をパッドに押しつける

[ステップ1]

脊柱全体をニュートラルに保つ

足はフットプラットフォームか床につける

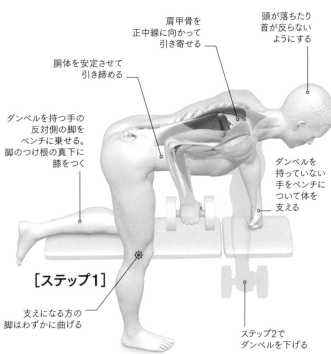

肩甲骨を正中線に向かって引き寄せる

頭が落ちたり首が反らないようにする

胴体を安定させて引き締める

ダンベルを持つ手の反対側の脚をベンチに乗せる。脚のつけ根の真下に膝をつく

ダンベルを持っていない手をベンチについて体を支える

[ステップ1]

支えになる方の脚はわずかに曲げる

ステップ2でダンベルを下げる

マシン・ホリゾンタル・ロー

マシンを使ったローイングのバリエーションで、これは上背部と中背部の筋肉を鍛える。胸をマシンでサポートすることによって体が安定し、安全にトレーニングできる。負荷を増やすなら、一番高い位置で1〜2秒静止しよう。

エクササイズの準備

マシンに座り、フットプラットフォームがあればそこに足を置く。後傾し、胸をパッドに当てる。

ステップ1

息を吸い、腹筋を引き締める。息を吐きながらレバーを引き寄せる。1回の連続した動きで肩と腕を後ろに引く。

ステップ2

息を吸いながらレバーを元の位置に戻す。このとき、全体の動きをコントロールし続ける。ステップ1、2を繰り返す。

ダンベル・ベントオーバー・ロー

ダンベルを使えば、図のように片脚をベンチについて片側ずつ行うことも、両膝を曲げ股関節を90度屈曲させて、両腕で行うこともできる。負荷を増やすなら、ダンベルを引き上げた後で、1〜2秒静止する。

エクササイズの準備

ダンベルを持つ手の反対側の膝をベンチにつける。膝が脚のつけ根の真下になるようにする。体を前に倒し、背中を平らにし、息を吸って体幹を固定する。

ステップ1

息を吐きながら肩甲骨を内転させ腕を引き上げる。肘は30°から75°までの間の角度で曲げる。肘の角度によって筋肉への負荷が変わる。

ステップ2

息を吸いながら動きを調整し、動きをコントロールしながらダンベルを下げる。腹筋は引き締めたままにする。ステップ1、2を繰り返す。

バーベル・ベントオーバー・ロー

このベントオーバー・ローはよく行われており、上背部と中背部に加え、体幹の筋肉をターゲットにしている。立位では動きの幅が少なくなることに注意しよう。他のバリエーションと同様に、負荷を増やしたいときはダンベルを引き上げたところで1〜2秒静止する。

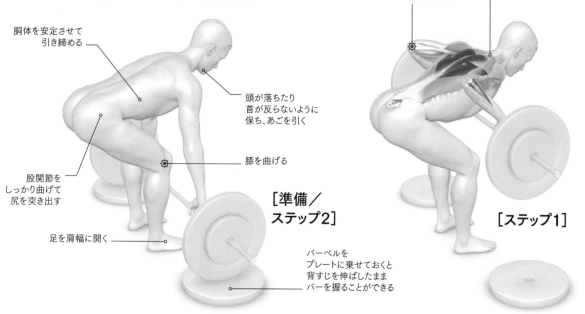

胴体を安定させて引き締める

頭が落ちたり首が反らないように保ち、あごを引く

膝を曲げる

股関節をしっかり曲げて尻を突き出す

足を肩幅に開く

[準備／ステップ2]

バーベルをプレートに乗せておくと背すじを伸ばしたままバーを握ることができる

肘の角度は約45°にする

バーベルを持ち上げるとき、脊柱をニュートラルに保つ

[ステップ1]

エクササイズの準備

体を前に倒し、プロネイティッドグリップでバーを握る。脊柱はニュートラルに保つ。

ステップ1

息を吸って体幹を固定する。息を吐きながらバーベルを持ち上げ、バーを胸に引き寄せる。肘は後ろに引く。

ステップ2

息を吸いながらバーベルを元の位置に戻す。腕、肩、背部、体幹で動きをコントロールする。ステップ1、2を繰り返す。

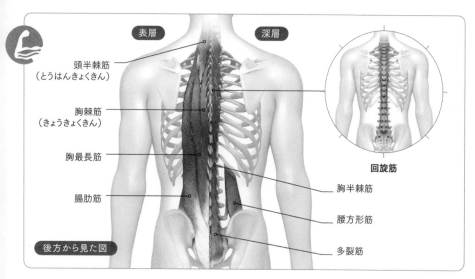

表層

深層

頭半棘筋（とうはんきょくきん）

胸棘筋（きょうきょくきん）

胸最長筋

腸肋筋

後方から見た図

回旋筋

胸半棘筋

腰方形筋

多裂筋

脊柱起立筋

脊柱伸展筋群（脊柱起立筋）は棘筋、最長筋、腸肋筋という3つの筋肉からなり、脊柱を伸展させる。深部にある伸筋群（回旋筋を含む）は脊柱起立筋のはたらきを助け、脊柱と骨盤を安定させるはたらきも重要である。これらの筋群は体が前かがみになるのを防ぎ、よい姿勢を保つために休みなくはたらく。

ダンベル・シュラッグ

シュラッグは、安全かつ効果的に僧帽筋上部を鍛えます。左右のダンベルの負荷を増やせば、筋肉が発揮する力が高まります。

上半身と腕

このエクササイズにより、上背部の筋肉、具体的には三角筋の中部とともに僧帽筋の上部が緊張する。上腕と前腕筋の筋肉は、握っているダンベルの支持と安定を助ける。僧帽筋上部の力強さと機能を向上させることで、ベンチプレスやショルダープレスなどより高くウエイトを持ち上げるトレーニングにつなげることができる。

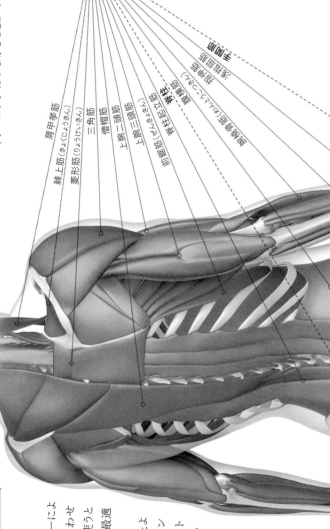

肩甲挙筋

棘上筋（きょくじょうきん）

菱形筋（りょうけいきん）

三角筋

僧帽筋

上腕二頭筋

上腕三頭筋

脊柱起立筋

前鋸筋（ぜんきょきん）

肋間筋（ろっかんきん）

脊椎

腹横筋

腹斜筋

腰椎（ようつい）

撮脊柱

エクササイズの特徴

バーベルではなくダンベルを使えば、バーによる制限が少ないので、技術や可動域に合わせたフォームを作りやすいでしょう。マシンを使うときは、ケーブルタイプを選ぶと個人に合った最適な抵抗に調節できます。

初心者は8〜10レップス×4セット行うとよいでしょう。120〜121ページのバリエーションも取り入れてみましょう。また、目的に応じたトレーニングプログラムは201〜214ページを参照してください。このエクササイズをして違和感があるときは、次ページに示すようなケーブルまたはトレーニングチューブ（レジスタンスバンド）を使ったバリエーションを試してみましょう。

図中の記号と色の意味

- ●--- 関節
- ○— 筋肉

- 緊張を維持しながら伸展
- 緊張させず伸展
- 緊張を維持しながら短縮
- 動かさず保つ

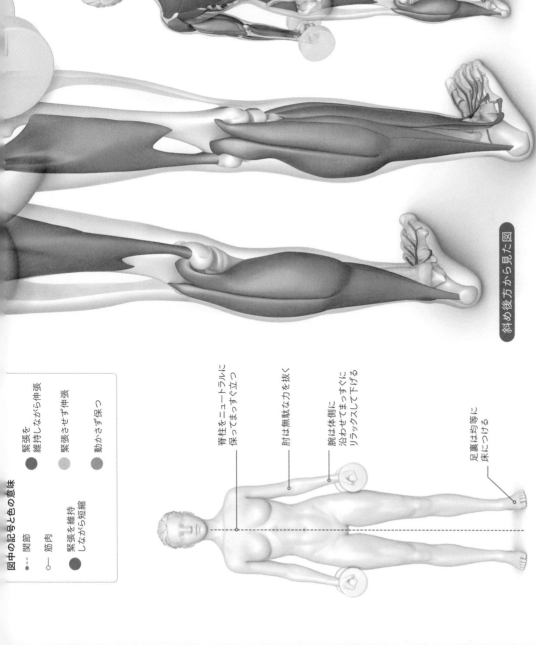

頭はニュートラルに保ち、前を見る

肩甲骨は固定しない

腹筋を引き締め、胴体を安定させる

シュラッグするときに手首が内側に曲がらないようにして、上腕二頭筋に過度の負荷がかかるのを防ぐ

足裏全体に均等に体重をかける

ステップ2

体幹を引き締めたまま、息を吸いながらダンベルを元の位置に戻す。僧帽筋の上部を使ってダンベルの重さに抵抗しながら行う。呼吸を整え、ステップ1、2を繰り返す。

斜め後方から見た図

ステップ1

息を吸い、腹筋を引き締める。胴体を安定させ、息を吐きながらシュラッグ（肩を耳に寄せるように引き上げる）する。このとき、ダンベルは上にあがる。腰や胴体を動かさないように静止し、この姿勢を1〜2秒維持する。

脊柱をニュートラルに保ってまっすぐ立つ

肘は無駄な力を抜く

腕は体側に沿わせてまっすぐにリラックスして下げる

足裏は均等に床につける

エクササイズの準備

足を肩幅に開いて立つ。ニュートラルグリップで（手のひらを内向きに）ダンベルを握り、体の横で維持する。頭はニュートラルに保ち、あごを上げたり下を向いたりしない。

≫ バリエーション

これらのシュラッグのバリエーションも僧帽筋と三角筋中部を
ターゲットにしています。ケーブルやレジスタンスバンドを使うこと
で、首や上腕二頭筋への負担が少なくなります。ケーブルを使え
ば、動作を必要に応じたものに変えることも可能です。

バンデッド・アップライト・ロー

このバリエーションでは、レジスタンスバンドを使って僧帽筋の
上部と肩の筋肉を鍛える。負荷を増やしたいなら、一番高い位
置で1～2秒静止する。

僧帽筋上部の
トレーニング

僧帽筋上部は、三角筋の
中間部が肩甲骨にかけ
る力に拮抗する。シュラッ
グという1つのトレーニン
グで、僧帽筋上部と三角
筋中部を強化できるのは
このためである。

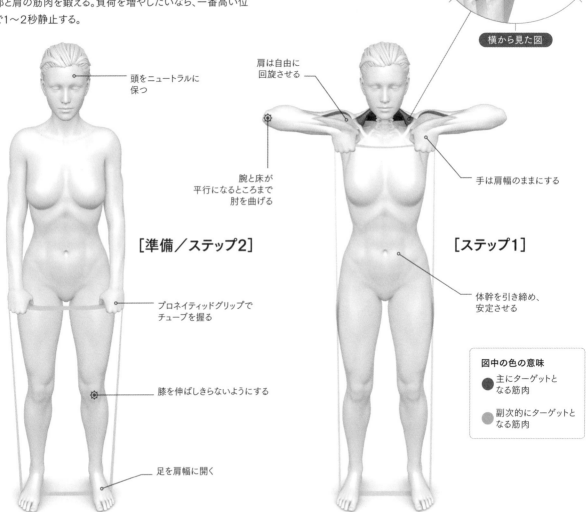

僧帽筋
上部

三角筋
中部

横から見た図

頭をニュートラルに
保つ

肩は自由に
回旋させる

腕と床が
平行になるところまで
肘を曲げる

手は肩幅のままにする

[準備／ステップ2]

[ステップ1]

プロネイティッドグリップで
チューブを握る

体幹を引き締め、
安定させる

膝を伸ばしきらないようにする

足を肩幅に開く

図中の色の意味

● 主にターゲットと
なる筋肉

● 副次的にターゲットと
なる筋肉

エクササイズの準備

チューブを両足で踏み、手を肩幅に開いてプロネ
イティッドグリップでチューブを持つ。背筋を伸ばし
て立ち、肩をリラックスさせる。

ステップ1

息を吸い、体幹を引き締める。息を吐きながら肘を
曲げて手を上に引き上げ、肩を持ち上げる。

ステップ2

息を吸いながら肩を下げ、腕を伸ばす。動きをコン
トロールしつつ、元の姿勢に戻る。ステップ1、2を
繰り返す。

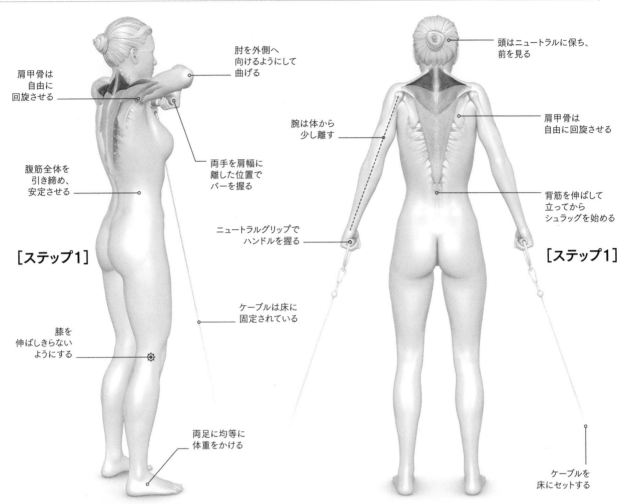

肩甲骨は
自由に
回旋させる

肘を外側へ
向けるようにして
曲げる

両手を肩幅に
離した位置で
バーを握る

腹筋全体を
引き締め、
安定させる

ニュートラルグリップで
ハンドルを握る

[ステップ1]

膝を
伸ばしきらない
ようにする

ケーブルは床に
固定されている

両足に均等に
体重をかける

頭はニュートラルに保ち、
前を見る

腕は体から
少し離す

肩甲骨は
自由に回旋させる

背筋を伸ばして
立ってから
シュラッグを始める

[ステップ1]

ケーブルを
床にセットする

ケーブル・アップライト・ロー

このケーブルを使ったバリエーションでは、僧帽筋の上部と肩の筋肉を鍛える。ケーブルによって肩に張力がかかり続ける。ワークアウトの強度を上げるなら、バーをあごまで引き上げたところで、1〜2秒静止する。

エクササイズの準備

足を肩幅に開いて、背筋を伸ばして立ち、膝を伸ばしきらないようにする。両手でケーブルのバーをプロネイティッドグリップで握る。

ステップ1

息を吸い、腹筋を引き締める。息を吐きながらハンドルをあごの高さまで引く。肘を外側へ向けながら、腕が床と平行になるまで曲げる。

ステップ2

息を吸いながらハンドルを下げ、動きをコントロールしつつ、元の姿勢位置まで戻す。動作中は肩の緊張を維持する。ステップ1、2を繰り返す。

ケーブル・シュラッグ

このバリエーションは2本のケーブルを使い、僧帽筋上部を鍛えるのに最適なトレーニングだ。僧帽筋上部の筋線維は、ケーブルからかかる負荷と同じ方向に走っている。負荷を増やしたいなら、一番高い位置で1〜2秒静止する。

エクササイズの準備

足を肩幅に開いて立ち、膝を伸ばしきらないようにする。体をかがめてケーブルのハンドルを握ってから、体をまっすぐにして立つ。

ステップ1

息を吸い、体幹を引き締める。息を吐きながらシュラッグ（肩を耳に寄せるように引き上げる）する。肩の位置は前後に動かないように保ちながら行う。

ステップ2

息を吸いながら肩を下げる、元の位置に戻るこの間、体幹と僧帽筋を引き締めて動きをコントロールする。ステップ1、2を繰り返す。

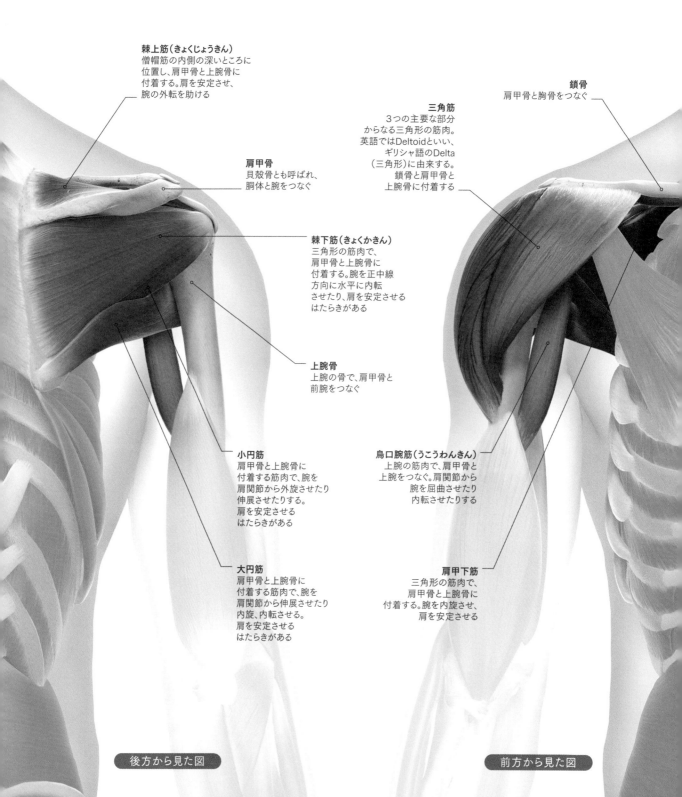

棘上筋（きょくじょうきん）
僧帽筋の内側の深いところに位置し、肩甲骨と上腕骨に付着する。肩を安定させ、腕の外転を助ける

肩甲骨
貝殻骨とも呼ばれ、胴体と腕をつなぐ

三角筋
3つの主要な部分からなる三角形の筋肉。英語ではDeltoidといい、ギリシャ語のDelta（三角形）に由来する。鎖骨と肩甲骨と上腕骨に付着する

鎖骨
肩甲骨と胸骨をつなぐ

棘下筋（きょくかきん）
三角形の筋肉で、肩甲骨と上腕骨に付着する。腕を正中線方向に水平に内転させたり、肩を安定させるはたらきがある

上腕骨
上腕の骨で、肩甲骨と前腕をつなぐ

小円筋
肩甲骨と上腕骨に付着する筋肉で、腕を肩関節から外旋させたり伸展させたりする。肩を安定させるはたらきがある

烏口腕筋（うこうわんきん）
上腕の筋肉で、肩甲骨と上腕をつなぐ。肩関節から腕を屈曲させたり内転させたりする

大円筋
肩甲骨と上腕骨に付着する筋肉で、腕を肩関節から伸展させたり内旋、内転させる。肩を安定させるはたらきがある

肩甲下筋
三角形の筋肉で、肩甲骨と上腕骨に付着する。腕を内旋させ、肩を安定させる

後方から見た図

前方から見た図

肩のエクササイズ

肩を動かしている筋肉は三角筋で、肩の前方から
後方にかけて包むように位置しており、
この筋肉が肩の形を決めるといってもよいでしょう。
その他の大円筋、小円筋、棘上筋、肩甲下筋などは肩を安定させる重要な筋肉です。

トレーニング時の三角筋の主なはたらきは、肩関節から腕を上げたり伸展させることです。三角筋は3つの部位に分けられます。三角筋前部は、腕の屈曲や、腕を前方へ上げる動作を行い、三角筋中部は腕を外転させたり横に上げたりできるようにし、三角筋後部は腕を後方に伸展させたり後ろに回したりできるようにします。

日常生活やトレーニングで、三角筋は繰り返し使われるので、普段とは異なる負荷のかけ方や反復回数でトレーニングをすることは重要です。

プレスやレイズを行うときは三角筋の前部と中間部がターゲットとなり、ローイングやフライは三角筋の後部に効果があります。

● **プレスをするときは**、三角筋のはたらきで腕を正中線に近づけ、肩は上腕三頭筋と上背部の筋肉を統合してリフトアップを助けます。

● **レイズをするときは**、左右の肩は個別に動き、僧帽筋が動きをサポートします。ある特定の方向への抵抗が得られると考えないでください。解剖学からみた三角筋の機能を思い出しましょう。ターゲットにしたい部位に合わせ、可動域全体を適切に動かしましょう。

66 99

上半身が強いと、姿勢がよくなり、
体の動かし方や柔軟性、さまざまな動きが改善される。

バーベル・オーバーヘッド・ショルダープレス

この垂直プレス動作はよく行われており、肩と三角筋を鍛えます。同時に、上背部もターゲットとしており、体幹の安定も試されます。オーバーヘッドプレスは座っても立ってもできます。バーベルが傾かないように動きをコントロールしましょう。

エクササイズの特徴

　座って行う場合は膝を90度に曲げるので、マシンの座面の高さを調節しましょう。ほとんどのマシンでは、頭のすぐ上の後方にバーがセットされているので、容易にバーを握って持ち上げ、スタートポジションに入れるでしょう。関節に違和感があるときは、ダンベルでやってみましょう（→P127）。

　初心者は8〜10レップス×4セット行うとよいでしょう。126〜127ページのバリエーションも取り入れてみましょう。また、目的に応じたトレーニングプログラムは201〜214ページを参照してください。

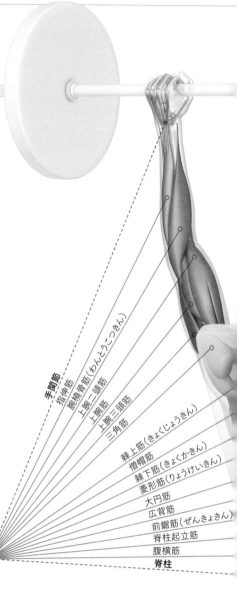

手関節
指伸筋
腕橈骨筋（わんとうこつきん）
上腕二頭筋
上腕三頭筋
三角筋
棘上筋（きょくじょうきん）
僧帽筋
棘下筋（きょくかきん）
菱形筋（りょうけいきん）
大円筋
広背筋
前鋸筋（ぜんきょきん）
脊柱起立筋
腹横筋
脊柱

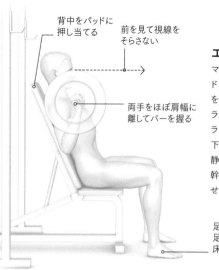

背中をパッドに押し当てる

前を見て視線をそらさない

両手をほぼ肩幅に離してバーを握る

足は平行にして、足裏をぴったり床につける

エクササイズの準備

マシンを調節して、背中をパッドにつけて座る。膝を曲げて足を肩幅に広げる。頭はニュートラルに保つ。バーベルをサムアラウンドグリップで握り、あごの下で、胸にバーを乗せる感じで静止する。臀筋（でんきん）と体幹を引き締め、上半身を安定させる。

上半身と腕

このエクササイズは、上腕三頭筋のほか、**肩の前部と中間部**の筋肉を緊張させる。胴体と骨盤の安定を保つためには**体幹**が重要で、脊柱や腰を痛めるのを防ぐ。

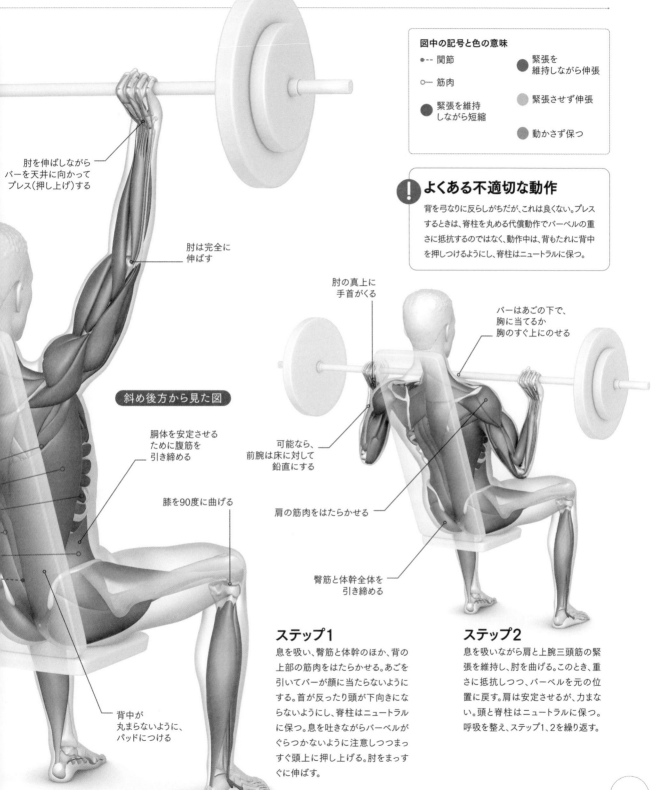

肘を伸ばしながら
バーを天井に向かって
プレス（押し上げ）する

肘は完全に
伸ばす

斜め後方から見た図

胴体を安定させる
ために腹筋を
引き締める

膝を90度に曲げる

背中が
丸まらないように、
パッドにつける

図中の記号と色の意味

●-- 関節
○ 筋肉
● 緊張を維持
しながら短縮

● 緊張を
維持しながら伸張
● 緊張させず伸張
● 動かさず保つ

! よくある不適切な動作

背を弓なりに反らしがちだが、これは良くない。プレスするときは、脊柱を丸める代償動作でバーベルの重さに抵抗するのではなく、動作中は、背もたれに背中を押しつけるようにし、脊柱はニュートラルに保つ。

肘の真上に
手首がくる

バーはあごの下で、
胸に当てるか
胸のすぐ上にのせる

可能なら、
前腕は床に対して
鉛直にする

肩の筋肉をはたらかせる

臀筋と体幹全体を
引き締める

ステップ1

息を吸い、臀筋と体幹のほか、背の上部の筋肉をはたらかせる。あごを引いてバーが顔に当たらないようにする。首が反ったり頭が下向きにならないようにし、脊柱はニュートラルに保つ。息を吐きながらバーベルがぐらつかないように注意しつつまっすぐ頭上に押し上げる。肘をまっすぐに伸ばす。

ステップ2

息を吸いながら肩と上腕三頭筋の緊張を維持し、肘を曲げる。このとき、重さに抵抗しつつ、バーベルを元の位置に戻す。肩は安定させるが、力まない。頭と脊柱はニュートラルに保つ。呼吸を整え、ステップ1、2を繰り返す。

》》バリエーション

オーバーヘッドプレスはさまざまな器具やマシンで実施することができ、三角筋と上腕三頭筋がターゲットとなります。スタンディングオーバーヘッドプレスは体幹をより多く使います。ここに示す3種のバリエーションは、いずれも肩甲骨が自由に回旋するため、肩への負荷が少なくなります。

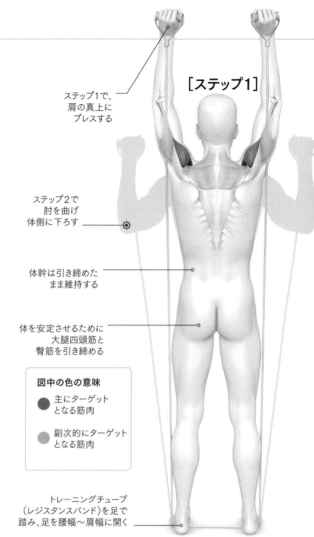

[ステップ1]

ステップ1で、肩の真上にプレスする

ステップ2で肘を曲げ体側に下ろす

体幹は引き締めたまま維持する

体を安定させるために大腿四頭筋と臀筋を引き締める

トレーニングチューブ（レジスタンスバンド）を足で踏み、足を腰幅〜肩幅に開く

図中の色の意味

● 主にターゲットとなる筋肉

● 副次的にターゲットとなる筋肉

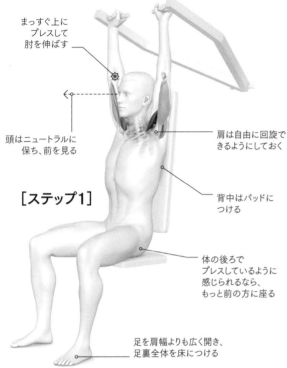

まっすぐ上にプレスして肘を伸ばす

頭はニュートラルに保ち、前を見る

肩は自由に回旋できるようにしておく

背中はパッドにつける

体の後ろでプレスしているように感じられるなら、もっと前の方に座る

[ステップ1]

足を肩幅よりも広く開き、足裏全体を床につける

マシン・ショルダープレス

マシン・ショルダープレスは、肩のトレーニングのバリエーションであり、単独で行っても、一連のトレーニングメニューに加えても効果がある。また、マシンを使えば、垂直な押し上げのトレーニングが安全かつ効果的に行える。

エクササイズの準備

必要なら座面の高さを調節して座る。肘を体の側方へ突き出すように曲げ、プロネイティッドグリップでハンドルを握る。

ステップ1

息を吸い、体幹を引き締める。息を吐きながら肘を伸ばして腕を上にあげる。上腕を耳に寄せる感じで行う。

ステップ2

息を吸いながら腕を下げる。動きをコントロールしながら、ハンドルを元の位置に戻す。必要に応じて座る位置などを調節する。ステップ1、2を繰り返す。

チューブ・ショルダープレス

このバリエーションでは、トレーニングチューブ（レジスタンスバンド）を使った垂直プレスを行うが、肩の可動性や好みに合わせて、より個別化したエクササイズが可能だ。腕を上げるときの軌道は肩の可動性によって変わる。

エクササイズの準備

トレーニングチューブを足の下に敷き、ハンドルをプロネイティッドグリップで握る。まっすぐ立ち、腕を曲げてハンドルが耳の横にくるようにする。

ステップ1

息を吸い、腹筋を引き締める。息を吐きながら腕を上げてプレスする。このとき、上腕を耳に近づける。

ステップ2

息を吸いながら腕を下ろし、動きをコントロールしつつ、肘を曲げてハンドルを元の位置に戻す。ステップ1、2を繰り返す。

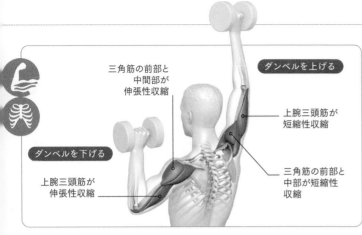

三角筋の前部と中間部が伸張性収縮

ダンベルを上げる

上腕三頭筋が短縮性収縮

ダンベルを下げる

上腕三頭筋が伸張性収縮

三角筋の前部と中部が短縮性収縮

力を統合する

筋肉は互いに協調してはたらく。ここに示すとおり、鉛直方向にプレスするとき、上腕三頭筋は三角筋の前部と中部と一緒にはたらいてダンベルを上げ下げする。

ダンベル・ショルダープレス

このバリエーションも肩の可動性や好みに合わせたエクササイズを可能にする。肩の可動性によってダンベルの角度90°や腕の軌道が決まる。体幹を引き締める効果が高く、肩への圧迫が少ない。

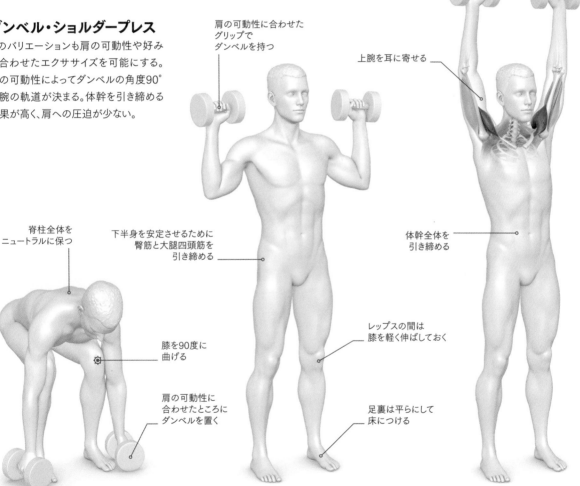

肩の可動性に合わせたグリップでダンベルを持つ

ダンベルは床と平行にする

上腕を耳に寄せる

体幹全体を引き締める

脊柱全体をニュートラルに保つ

下半身を安定させるために臀筋と大腿四頭筋を引き締める

膝を90度に曲げる

レップスの間は膝を軽く伸ばしておく

肩の可動性に合わせたところにダンベルを置く

足裏は平らにして床につける

ウエイトを安全に持ち上げる

足を腰幅～肩幅に開いて立ち、膝と股関節を曲げてダンベルを握る。ダンベルはあらかじめ足の横に置いておく。

エクササイズの準備／ステップ2

膝をまっすぐに伸ばしてダンベルを肩の高さまで上げる。このとき肘は曲がっている。体幹を引き締め、プレスの準備をする。

ステップ1

息を吸い、腹筋を引き締める。息を吐きながらダンベルを押し上げる。息を吸いながらステップ2（準備の姿勢）に戻る。ステップ1、2を繰り返す。

ダンベル・ラテラルレイズ

このエクササイズは、三角筋中部と合わせて、肩甲骨を安定させる棘上筋（きょくじょうきん）と僧帽筋の上部を鍛えます。ラテラルレイズはごく少ない器具でできる、安全かつ有効な肩のトレーニングです。

エクササイズの特徴

ダンベルをラテラルに（体の側方で）上げ下げすると、三角筋中部を集中的に鍛えることができます。エクササイズ中は動きをスムーズに、そしてコントロールを保ちましょう。ダンベルを放り上げるようにしたり、落とすようにしたりしてはいけません。

初心者は8〜10レップス×4セット行うとよいでしょう。130〜131ページのバリエーションも取り入れてみましょう。また、目的に応じたトレーニングプログラムは201〜214ページを参照してください。

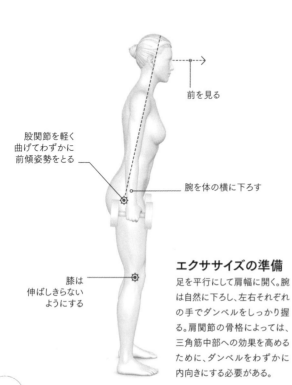

前を見る

股関節を軽く曲げてわずかに前傾姿勢をとる

腕を体の横に下ろす

膝は伸ばしきらないようにする

エクササイズの準備

足を平行にして肩幅に開く。腕は自然に下ろし、左右それぞれの手でダンベルをしっかり握る。肩関節の骨格によっては、三角筋中部への効果を高めるために、ダンベルをわずかに内向きにする必要がある。

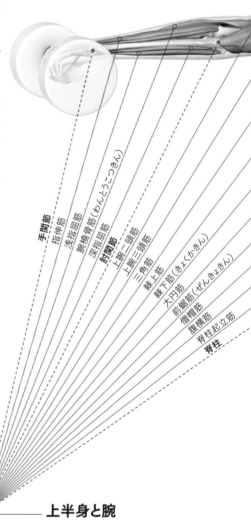

よくある不適切な動作

下半身がふらついたり、膝が曲がったりしているときは、ダンベルが重すぎる可能性がある。動きをコントロールせずにダンベルをすばやく下げないこと。こうすると、強力な伸張性収縮（エキセントリック収縮）をしないことになってしまうからだ。

手関節
指伸筋
浅指屈筋
腕橈骨筋（わんとうこつきん）
深指屈筋
肘関節
上腕二頭筋
三角筋
棘上筋
大円筋
前鋸筋（きょくきん）
僧帽筋
腹横筋（ぜんきょきん）
脊柱起立筋
脊柱

上半身と腕

棘上筋は肩の外転（体の側方で腕を上げる）を助ける。同時に、**三角筋の前部と僧帽筋の上部**もこの動きに関与し、肩甲骨の安定を助ける。腕を上げるときに短縮性の筋収縮が起きている間は、ダンベルまたはこぶしが動いていることを意識しよう。

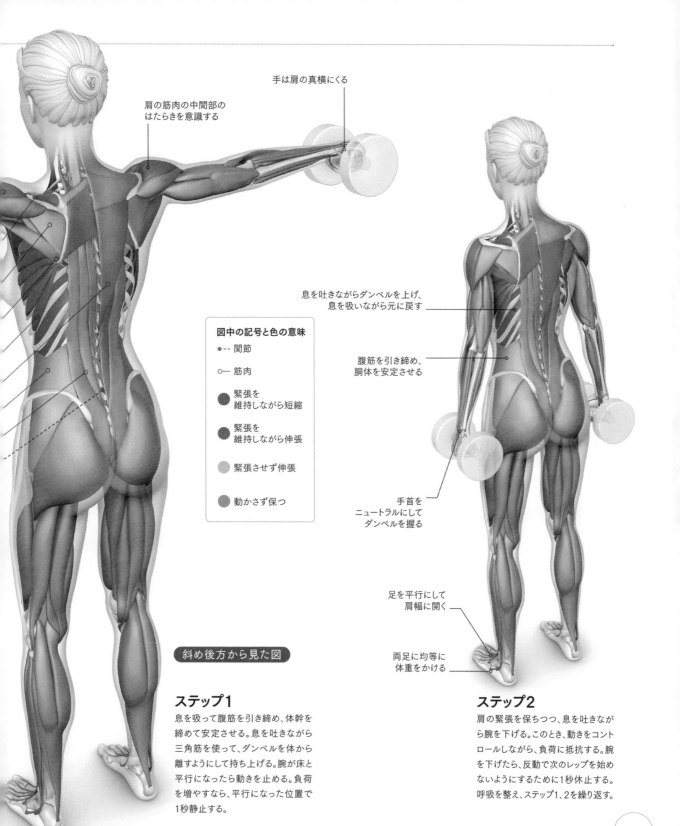

肩の筋肉の中間部の
はたらきを意識する

手は肩の真横にくる

息を吐きながらダンベルを上げ、
息を吸いながら元に戻す

腹筋を引き締め、
胴体を安定させる

図中の記号と色の意味

- ●--- 関節

- ○--- 筋肉

- ● 緊張を
維持しながら短縮

- ● 緊張を
維持しながら伸張

- ● 緊張させず伸張

- ● 動かさず保つ

手首を
ニュートラルにして
ダンベルを握る

足を平行にして
肩幅に開く

両足に均等に
体重をかける

斜め後方から見た図

ステップ1

息を吸って腹筋を引き締め、体幹を
締めて安定させる。息を吐きながら
三角筋を使って、ダンベルを体から
離すようにして持ち上げる。腕が床と
平行になったら動きを止める。負荷
を増やすなら、平行になった位置で
1秒静止する。

ステップ2

肩の緊張を保ちつつ、息を吐きなが
ら腕を下げる。このとき、動きをコント
ロールしながら、負荷に抵抗する。腕
を下げたら、反動で次のレップを始め
ないようにするために1秒休止する。
呼吸を整え、ステップ1、2を繰り返す。

》》 バリエーション

バンドやケーブルを使うと三角筋をターゲットにしたエクササイズの強度をさまざまに変えることができます。チューブを使うと、腕が上がるにつれて抵抗が大きくなりますが、ケーブルでは一定の抵抗が得られます。

これらのエクササイズは、三角筋**中部**を集中的に鍛えるすぐれた方法だ。

バンデッドラテラルレイズ

このバリエーションでは、腕が上がるにつれてチューブからの抵抗が大きくなる。足の位置もエクササイズの難易度に影響する。足の幅を広くすると、チューブからの抵抗が大きくなる。

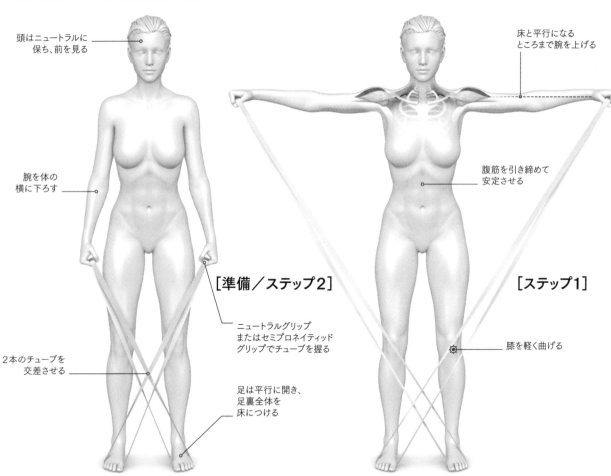

頭はニュートラルに保ち、前を見る

腕を体の横に下ろす

2本のチューブを交差させる

[準備／ステップ2]

ニュートラルグリップまたはセミプロネイティッドグリップでチューブを握る

足は平行に開き、足裏全体を床につける

床と平行になるところまで腕を上げる

腹筋を引き締めて安定させる

[ステップ1]

膝を軽く曲げる

エクササイズの準備

左右の足でチューブを押さえ、それぞれ反対側の手で握る。胴体をわずかに前に倒し、三角筋がチューブのラインの延長上にくるようにする。

ステップ1

息を吸い、体幹を引き締める。息を吐きながら腕を肩の高さまで上げる。動作中、肘は伸ばしたままにする。負荷を増やしたいときは、腕を上げたところで1〜2秒静止する。

ステップ2

息を吸いながら腕を下ろす。動きをコントロールすること。肘を伸ばしたまま、腕を体の横に戻す。ステップ1、2を繰り返す。

ユニラテラルケーブル
ラテラルレイズ

このバリエーションでは、腕を上げる間ケーブルプーリーから持続的な抵抗が得られる。また、このエクササイズでは片方ずつ集中して鍛えることが可能で、肩のトレーニングのバリエーションが広がる。

エクササイズの準備

まっすぐ立ち、胴体をわずかに前に倒し、三角筋がケーブルのラインの延長線上にくるようにする。腕を体の横に下げ、ケーブルの先端のハンドルを握る。

ステップ1

息を吸い、体幹を引き締める。息を吐きながら腕を肩の高さまで上げる。肘は伸ばしたままにする。負荷を増やしたいときは、腕を上げたところで1〜2秒静止する。

ステップ2

息を吸いながら腕を下ろす。肩の緊張を保ったまま動きをコントロールする。ステップ1、2を繰り返す。

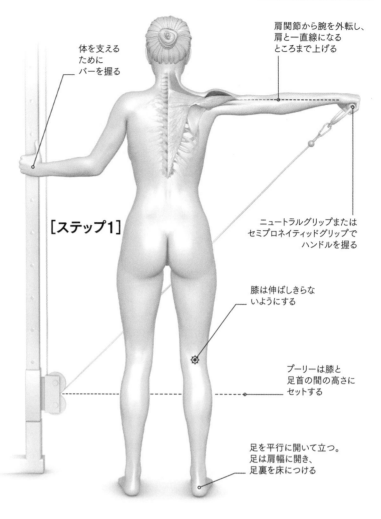

体を支えるためにバーを握る

肩関節から腕を外転し、肩と一直線になるところまで上げる

[ステップ1]

ニュートラルグリップまたはセミプロネイティッドグリップでハンドルを握る

膝は伸ばしきらないようにする

プーリーは膝と足首の間の高さにセットする

足を平行に開いて立つ。足は肩幅に開き、足裏を床につける

図中の色の意味

● 主にターゲットとなる筋肉

● 副次的にターゲットとなる筋肉

腕を体の後方に上げる

三角筋の後部

腕を側方に上げる

三角筋の中部

三角筋の前部

腕を体の前方に上げる

ターゲットとなる
三角筋の部位

三角筋は前部と中部と後部に分けられ、それぞれ生み出す動作も引く方向も異なる。このため、三角筋のどの部位に負荷をかけてエクササイズするかを決めることが重要だ。プレスとプルを行うエクササイズは三角筋の前部と後部を同時に鍛えられるものだが、三角筋の中部はラテラルレイズのようなエクササイズで集中的に鍛える必要がある。

ダンベル・フロントレイズ

三角筋の前部を主に鍛えられるのがこのトレーニングです。ラテラルレイズ（→P128〜129）と同様に、ケーブルやトレーニングチューブを利用して行うことも可能です（→P134〜135）。

エクササイズの特徴

ダンベルを体の真正面で上げ下げすると、三角筋の前部をターゲットにしたトレーニングができます。動作全体で動きをスムーズに、そしてコントロールを保ちましょう。ダンベルを放り上げるようにしたり、落とすようにしたりしてはいけません。自然な軌道で上げると、腕はやや内側に向かって動きますが、これは三角筋の前部がつくりだすすぼがこの方向になるためです。このエクササイズをしていて違和感があるときは、134〜135ページに示すようなケーブルまたはトレーニングチューブを使ったバリエーションを試してみましょう。

初心者は8〜10レップス×4セット行うとよいでしょう。134〜135ページのバリエーションも取り入れてみましょう。また、目的に応じたトレーニングプログラムについては、201〜214ページを参照してください。

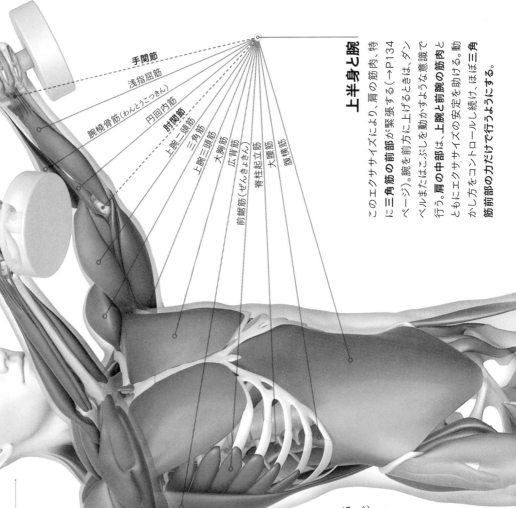

上半身と腕

このエクササイズにより、肩の筋肉、特に三角筋の前部が緊張する（→P134ページ）。腕を前方に上げるときは、ダンベルをはこぶように動かすような意識で行う。肩の中部は、上腕と前腕の筋肉とともにエクササイズの安定を助ける。動かし方をコントロールし続け、ほぼ三角筋前部の力だけで行うようにする。

手関節
浅指屈筋
腕橈骨筋（わんとうこつきん）
円回内筋
肘関節
上腕二頭筋
三角筋
上腕三頭筋
大胸筋
広背筋
前鋸筋（ぜんきょきん）
脊柱起立筋
大腰筋
腹横筋

！ よくある不適切な動作

ダンベルを高く上げすぎると、僧帽筋の上部がターゲットになってしまう。逆に低すぎると、三角筋前部の十分な収縮が得られないだろう。体を後ろにそらさない。

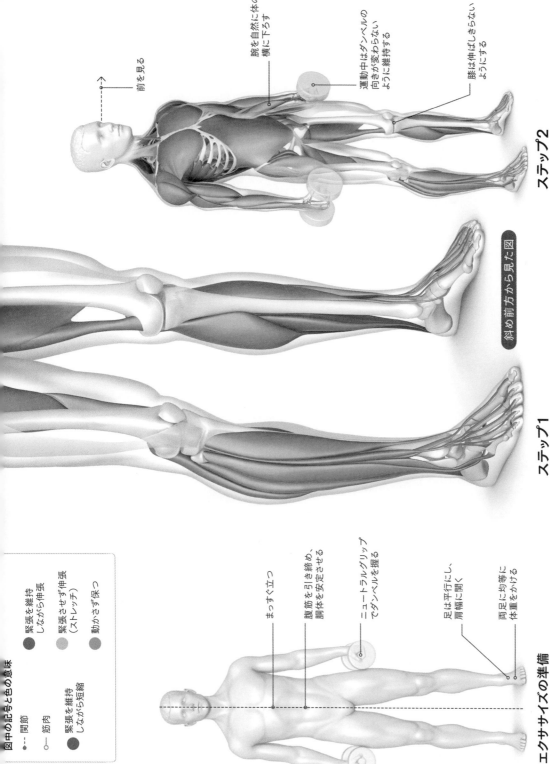

前を見る

腕を自然に体の横に下ろす

運動中はダンベルの向きが変わらないように維持する

膝は伸ばしきらないようにする

ステップ2

肩を緊張させたまま、息を吸いながら腕を下げる。このとき、動きをコントロールしながら、負荷に抵抗する。腕を下げたら、反動で次のレップを始めないために1秒休止する。呼吸を整え、ステップ1、2を繰り返す。

斜め前方から見た図

ステップ1

息を吸い、体幹を引き締める。息を吐きながら三角筋の前部を使って、肩関節を屈曲させ体の真正面へダンベルを持ち上げる。腕が床と平行かやや上になるところで動きを止める。負荷を増やすなら、この姿勢を1〜2秒維持する。

図中の記号と色の意味

- **- - -** 関節
- **○—** 筋肉

- 🔴 緊張を維持しながら伸張
- 🔴 緊張を維持しながら短縮
- 🟢 緊張させず伸張（ストレッチ）
- 🔵 動かさず保つ

まっすぐ立つ

腹筋を引き締め、胴体を安定させる

ニュートラルグリップでダンベルを握る

足は平行にし、肩幅に開く

両足に均等に体重をかける

エクササイズの準備

足を平行にし、肩幅に開いて立つ。ダンベルをしっかり握り、腕を自然に体の横に下ろす。頭をニュートラルに保つ。

133

≫ バリエーション

132〜133ページではダンベルを使っていますが、トレーニングチューブやケーブルを使ってトレーニングすることもできます。座って行うフロントプレスも三角筋の前部をターゲットにしており、効果的なプレス運動です。ダンベルを使ったときと同じく、エクササイズ中は動きをスムーズに、そしてコントロールを保ちましょう。コントロールを保ちやすいのはプーリー（ケーブル）です。

図中の色の意味
- ● 主にターゲットとなる筋肉
- ● 副次的にターゲットとなる筋肉

抵抗の違い

トレーニング用具によって筋肉への負荷が変わる。ダンベルは重力の影響を直接受けるので、可動域の最も低い位置で筋肉への負荷が最大になる。トレーニングチューブは伸びるほど張力が強くなるので、可動域の限界で抵抗が最大になる。ケーブルの抵抗は最も均等である。

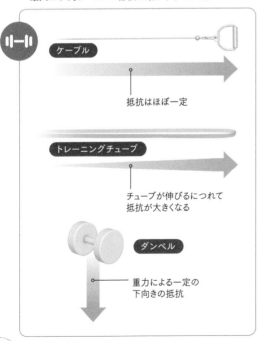

ケーブル
抵抗はほぼ一定

トレーニングチューブ
チューブが伸びるにつれて抵抗が大きくなる

ダンベル
重力による一定の下向きの抵抗

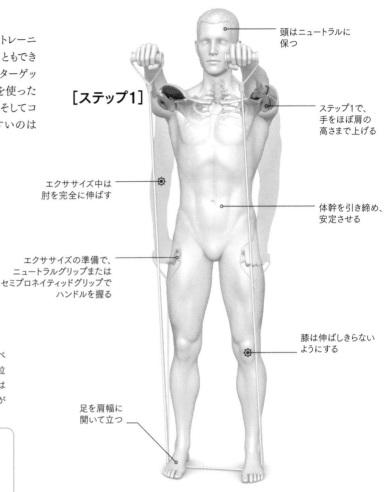

［ステップ1］

頭はニュートラルに保つ

ステップ1で、手をほぼ肩の高さまで上げる

エクササイズ中は肘を完全に伸ばす

体幹を引き締め、安定させる

エクササイズの準備で、ニュートラルグリップまたはセミプロネイティッドグリップでハンドルを握る

膝は伸ばしきらないようにする

足を肩幅に開いて立つ

バンデッド・フロントレイズ

ダンベル・フロントレイズをしていて肩に違和感があるときは、トレーニングチューブを使ったこのバリエーションを試してみよう。負荷を増やしたいなら、一番高い位置で1〜2秒静止する。

エクササイズの準備

トレーニングチューブを足で踏み、ハンドルを持つ。まっすぐ立ち、腕をリラックスさせて体の横に下ろす。

ステップ1

息を吸い、腹筋を引き締める。息を吐きながら肩関節を屈曲させ、体の前方に腕を上げる。

ステップ2

息を吸いながら、動きをコントロールしつつ腕をスタートポジションまで下げる。ステップ1、2を繰り返す。

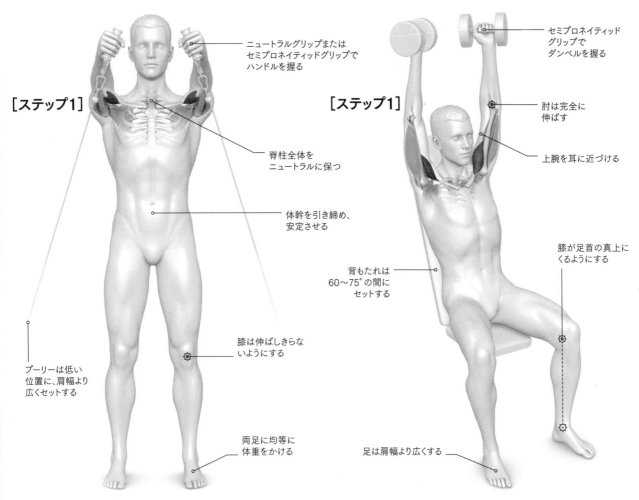

[ステップ1]

ニュートラルグリップまたは
セミプロネイティッドグリップで
ハンドルを握る

脊柱全体を
ニュートラルに保つ

体幹を引き締め、
安定させる

プーリーは低い
位置に、肩幅より
広くセットする

膝は伸ばしきらな
いようにする

両足に均等に
体重をかける

[ステップ1]

セミプロネイティッド
グリップで
ダンベルを握る

肘は完全に
伸ばす

上腕を耳に近づける

膝が足首の真上に
くるようにする

背もたれは
60〜75°の間に
セットする

足は肩幅より広くする

ケーブル・フロントレイズ

このバリエーションでは、ケーブルプーリーから継続的に一定の
抵抗が得られるが、その抵抗は三角筋前部の筋線維の方向と
一致するようにする。負荷を増やしたいなら、一番高い位置で
1〜2秒静止する。

エクササイズの準備

足を肩幅に開いて立つ。安定させるために足の幅を調節してもよい。ケー
ブルのハンドルを握り、肩をリラックスさせて腕を体の横に下ろす。

ステップ1

息を吸い、体幹を引き締める。息を吐きながら手を耳の高さまで上げる。
腕は伸ばしたままにする。

ステップ2

息を吸いながらケーブルを元の位置に戻す。動作中は動きをコントロール
し、腕を曲げないようにする。ステップ1、2を繰り返す。

フロントプレス

このエクササイズは、鉛直方向のプレス運動で、三角筋の前
部のほか、上腕三頭筋と肘の屈筋群を鍛える。ふつうのショ
ルダープレス(→P124〜125)よりも、三角筋前部の筋線維方向
に沿った動きとなる。

エクササイズの準備

ベンチに座り、姿勢を整える。セミプロネイティッドグリップでダンベルを握
り、肘を曲げて肩のすぐ上あたりに保つ。

ステップ1

息を吸い、体幹を引き締める。息を吐きながら肘を伸ばし、ダンベルを頭
上までプレスする。肘の真上に手首がくる。

ステップ2

息を吸いながらダンベルを下ろし、動きをコントロールしつつスタートポ
ジションに戻る。ステップ1、2を繰り返す。

ダンベル・リアフライ

これはフライ（羽ばたくような動作）系エクササイズの1つで、三角筋後部を鍛え、同時に、上背部の筋肉にも負荷がかかります。フロントレイズ（→P132〜133）と同じく、ケーブルやトレーニングチューブを使ったバリエーションも行えます。

> **！ よくある不適切な動作**
>
> ダンベルが重すぎると、正しい動きでのトレーニングが困難になる。効果を高めたいのなら、セット数を増やすほうがよいだろう。三角筋後部は小さな筋肉なので、集中して使えているかどうかを感じ取る。

エクササイズの特徴

　ダンベルを体の前から横へ上げ下げする（フライと呼ばれる動き）と、三角筋の後部をターゲットにしたトレーニングができます。ダンベルを動かすときはコントロールを保ち、ダンベルを放り上げるようにしたり、落とすようにしたりしてはいけません。肩に違和感があるときは、138〜139ページに示すような、ケーブルまたはトレーニングチューブを使ったバリエーションを試してみましょう。

　初心者は8〜10レップス×4セット行うとよいでしょう。138〜139ページのバリエーションも取り入れてみましょう。また、目的に応じたトレーニングプログラムは201〜214ページを参照してください。

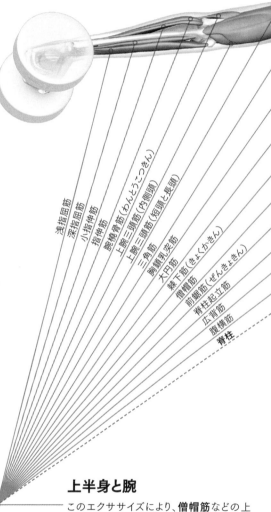

浅指屈筋
深指屈筋
小指伸筋
指伸筋
腕橈骨筋（わんとうこつきん）
上腕三頭筋（内側頭）
上腕三頭筋（短頭と長頭）
三角筋
胸鎖乳突筋
大円筋
棘下筋（きょくかきん）
僧帽筋
前鋸筋（ぜんきょきん）
脊柱起立筋
広背筋
腹横筋
脊柱

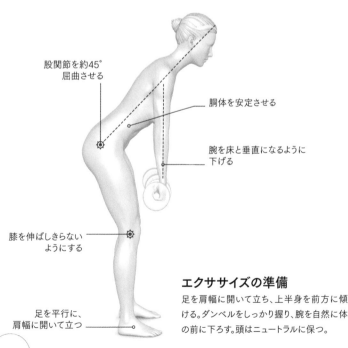

股関節を約45°屈曲させる

胴体を安定させる

腕を床と垂直になるように下げる

膝を伸ばしきらないようにする

足を平行に、肩幅に開いて立つ

エクササイズの準備

足を肩幅に開いて立ち、上半身を前方に傾ける。ダンベルをしっかり握り、腕を自然に体の前に下ろす。頭はニュートラルに保つ。

上半身と腕

このエクササイズにより、**僧帽筋**などの上背部の筋肉とともに**三角筋の後部**が緊張する。**脊柱起立筋**に加え、**体幹の筋肉**が胴体と脊柱の安定に重要な役割を果たす。腕が肩の高さまで上がったときに負荷が最大になるので、正しくコントロールできる重さのダンベルを使おう。

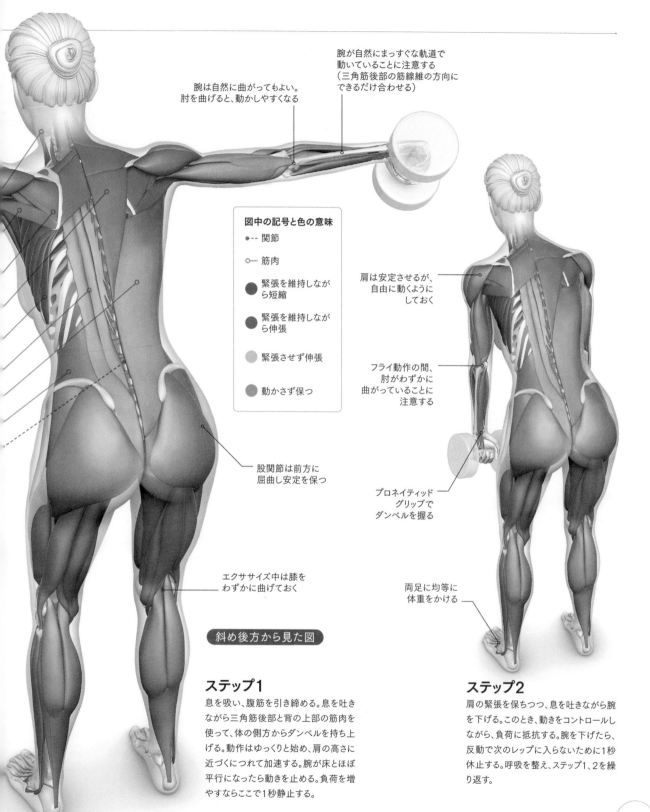

腕が自然にまっすぐな軌道で
動いていることに注意する
（三角筋後部の筋線維の方向に
できるだけ合わせる）

腕は自然に曲がってもよい。
肘を曲げると、動かしやすくなる

図中の記号と色の意味

●-- 関節

○— 筋肉

● 緊張を維持しなが
　ら短縮

● 緊張を維持しなが
　ら伸張

● 緊張させず伸張

● 動かさず保つ

肩は安定させるが、
自由に動くように
しておく

フライ動作の間、
肘がわずかに
曲がっていることに
注意する

股関節は前方に
屈曲し安定を保つ

プロネイティッド
グリップで
ダンベルを握る

エクササイズ中は膝を
わずかに曲げておく

両足に均等に
体重をかける

斜め後方から見た図

ステップ1

息を吸い、腹筋を引き締める。息を吐き
ながら三角筋後部と背の上部の筋肉を
使って、体の側方からダンベルを持ち上
げる。動作はゆっくりと始め、肩の高さに
近づくにつれて加速する。腕が床とほぼ
平行になったら動きを止める。負荷を増
やすならここで1秒静止する。

ステップ2

肩の緊張を保ちつつ、息を吐きながら腕
を下げる。このとき、動きをコントロールし
ながら、負荷に抵抗する。腕を下げたら、
反動で次のレップに入らないために1秒
休止する。呼吸を整え、ステップ1、2を繰
り返す。

》 バリエーション

ダンベル・リアフライをしていて、肩に違和感があるときは、ここに
示すようなバリエーションを試してみましょう。ラテラルプローンレ
イズやチューブローイングは、抵抗のかかる方向と三角筋後部の
筋線維の方向がかなり一致しています。どちらの場合も腕の軌
道は約45°で、僧帽筋のサポートが得られます。

> **図中の色の意味**
> ● 主にターゲットとな　　● 副次的にターゲット
> 　る筋肉　　　　　　　　　となる筋肉

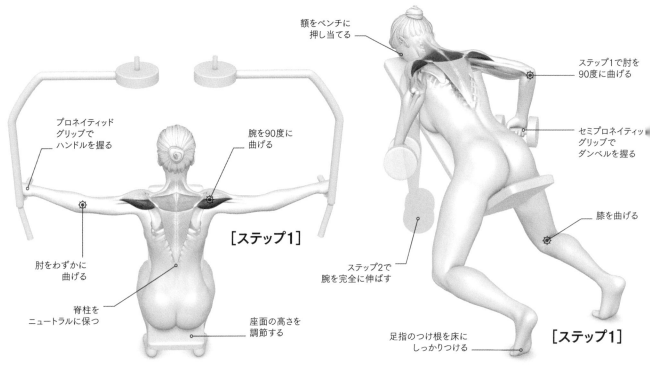

額をベンチに
押し当てる

ステップ1で肘を
90度に曲げる

プロネイティッド
グリップで
ハンドルを握る

腕を90度に
曲げる

セミプロネイティッ
グリップで
ダンベルを握る

[ステップ1]

膝を曲げる

肘をわずかに
曲げる

脊柱を
ニュートラルに保つ

座面の高さを
調節する

ステップ2で
腕を完全に伸ばす

[ステップ1]

足指のつけ根を床に
しっかりつける

マシン・リアフライ

マシンを使った効果的なバリエーション。三角筋ではなく、菱形
筋や僧帽筋のトレーニングになってしまうので、重すぎるウエイト
を使ったり、フライの動作中に肩甲骨を内転しないようにしよう。
負荷を増やすなら、腕を開いたところで1〜2秒静止する。

エクササイズの準備

胸と腹部をパッドに押し当てて座る。腕を肩の高さで前に伸ばして、マシ
ンのハンドルを握る。

ステップ1

息を吸い、体幹を引き締める。息を吐きながら腕を水平方向にフライす
る。肘はわずかに曲げたまま、腕は床と平行にする。

ステップ2

息を吐きながら腕を元の位置に戻す。腕をスムーズにコントロールしなが
ら動かす。ステップ1、2を繰り返す。

ラテラルプローンレイズ

ベンチにうつぶせになっているので、腕を引くときに反対の力が
生まれ、安定性が増し、持ち上げるときにより大きな負荷がかけ
られる。負荷を増やすなら、腕を引き上げたところで1〜2秒静
止する。

エクササイズの準備

ベンチにうつぶせになり、足を床につける。足は肩幅より広く開く。腕を肩
の下に下げ、ダンベルを握る。

ステップ1

息を吸い、腹筋を引き締める。息を吐きながら腕を引き上げる。肘を曲げ
て肩甲骨を寄せるようにして、ダンベルをウエストの高さまで持ち上げる。

ステップ2

息を吸いながらダンベルを元の位置に戻す。動きをコントロールする。腕
は完全に伸びる。ステップ1、2を繰り返す。

" "

チューブローイングと
ラテラルプローンレイズは、
リアフライよりも広い可動域で
三角筋後部をトレーニングできる。

三角筋後部をターゲットにする

上背部のトレーニングのために、ケーブルやチューブを用いたローイングはよく行われている。背の上部への効果はもとより、このようなローイングは三角筋後部を集中的に鍛えるにはより効果的である。ローイングのときの腕の軌道と三角筋後部の筋線維がリアフライよりもうまく一直線に並び、三角筋後部の筋線維に引く力が直接はたらく。

チューブローイング

トレーニングチューブを使ったこのバリエーションは、三角筋後部と上背部の筋肉をターゲットにしており、フリーウエイトを必要としない。負荷を増やすなら、腕を後ろまで引いたところで1〜2秒静止する。

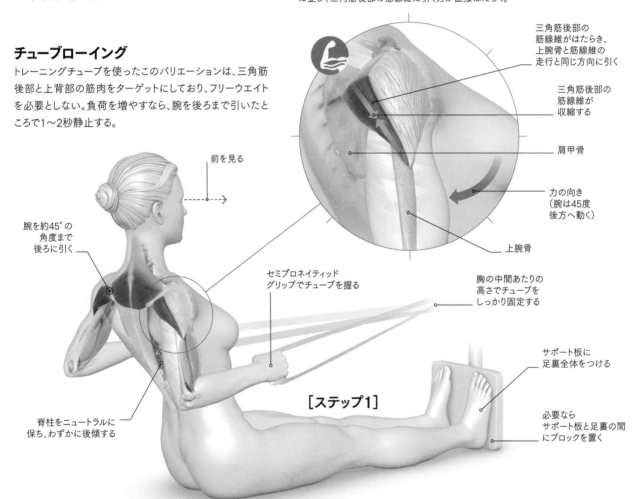

前を見る

三角筋後部の筋線維がはたらき、上腕骨と筋線維の走行と同じ方向に引く

三角筋後部の筋線維が収縮する

肩甲骨

力の向き（腕は45度後方へ動く）

上腕骨

腕を約45°の角度まで後ろに引く

セミプロネイティッドグリップでチューブを握る

胸の中間あたりの高さでチューブをしっかり固定する

サポート板に足裏全体をつける

脊柱をニュートラルに保ち、わずかに後傾する

[ステップ1]

必要ならサポート板と足裏の間にブロックを置く

エクササイズの準備

床に長座の姿勢をとり、足は安定したサポート板または壁などの面につける。上体はわずかに後傾する。トレーニングチューブの端を持ち、腕は体の前に伸ばす。

ステップ1

息を吸い、体幹を引き締める。息を吐きながらオールを漕ぐように引く。脊柱がぶれないようにして、肘が外側に向くようにして後ろに引く。

ステップ2

息を吸いながら腕を元の位置に戻す。動作中は、動きをコントロールする。ステップ1、2を繰り返す。

139

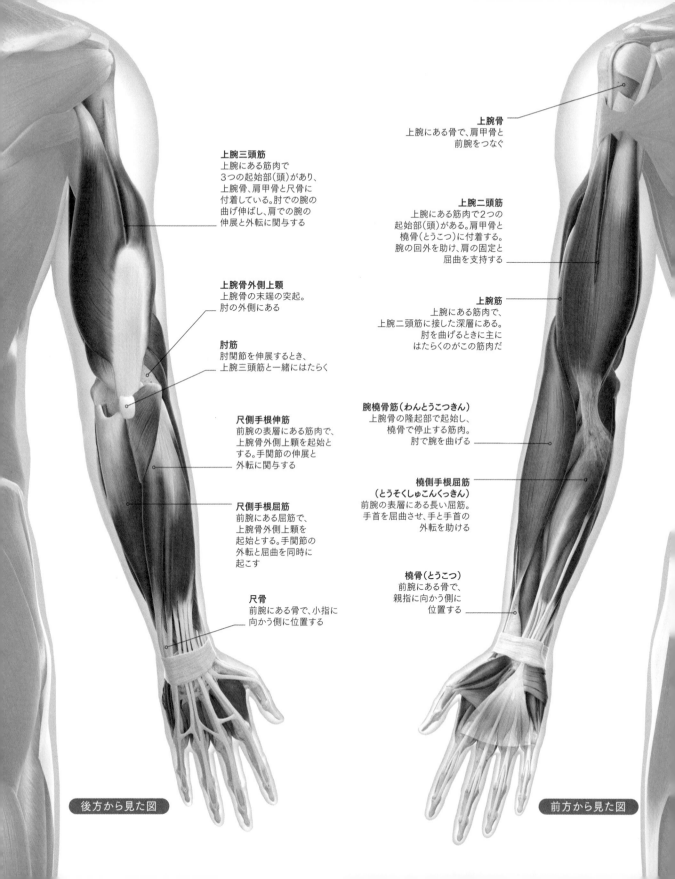

上腕三頭筋
上腕にある筋肉で
3つの起始部（頭）があり、
上腕骨、肩甲骨と尺骨に
付着している。肘での腕の
曲げ伸ばし、肩での腕の
伸展と外転に関与する

上腕骨外側上顆
上腕骨の末端の突起。
肘の外側にある

肘筋
肘関節を伸展するとき、
上腕三頭筋と一緒にはたらく

尺側手根伸筋
前腕の表層にある筋肉で、
上腕骨外側上顆を起始と
する。手関節の伸展と
外転に関与する

尺側手根屈筋
前腕にある屈筋で、
上腕骨外側上顆を
起始とする。手関節の
外転と屈曲を同時に
起こす

尺骨
前腕にある骨で、小指に
向かう側に位置する

上腕骨
上腕にある骨で、肩甲骨と
前腕をつなぐ

上腕二頭筋
上腕にある筋肉で2つの
起始部（頭）がある。肩甲骨と
橈骨（とうこつ）に付着する。
腕の回外を助け、肩の固定と
屈曲を支持する

上腕筋
上腕にある筋肉で、
上腕二頭筋に接した深層にある。
肘を曲げるときに主に
はたらくのがこの筋肉だ

腕橈骨筋（わんとうこつきん）
上腕骨の隆起部で起始し、
橈骨で停止する筋肉。
肘で腕を曲げる

橈側手根屈筋
（とうそくしゅこんくっきん）
前腕の表層にある長い屈筋。
手首を屈曲させ、手と手首の
外転を助ける

橈骨（とうこつ）
前腕にある骨で、
親指に向かう側に
位置する

後方から見た図

前方から見た図

腕のエクササイズ

腕の動きの主要な役割を果たしている筋肉は、
上腕の前方に位置する上腕二頭筋、上腕の後方に位置する上腕三頭筋、
そして前腕の筋肉群です。前腕の筋肉群はウエイトを握るのを助け、
握り方をコントロールできるようにします。

上腕二頭筋と上腕三頭筋は前腕と上腕骨と肩甲骨に付着します。上腕二頭筋は肘での屈曲と回外を助け、肩の固定を支持（肩の姿勢と位置を維持）します。エクササイズ中に動いていないときでも、肘と肩の安定に寄与します。上腕三頭筋は肘の伸展を助け、プレス運動中の胸と肩の支持に大きな役割を果たします。

その他の肘屈筋群、すなわち上腕筋や腕橈骨筋などは上腕二頭筋を助け、広い可動域によって肘の屈曲運動を調整します。

● **屈曲と伸展をベースにしたエクササイズをするときは**、肘と肩の位置や姿勢を維持するように心がけましょう。そうすることによって、ターゲットとなる筋肉にかかる張力が高まると同時に肘関節や肩関節へのストレスを低減できます。

> 脚の筋力と同じく、腕の筋力が強ければ、高い負荷を
> かけたエクササイズが容易になります。

ダンベル・バイセップスカール

座って安全に行うエクササイズですが、上腕二頭筋以外の肘の屈筋群に大きな負荷をかけられます。脚、体幹、腕の筋肉を同時に鍛えることができます。バーベルではなく、ダンベルを使えば、個人の骨格による動きに合わせたエクササイズが可能になります。また、144～145ページに示すとおり、ケーブルやレジスタンスバンドを使ったエクササイズもできます。

エクササイズの特徴

ダンベルカールといえば従来、肘を曲げてダンベルを上げ下げするものです。背もたれを調節できるインクラインベンチまたは椅子に座って行うダンベルカールは、立って行うよりも可動域が広く、この部位の筋肉のみを鍛えられます。手首、肘、肩に違和感があるときは、144～145ページのケーブルまたはレジスタンスバンドを使ったバリエーションをやってみましょう。

初心者は8～10レップス×4セット行うとよいでしょう。144～145ページのバリエーションも取り入れてみましょう。また、目的に応じたトレーニングプログラムは201～214ページを参照してください。

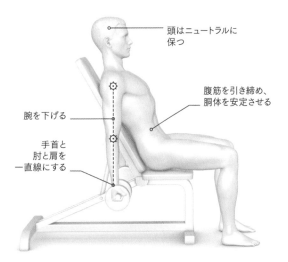

頭はニュートラルに保つ

腹筋を引き締め、胴体を安定させる

腕を下げる

手首と肘と肩を一直線にする

エクササイズの準備

インクラインベンチに座り、背もたれに背中を預ける。足を肩幅に開き、足裏全体を床につける。ダンベルを通常のオーバーハンドグリップで握り、腕を下げる。手首の位置は上腕に合わせて決める。

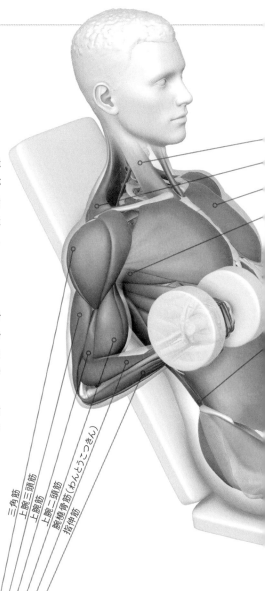

三角筋
上腕二頭筋
上腕二頭筋
腕橈骨筋（わんとうこつきん）
指伸筋

腕

肘を曲げるときにはたらく**上腕二頭筋**を鍛えるのが、このようなアームカールだ。肩の位置を一定に維持して、肘の曲げ伸ばしに意識を集中しよう。ダンベルを引き上げたときに前腕が上腕二頭筋に接近するイメージで行うとよい。このエクササイズは上腕二頭筋の筋肉量増加と筋力向上に役立ち、これによって他のエクササイズにも効果があらわれる。

胸鎖乳突筋
僧帽筋
大胸筋
前鋸筋（ぜんきょきん）
広背筋
腹横筋

上半身

胴体と背中の筋肉は上半身を支え、安定させる。**上背部の筋肉**の緊張を維持して、頭をニュートラルに保ち、肩が前に出ないようにしよう。エクササイズ中は腹筋を引き締めて、背中がベンチから離れないようにする。

斜め前方から見た図

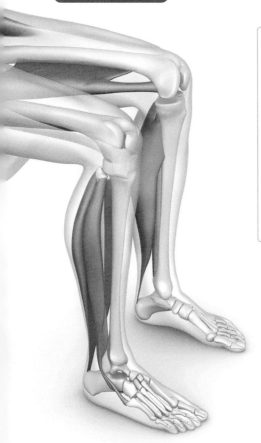

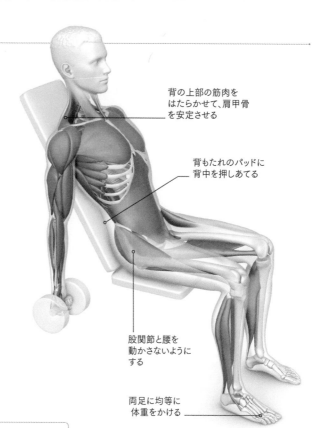

背の上部の筋肉をはたらかせて、肩甲骨を安定させる

背もたれのパッドに背中を押しあてる

股関節と腰を動かさないようにする

両足に均等に体重をかける

図中の記号と色の意味

●-- 関節

○— 筋肉

● 緊張を維持しながら短縮

● 緊張を維持しながら伸張

● 緊張させず伸張

● 動かさず保つ

ステップ2

体幹を緊張させつつ、肘を動かさないようにして、息を吸いながらダンベルをスタートポジションに戻す。このとき上腕二頭筋でダンベルの重さに抵抗する。呼吸を整え、ステップ1、2を繰り返す。

ステップ1

息を吸って腹筋を引き締め、体幹を安定させる。息を吐きながら肘を曲げ、ダンベルを肩の方へ引き上げる。このとき、肩は静止したままにする。足裏全体を床につけ、股関節や胴体を動かさないようにする。

！ よくある不適切な動作

肩や腰や股関節が不安定だと反動がつき、三角筋の前部などの他の筋肉も使ってダンベルを動かすことになる。そのため、筋肉を安定させることが重要になる。最初から重いダンベルでやろうとせず、軽いもので始めて、動きを習得してから徐々に負荷を増やそう。

》》 バリエーション

バイセップスカールはさまざまな用具を使って行うことが可能です。エクササイズ中は上背部の筋肉を引き締めることで肩が丸くならないようにし、怪我を予防します。また、こうすることによって、動作中に上腕二頭筋と肘の屈筋群がより強く緊張します。

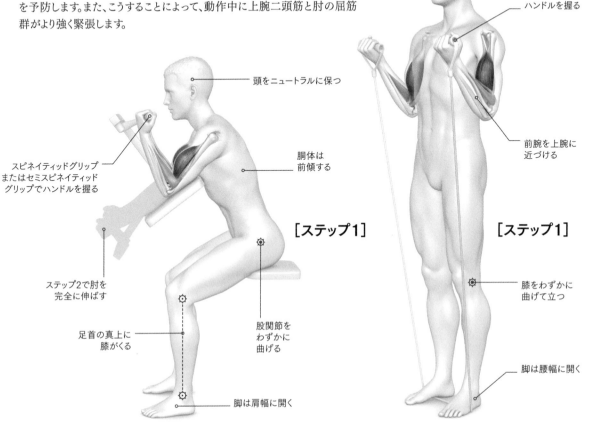

頭をニュートラルに保つ

スピネイティッドグリップで
ハンドルを握る

スピネイティッドグリップ
またはセミスピネイティッド
グリップでハンドルを握る

胴体は
前傾する

前腕を上腕に
近づける

[ステップ1]

[ステップ1]

ステップ2で肘を
完全に伸ばす

膝をわずかに
曲げて立つ

足首の真上に
膝がくる

股関節を
わずかに
曲げる

脚は肩幅に開く

脚は腰幅に開く

マシン・バイセップスカール

マシンを利用するこのバリエーションは、腕の軌道を固定できるので、バイセップスカールの動きを練習するのによい方法だ。このエクササイズは、単独で行ってもトレーニングプログラムに組み入れても高い効果が得られる。

エクササイズの準備

わずかに前傾して座り、パッドに腕を置き、ハンドルを握る(パッドの角度や脚の曲げ方はマシンによって異なる)。

ステップ1

息を吸い、体幹を引き締める。息を吐きながら、上腕でパッドを下向きに押すようにしてハンドルを引き寄せる。肩が丸くならないように注意する。

ステップ2

息を吸いながら腕を下げ、肘を完全に伸ばす。エクササイズ中は体幹を引き締め、脊柱をニュートラルに保つ。ステップ1、2を繰り返す。

バンドカール

レジスタンスバンドを利用するこのエクササイズは、ウエイトを使ったトレーニングをしていて関節に違和感があるときの代替法だ。バンドを使えば、エクササイズ中の動きがスムーズかつ均一になるだろう。

エクササイズの準備

バンドの中間点を足で押さえ、まっすぐ立つ。腰の前に腕を下ろし、ハンドルを握る。

ステップ1

息を吸い、体幹を引き締める。息を吐きながら肘を曲げてハンドルを引き上げる。上背部を緊張させておくと、肩が前に丸まらない。

ステップ2

息を吸い、コントロールしつつ腕を下げ、スタートポジション(腰の前)に戻す。ステップ1、2を繰り返す。

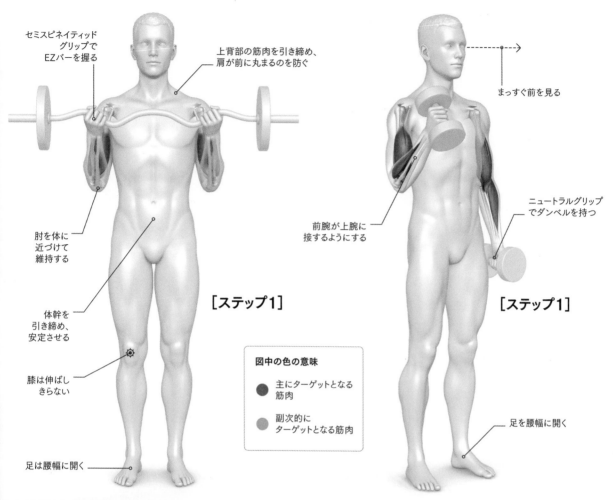

セミスピネイティッド
グリップで
EZバーを握る

上背部の筋肉を引き締め、
肩が前に丸まるのを防ぐ

まっすぐ前を見る

肘を体に
近づけて
維持する

前腕が上腕に
接するようにする

ニュートラルグリップ
でダンベルを持つ

[ステップ1]

[ステップ1]

体幹を
引き締め、
安定させる

膝は伸ばし
きらない

図中の色の意味

● 主にターゲットとなる
　筋肉

● 副次的に
　ターゲットとなる筋肉

足を腰幅に開く

足は腰幅に開く

EZバー・バイセップスカール

EZバーはバーベルの一種で、波形をしており、バイセップスカールをしているときに手首にかかる負担を軽減するように設計されている。もちろん、ふつうのバーベルを使ってもよい。負荷を増やすなら、腕を引き上げたところで1〜2秒維持する。

エクササイズの準備

体の前でEZバーを持つ。肘を完全に伸ばす。セミスピネイティッドグリップでEZバーを握る。まっすぐなバーベルを使う場合はスピネイティッドグリップで握る。

ステップ1

息を吸い、体幹を引き締める。息を吐きながら肘を曲げる。肘は動かさず、体から離れないようにする。

ステップ2

息を吸い、体を引き締めたまま腕を下げ、スタートポジションに戻す。ステップ1、2を繰り返す。

ハンマーカール

このバリエーションは、上腕筋や腕橈骨筋などの肘の屈筋にも負荷をかけられるという利点がある。ダンベルを両方同時に引き上げてもよいし、上図のように交互に行ってもよい。負荷を増やすなら、引き上げたところで1〜2秒維持する。

エクササイズの準備

左右の手にダンベルを持つ。腕を両脇に下げ、まっすぐに立つ。手首はニュートラルにする。

ステップ1

息を吸い、体幹を引き締める。息を吐きながらできる限り深く肘を曲げてダンベルを上まで引き上げる（両腕または片腕ずつ）。

ステップ2

息を吸い、腕を下げる。左右の腕を交互に動かすときは、同じように動かすよう注意して、ステップ1、2を繰り返す。

ダンベル・トライセップス エクステンション

「スカルクラッシャー」とも呼ばれるこのエクササイズは、上腕三頭筋の筋肉量増加と筋力強化にはたらくので、他のエクササイズにも役立ちます。ベンチでも床でもできます。必要な用具はダンベルだけです。

エクササイズの特徴

ウエイトを頭上に上げ下げするために肘を曲げ伸ばしする間、体幹と脚はしっかりと動かさないようにします。ウエイトが体の上方にくるので、オーバーハンドグリップで握るのが一番安全です。関節に違和感があるときは、148ページに示すような、ケーブルやレジスタンスバンドを使う方法でやってみましょう。

初心者は8〜10レップス×4セット行うとよいでしょう。148〜149ページのバリエーションも取り入れてみましょう。また、目的に応じたトレーニングプログラムについては、201〜214ページを参照してください。

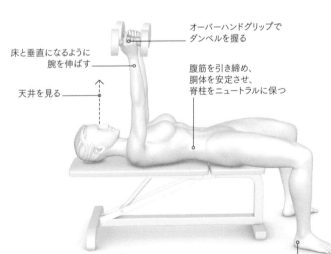

床と垂直になるように腕を伸ばす

天井を見る

オーバーハンドグリップでダンベルを握る

腹筋を引き締め、胴体を安定させ、脊柱をニュートラルに保つ

動作全体で、上腕の位置は動かさないように保つ

耳の高さまたはベンチ上面までダンベルを下げる

指伸筋

浅指屈筋

腕橈骨筋（わんとうこつきん）

上腕三頭筋

上腕二頭筋

大胸筋

脊柱

腹横筋

エクササイズの準備

臀部（でんぶ）と頭をベンチにつけて仰向けになる。足を腰幅に開いて足裏を床につける。ベンチを使わずに床で仰向けになるときは、膝を曲げて体を安定させる。ダンベルをまず腰の上で持ち、肩の真上にあげる。

足裏全体に均等に体重をかける

上半身と腕

このエクササイズでは、**上腕三頭筋**に負荷がかかる。**肩と胴体の筋肉**は肩関節と上半身全体の安定を助け、**前腕**の筋肉は重量を支える手を補助する。肩の位置を動かさずに、肘を支点にして腕を曲げ伸ばしするイメージだ。

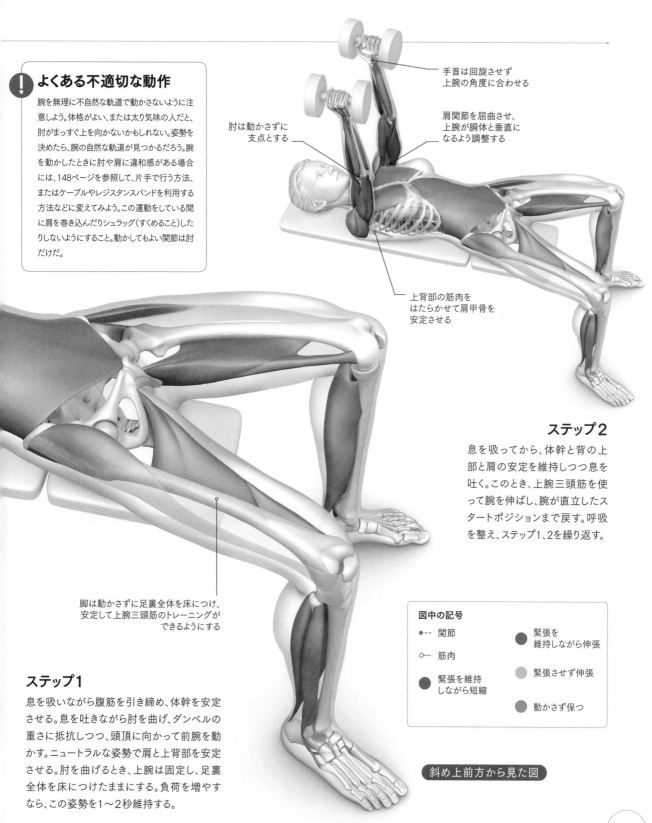

よくある不適切な動作

腕を無理に不自然な軌道で動かさないように注意しよう。体格がよい、または太り気味の人だと、肘がまっすぐ上を向かないかもしれない。姿勢を決めたら、腕の自然な軌道が見つかるだろう。腕を動かしたときに肘や肩に違和感がある場合には、148ページを参照して、片手で行う方法、またはケーブルやレジスタンスバンドを利用する方法などに変えてみよう。この運動をしている間に肩を巻き込んだりシュラッグ（すくめること）したりしないようにすること。動かしてもよい関節は肘だけだ。

手首は回旋させず
上腕の角度に合わせる

肘は動かさずに
支点とする

肩関節を屈曲させ、
上腕が胴体と垂直に
なるよう調整する

上背部の筋肉を
はたらかせて肩甲骨を
安定させる

ステップ2

息を吸ってから、体幹と背の上部と肩の安定を維持しつつ息を吐く。このとき、上腕三頭筋を使って腕を伸ばし、腕が直立したスタートポジションまで戻す。呼吸を整え、ステップ1、2を繰り返す。

脚は動かさずに足裏全体を床につけ、
安定して上腕三頭筋のトレーニングが
できるようにする

図中の記号

- ●-- 関節
- ○- 筋肉
- ● 緊張を維持
  しながら短縮
- ● 緊張を
  維持しながら伸張
- ● 緊張させず伸張
- ● 動かさず保つ

ステップ1

息を吸いながら腹筋を引き締め、体幹を安定させる。息を吐きながら肘を曲げ、ダンベルの重さに抵抗しつつ、頭頂に向かって前腕を動かす。ニュートラルな姿勢で肩と上背部を安定させる。肘を曲げるとき、上腕は固定し、足裏全体を床につけたままにする。負荷を増やすなら、この姿勢を1〜2秒維持する。

斜め上前方から見た図

147

≫ バリエーション

トライセップスエクステンションが初めてなら、ここに示すバリエーションをやってみるとよいでしょう。ずいぶん違っているように見えますが、いずれも上腕三頭筋をターゲットにしたエクササイズです。片方ずつのエクササイズでは、左右で同じ回数行いましょう。

図中の色の意味
● 主にターゲットとなる筋肉
● 副次的にターゲットとなる筋肉

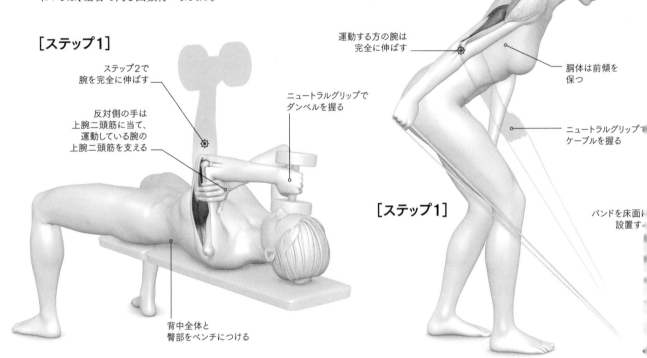

[ステップ1]

ステップ2で腕を完全に伸ばす

反対側の手は上腕二頭筋に当て、運動している腕の上腕二頭筋を支える

ニュートラルグリップでダンベルを握る

背中全体と臀部をベンチにつける

エクササイズ中は頭をニュートラルに保つ

運動する方の腕は完全に伸ばす

胴体は前傾を保つ

ニュートラルグリップでケーブルを握る

[ステップ1]

バンドを床面に設置す

ユニラテラルクロスボディ・トライセップスエクステンション

肘に違和感を感じたことがあるなら、片腕ずつのトライセップスエクステンションをする方が行いやすいだろう。このバリエーションは、他にもいろいろな人に効果がある。

エクササイズの準備

脚を外転させてベンチに仰向けになり、足裏全体を床につける。片方の腕でダンベルを持ち、肘を伸ばす。もう一方の手で支える。

ステップ1

息を吸い、体幹を引き締める。息を吐きながら肘を支点にして腕を曲げる。ダンベルは反対側の頬に近づける。

ステップ2

息を吸いながら腕をスタートポジションに戻す。ステップ1、2を繰り返したら、反対側の腕で行う。

バンド・トライセップスエクステンション

このエクササイズは1回で片側のトレーニングをするので、「トライセップス・キックバック」とも呼ばれる。まず、肩の位置を決めて固定し、それから腕を後ろに引くことに集中しよう。

エクササイズの準備

足を腰幅かつ前後に開いて立ち、膝には力を入れ過ぎないようにする。股関節から折り曲げ、上体を約135°に前傾する。肘を固定してバンドを握る。

ステップ1

息を吸い、体幹を引き締める。息を吐きながら腕を完全に伸ばす。上背部はある程度の緊張を維持して肩が丸くならないようにする。

ステップ2

息を吸いながら腕をスタートポジションに戻す。このとき、動きをコントロールする。ステップ1、2を繰り返したら、反対側の手で行う（前後の足も交代すること）。

❝❞

解剖学の面から上腕三頭筋の理解が進むと、筋頭の異なる3つの筋肉のうちのどれにエクササイズが効いているかがよくわかるようになる。

トライセップス・プッシュアップ
ここに示すプッシュアップは、手の位置と腕の軌道を調節したバリエーションで、胸と上腕三頭筋と肩を鍛えられる。仰向けで行うトライセップスエクステンションの代わりになる自重トレーニングで、体には同じような負荷がかかる。

エクササイズの準備
26ページのようなプランクポジションをとる。腕は前方に伸ばし手が肩幅と同じか少し内側にくるようにする。肘はわずかに曲げておく。

ステップ1
体幹を引き締める。息を吸いながら腕を曲げて体を低くして床に近づける。このとき、腕は胸郭に向かって搾るように動かす。

ステップ2
息を吐きながら腕をほぼ完全に伸ばして体を上げ、スタートポジションに戻る。ステップ1、2を繰り返す。

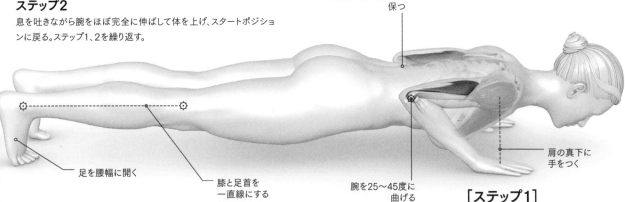

エクササイズ中は脊柱をニュートラルに保つ

足を腰幅に開く

膝と足首を一直線にする

腕を25〜45度に曲げる

肩の真下に手をつく

[ステップ1]

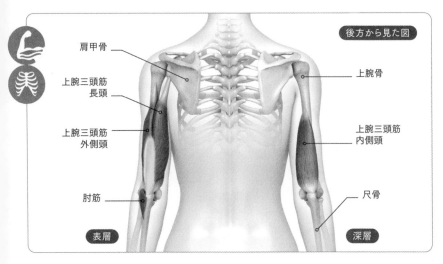

後方から見た図

肩甲骨

上腕三頭筋長頭

上腕三頭筋外側頭

肘筋

上腕骨

上腕三頭筋内側頭

尺骨

表層

深層

上腕三頭筋の特徴
上腕三頭筋は3つの頭（起始部）を持つユニークな筋肉だ。外側頭と内側頭は上腕骨腹部から起始し、肘で停止する。また、長頭は肩甲骨から起始する。エクササイズによっては、同時に3つを鍛えられるものもあれば、1つまたは2つだけを鍛えるものもある。肩の姿勢を変えれば、外側頭と内側頭に影響することなく長頭のみに負荷をかけることが可能だ。上腕三頭筋の解剖学や、どの頭がどこから起始するか、そしてそれぞれの筋線維が抵抗の方向とどのように一致しているかがわかれば、あるエクササイズが他よりも優れている理由が理解できるだろう。3つを同時に鍛えられるエクササイズの一例はケーブルプレスダウンだ（→P153）。

149

ロープ・トライセップス・プッシュダウン

このプッシュダウンがターゲットとするのは上腕三頭筋で、この筋肉は上腕の後側にあります。ここでは、アタッチメントとしてロープをセットしたケーブルマシンを利用したエクササイズを紹介します。バーベルやロープを使って固定されたアタッチメントではなく〈ロープを使うこと〉により、個々の骨格や可動域の制限に合わせたエクササイズが可能になります。

エクササイズの特徴

正しい姿勢を維持することと、肘を支点にして腕のみを動かすことはともに垂直方向への押し下げ運動に不可欠です。ウェイトをセットして、先端が2つに分かれたロープをケーブルマシンに固定し、ケーブルプーリーを高い位置に調整します。関節に違和感を感じたことがある人は、152～153ページに示すような、ケーブルを使った別のバリエーションやレジスタンスバンドを使う方法でやってみましょう。

初心者は8～10レップス×4セット行うとよいでしょう。152～153ページのバリエーションも取り入れてみましょう。また、目的に応じたトレーニングプログラムは201～214ページを参照してください。

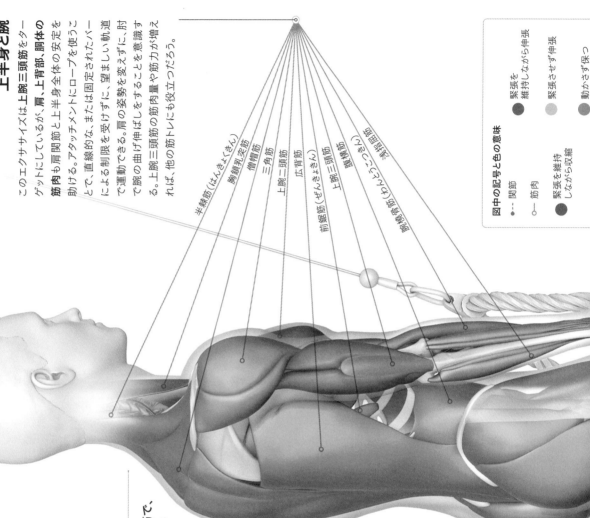

上半身と腕

このエクササイズは上腕三頭筋をターゲットにしているが、肩、上背部、胴体の筋肉も肩関節と上半身全体の安定を助ける。アタッチメントにロープを使うことで、直線的な、または固定されたバーによる制限を受けずに、望ましい軌道で運動できる。肩の姿勢を変えずに、肘で腕の曲げ伸ばしをすることを意識する。上腕三頭筋の筋肉量や筋力が増えれば、他の筋トレにも役立つだろう。

半棘筋（はんきょくきん）
胸鎖乳突筋
僧帽筋
三角筋
上腕三頭筋
広背筋
前鋸筋（ぜんきょきん）
上腕三頭筋
腹横筋
（ふくおうきん）
烏口腕筋（うこうわんきん）
肘筋周囲筋

図中の記号と色の意味

●--- 関節
○ 筋肉
● 緊張を維持しながら収縮
緊張を維持しながら伸張
緊張させながら伸張
動かさず保つ

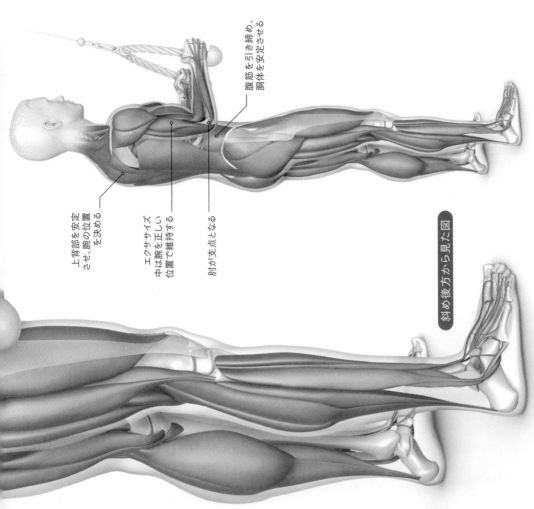

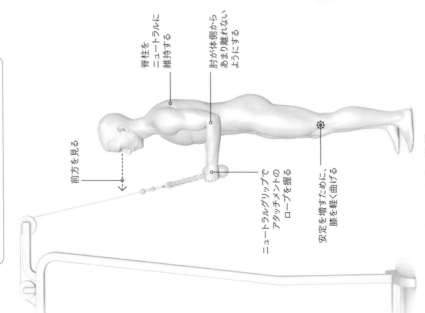

よくある不適切な動作

体が前傾しすぎてケーブルを垂直に垂らしたラインを超えると、フォームが悪くなり、上腕三頭筋を集中的に鍛えられない。ケーブルに近づきすぎないようにして、まっすぐ立とう。アタッチメントのロープが垂直方向のみに上下運動するように動かし、前後に動かさないようにする。

上背部を安定させ、肩の関節の位置を決める

エクササイズ中は腕を正しい位置で維持する

肘が支点となる

腹筋を引き締め、胴体を安定させる

斜め後方から見た図

ステップ2

体幹、上背部、肩の安定を維持して、息を吸いながら上腕三頭筋に抵抗しつつロープからかかる負荷に抵抗しつつ、元の姿勢に戻る。呼吸を整え、ステップ1、2を繰り返す。

ステップ1

息を吸って腹筋を引き締める。息を吐きながら肘を伸ばし、三頭筋を使ってロープを押し下げる。ロープを下げ切ったときに肩が丸くならないようにする。負荷を増やすなら、上図の姿勢を1～2秒維持する。

エクササイズの準備

マシンをセットアップして、ロープの下端を握る。マシンから1歩か2歩下がって、足を腰幅に開いてまっすぐ立つ。上背部を緊張させて、安定させる。腕は65～75°に曲げる。

脊柱をニュートラルに維持する

肘が体側からあまり離れないようにする

前方を見る

ニュートラルグリップでアタッチメントのロープを握る

安定を増すために、膝を軽く曲げる

》 バリエーション

これらの各動作を行う間、肩の位置を正しくして丸くならないようにすることが重要です。ここに示すバリエーションは上腕三頭筋をターゲットにしていますが、ロープで行うプレスダウンをしていて何らかの違和感があるときに、よい代替となります。

バンデッド・トライセップスエクステンション

マシンを使えないときは、レジスタンスバンドを使ったこのバリエーションがよいだろう。バンドを肩の上まで引き上げることによって、腕の軌道に正確に沿った負荷がかかる。

66 99

エクササイズ中に
抵抗(ケーブル、バンドなど)の
軌道を腕の軌道に合わせると、
関節を痛めるリスクが
低減する。

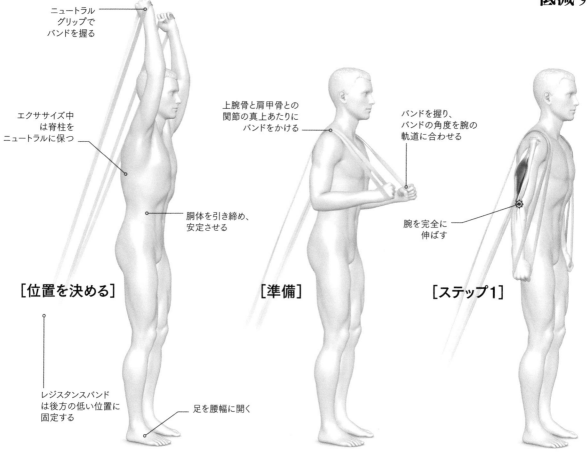

ニュートラル
グリップで
バンドを握る

エクササイズ中
は脊柱を
ニュートラルに保つ

上腕骨と肩甲骨との
関節の真上あたりに
バンドをかける

バンドを握り、
バンドの角度を腕の
軌道に合わせる

胴体を引き締め、
安定させる

腕を完全に
伸ばす

[位置を決める]

[準備]

[ステップ1]

レジスタンスバンド
は後方の低い位置に
固定する

足を腰幅に開く

位置を決める
レジスタンスバンドを後方の低い位置に固定する。バンドの固定位置に背を向けて膝は完全に伸ばさない状態で立つ。左右それぞれの手にバンドを持ち、腕を高く上げる。

エクササイズの準備
上に伸ばした腕を前に下げ、バンドを肩にかける。肘を曲げ、手が体の前にくるようにする。

ステップ1
息を吸い、腹筋を引き締める。息を吐きながら肘を完全に伸ばす。このとき、肩は後ろに引き、上腕が胴体に沿うようにする。

ステップ2
息を吸いながら腕をスタートポジションに戻す。バンドの短縮をコントロールしながら肘を曲げる。ステップ1、2を繰り返す。

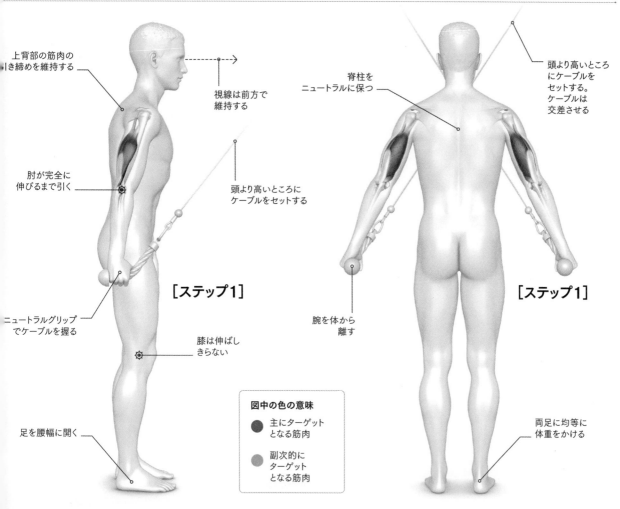

上背部の筋肉の引き締めを維持する

視線は前方で維持する

頭より高いところにケーブルをセットする。ケーブルは交差させる

脊柱をニュートラルに保つ

肘が完全に伸びるまで引く

頭より高いところにケーブルをセットする

ニュートラルグリップでケーブルを握る

[ステップ1]

膝は伸ばしきらない

腕を体から離す

[ステップ1]

足を腰幅に開く

両足に均等に体重をかける

図中の色の意味

● 主にターゲットとなる筋肉

● 副次的にターゲットとなる筋肉

ケーブルユニラテラル・トライセップスプレスダウン

このバリエーションで必要になるのはケーブル1本のみで、片腕ずつ鍛える。肩が正しい姿勢を維持していることを確認してから、腕を伸ばそう。

エクササイズの準備

まっすぐ立ってから、股関節をわずかに屈曲させ、上半身をマシンに近づける。腕を曲げ、ニュートラルグリップでケーブルを握る。

ステップ1

息を吸い、体幹を引き締める。息を吐きながら腕を完全に伸ばす。腕の軌道はケーブルからの抵抗と一致させる。

ステップ2

息を吸いながら動きをコントロールしつつ腕をスタートポジションに戻す。ステップ1、2を繰り返したら、反対側も行う。

クロスケーブル・トライセップスプレスダウン

ケーブルを2本使うバリエーションで、同時に両腕の上腕三頭筋を鍛える。上背部の緊張を保ち、肩が丸くなるのを防げる。

エクササイズの準備

足を腰幅に開いてまっすぐ立ってから、股関節をわずかに屈曲させる。腕を曲げ、左右の手をニュートラルグリップにしてケーブルを握る。

ステップ1

息を吸い、体幹を引き締める。息を吐きながら腕を下方に伸ばす。腕の軌道はケーブルからの抵抗と一致させる。

ステップ2

息を吸いながらスムーズかつ一定の速度で腕をスタートポジションに戻す。ステップ1、2を繰り返す。

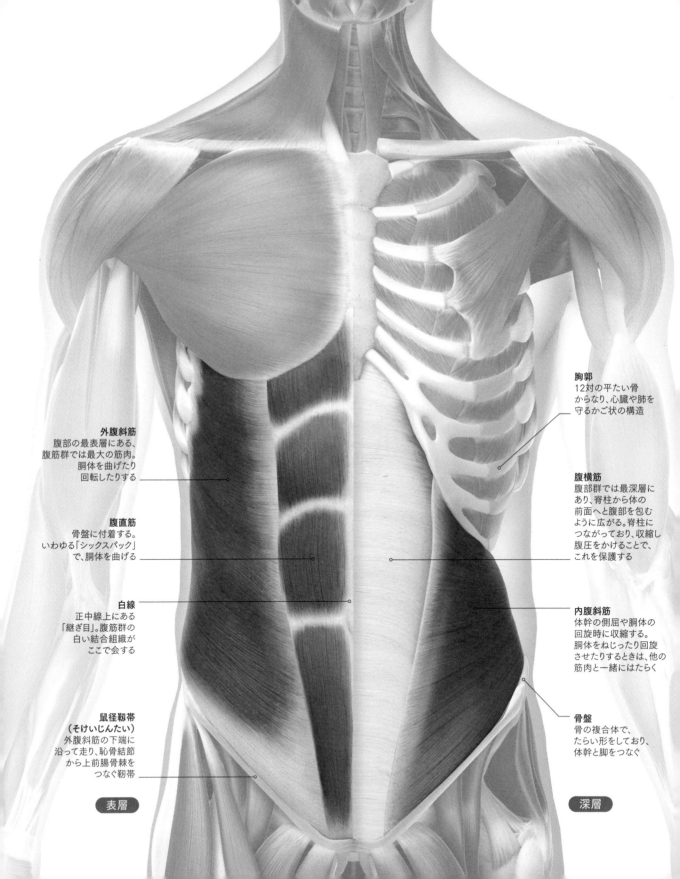

胸郭
12対の平たい骨
からなり、心臓や肺を
守るかご状の構造

外腹斜筋
腹部の最表層にある、
腹筋群では最大の筋肉。
胴体を曲げたり
回転したりする

腹横筋
腹部群では最深層に
あり、脊柱から体の
前面へと腹部を包む
ように広がる。脊柱に
つながっており、収縮し
腹圧をかけることで、
これを保護する

腹直筋
骨盤に付着する。
いわゆる「シックスパック」
で、胴体を曲げる

白線
正中線上にある
「継ぎ目」。腹筋群の
白い結合組織が
ここで会する

内腹斜筋
体幹の側屈や胴体の
回旋時に収縮する。
胴体をねじったり回旋
させたりするときは、他の
筋肉と一緒にはたらく

鼠径靭帯
（そけいじんたい）
外腹斜筋の下端に
沿って走り、恥骨結節
から上前腸骨棘を
つなぐ靭帯

骨盤
骨の複合体で、
たらい形をしており、
体幹と脚をつなぐ

表層

深層

腹部のエクササイズ

腹部の動きに主要な役割を果たしている筋肉は、
腹直筋（いわゆる「シックスパック」）、外腹斜筋、そして内腹斜筋です。
腹斜筋はいずれも胴体の両側にあります。腹横筋は最も深層にある腹筋です。

腹直筋（RA）は胸骨、および肋骨と骨盤の結合組織に付着します。外腹斜筋と内腹斜筋はどちらも肋骨と骨盤と白線に付着します。白線は腹壁の正中線にある結合組織です。腹横筋（TVA）は骨盤、肋骨、中線、腰背部の結合組織に付着します。

● **体幹を前に屈曲するときは**、腹直筋がこの動きに関わりますが、腹直筋は他の腹筋を構造的に支えるはたらきもあります。腹直筋はクランチ（腹筋運動）やハンギング・ニーレイズなどの、自重または負荷をかけたエクササイズで鍛えることができます。

● **体幹を横に屈曲する（側屈）ときは**、腹斜筋が使われます。体幹を前に屈曲したり回旋するときも腹斜筋が関わっています。また、胴体の回旋や伸展を防ぐことで、脊柱を安全に保護し、同時に胴体の安定性を高めます。

腹横筋は内部のリフティングベルトとしての機能があり、圧縮または押力により胴体を安定させ、脊柱を保護します。

これらの筋肉はいずれも呼吸をサポートし、胴体の全体的な強度と構造を支持します。

❝❞

腹筋が強いと、体幹がしっかりして、脊柱が保護され、
腰の損傷を防ぎます。

フロントプランク
ウィズ・ローテーション

マウンテンクライマーと同様に、このエクササイズも複数の筋肉に効果があります。脚、体幹、腕の筋肉を同時に鍛えることができます。また、テンポを上げれば、心肺系のワークアウトにもなります。ツイストの動きは体幹の筋肉、とくに腹斜筋を強化します。

足をわずかに開く　　体の軸を一直線にする

足指を背屈する

肘は肩の下にくるようにする

エクササイズの準備

床にうつぶせになってから、前腕で上半身を支える。臀部を上げ、頭から足首までを一直線にした姿勢をスタートポジションとする。

エクササイズの特徴

このエクササイズをするときは、臀部（でんぶ）を上げてプランクポジションをとり、左右のツイストをしているときも、体の軸を一直線に保ちます。腕、背の上部、胴体、下半身の緊張を維持し、腰を安定させて怪我を防ぎましょう。

初心者は8〜10レップス×4セット行うとよいでしょう。目的に応じたトレーニングプログラムは201〜214ページを参照してください。このエクササイズを難しすぎると感じるときは、ツイストを行わずに、プランクポジションを維持することから始めてみましょう。

図中の記号と色の意味
- ●─ 関節
- ○─ 筋肉
- ● 緊張を維持しながら短縮
- ● 緊張を維持しながら伸張
- ● 緊張させず伸張（ストレッチ）
- ● 動かさず保つ

脚

支えとなる脚の**大腿四頭筋**は引き締められたまま、体の安定を助ける。これにより、腰を起点とした膝の動きが可能になる。**股関節屈筋群**を引き締めると、膝が体を横切って動く力になる。

大腿筋膜張筋
内側広筋
外側広筋
大腿直筋
縫工筋
腸腰筋

斜め前方から見た図

⚠ よくある不適切な動作

首を前に突き出さない。視線は床に向けたまま、頭はニュートラルに保つ。肩が必ず肘の上に位置するようにしよう。

体幹と腕

膝が体を横切るように動くとき、片側の**外腹斜筋**は短縮性収縮を行い、支えとなる脚の側に胴体を回転させ、反対側では伸張性収縮を行う。**腕**と**肩**の緊張を維持し、上半身の姿勢の維持を助ける。腰背部の**脊柱起立筋**は脊柱を正中に保ち、弓なりになるのを防ぐ。

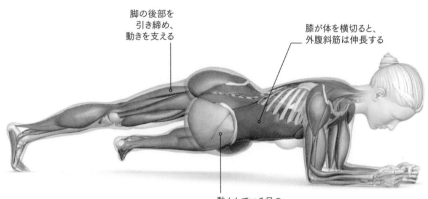

脚の後部を引き締め、動きを支える

膝が体を横切ると、外腹斜筋は伸長する

動かしている足の臀部がストレッチされる

僧帽筋
上腕二頭筋
三角筋
上腕三頭筋
脊柱起立筋
外腹斜筋
腹直筋

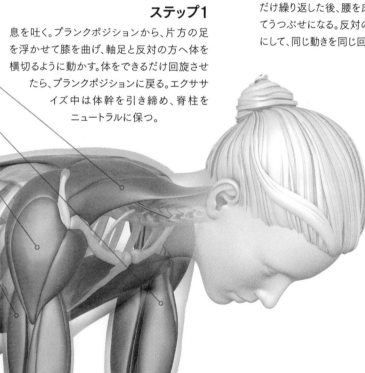

ステップ1

息を吐く。プランクポジションから、片方の足を浮かせて膝を曲げ、軸足と反対の方へ体を横切るように動かす。体をできるだけ回旋させたら、プランクポジションに戻る。エクササイズ中は体幹を引き締め、脊柱をニュートラルに保つ。

ステップ2

息を吸いながら元の姿勢に戻る。ステップ1、2を設定した回数だけ繰り返した後、腰を床につけてうつぶせになる。反対の足を軸にして、同じ動きを同じ回数行う。

サイドプランク ウィズ・ローテーション

自宅で簡単にできるエクササイズで、体幹を強化します。胴体の側部、すなわち腹斜筋を鍛えることによってウエストラインを整えます。エクササイズ中はゆっくりと呼吸し、片方が終わったら反対側で行いましょう。

エクササイズの特徴

　前項で紹介しているフロントプランク（→P156〜157）と同様に、腹筋を引き締めたまま、体の軸をまっすぐに保ちますが、ここでは片側ずつ行います。膝と胸は側方に向け、股関節からをツイストするようにします。

　初心者は8〜10レップス×4セット行うとよいでしょう。目的に応じたトレーニングプログラムは201〜214ページを参照してください。

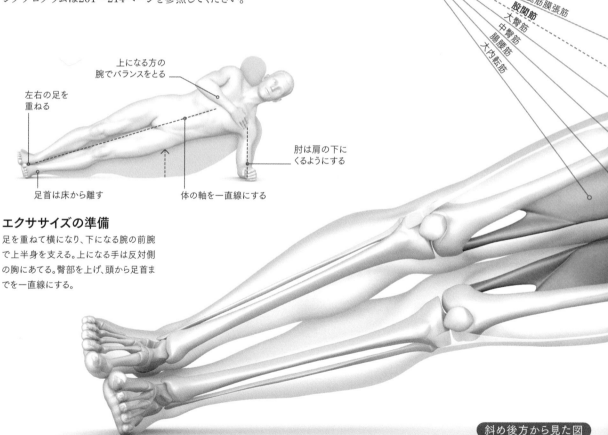

左右の足を重ねる

上になる方の腕でバランスをとる

肘は肩の下にくるようにする

足首は床から離す

体の軸を一直線にする

エクササイズの準備

足を重ねて横になり、下になる腕の前腕で上半身を支える。上になる手は反対側の胸にあてる。臀部を上げ、頭から足首までを一直線にする。

よくある不適切な動作

準備のステップで正しい姿勢をとることが不可欠だ。臀部（でんぶ）が下がっていると頭から足まで緊張させることができない。腰は常に床から離れているようにしよう。

腰

股関節屈筋群、股関節内転筋群、股関節外転筋群は下半身の姿勢を維持するようにはたらき、この動作を行う間、脊柱をニュートラルに保つのを助ける。

大腿筋膜張筋

股関節

大臀筋

中臀筋

腸腰筋

大内転筋

斜め後方から見た図

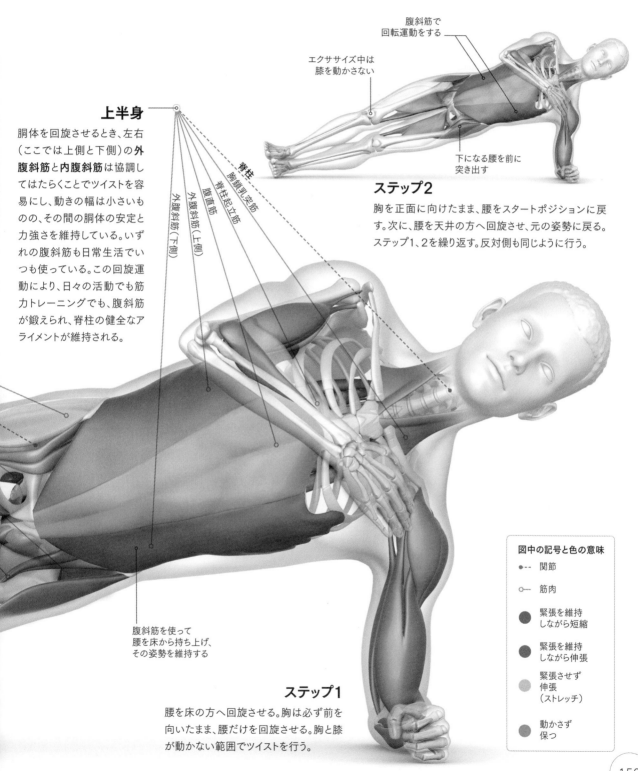

上半身

胴体を回旋させるとき、左右（ここでは上側と下側）の**外腹斜筋**と**内腹斜筋**は協調してはたらくことでツイストを容易にし、動きの幅は小さいものの、その間の胴体の安定と力強さを維持している。いずれの腹斜筋も日常生活でいつも使っている。この回旋運動により、日々の活動でも筋力トレーニングでも、腹斜筋が鍛えられ、脊柱の健全なアライメントが維持される。

腹斜筋で
回転運動をする

エクササイズ中は
膝を動かさない

下になる腰を前に
突き出す

ステップ2

胸を正面に向けたまま、腰をスタートポジションに戻す。次に、腰を天井の方へ回旋させ、元の姿勢に戻る。ステップ1、2を繰り返す。反対側も同じように行う。

脊柱

胸鎖乳突筋

脊柱起立筋

腹直筋

外腹斜筋（上側）

外腹斜筋（下側）

腹斜筋を使って
腰を床から持ち上げ、
その姿勢を維持する

ステップ1

腰を床の方へ回旋させる。胸は必ず前を向いたまま、腰だけを回旋させる。胸と膝が動かない範囲でツイストを行う。

図中の記号と色の意味

●-- 関節

○— 筋肉

● 緊張を維持
しながら短縮

● 緊張を維持
しながら伸張

● 緊張させず
伸張
（ストレッチ）

● 動かさず
保つ

トランスバース アブドミナル ボールクランチ

これは安全な体幹トレーニングで、腹横筋と腹直筋をターゲットにしています。腹横筋（しばしばTVAと略される）は深層の筋肉で、その表層側にシックスパックとも呼ばれる腹直筋があります。

エクササイズの特徴

　このアブドミナルクランチには直径55〜66cm（21.5〜26インチ）以上のバランスボールが必要で、体幹の筋肉を使って上半身を起こしたり倒したりします。動作中は、手の下で腹筋が圧縮されたり屈曲したりするのが感じられるでしょう。

　初心者は8〜10レップス×4セット行うとよいでしょう。162〜163ページのバリエーションも取り入れてみましょう。また、目的に応じたトレーニングプログラムは201〜214ページを参照してください。

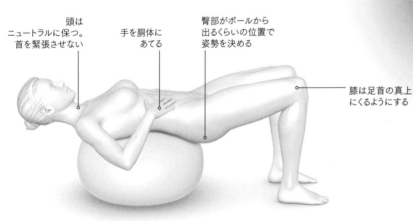

頭は
ニュートラルに保つ。首を緊張させない

手を胴体に
あてる

臀部がボールから
出るくらいの位置で姿勢を決める

膝は足首の真上にくるようにする

エクササイズの準備
ボールの上に座り、足を肩幅に開き、足裏全体を床につける。足を少しずつ前に出し、腰背部だけがボールに接しているようにする。上体を倒すと仰向けの姿勢になる。

ステップ1

息を吸って腹筋を引き締め、体幹を安定させる。息を吐きながら腹筋を使って脊柱を屈曲させ、腹筋運動（クランチ）を始める。クランチをしているときは、ウエストが「絞られている」とイメージしてみよう。腹部が完全に屈曲して息を吐き切ったら、そこが可動域の限界である。それ以上体を曲げて胴体を起こそうとしてはいけない。負荷を増やすなら可動域の限界で1秒静止する。

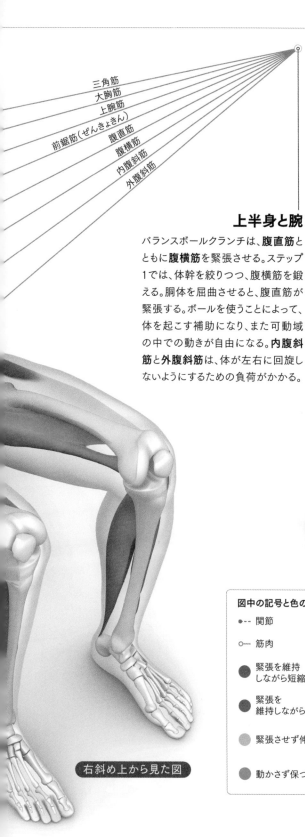

三角筋
大胸筋
上腕筋
前鋸筋（ぜんきょきん）
腹直筋
腹横筋
内腹斜筋
外腹斜筋

上半身と腕

バランスボールクランチは、**腹直筋**とともに**腹横筋**を緊張させる。ステップ1では、体幹を絞りつつ、腹横筋を鍛える。胴体を屈曲させると、腹直筋が緊張する。ボールを使うことによって、体を起こす補助になり、また可動域の中での動きが自由になる。**内腹斜筋**と**外腹斜筋**は、体が左右に回旋しないようにするための負荷がかかる。

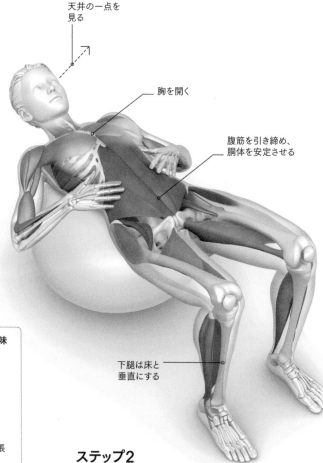

天井の一点を見る

胸を開く

腹筋を引き締め、胴体を安定させる

下腿は床と垂直にする

図中の記号と色の意味

●--- 関節

○— 筋肉

● 緊張を維持しながら短縮

● 緊張を維持しながら伸張

● 緊張させず伸張

● 動かさず保つ

右斜め上から見た図

ステップ2

体幹の安定を保ちつつ、息を吸いながら脊柱を伸展させていく。このとき、動きをコントロールしながら、体の中央部分を広げるようにしてスタートポジションに戻る。呼吸を整え、ステップ1、2を繰り返す。

≫ バリエーション

ここに示すエクササイズはいずれも腹横筋や腹直筋をはじめとする腹筋をターゲットにしています。スピードよりも、体幹の引き締めと呼吸のコントロールに意識を向けましょう。

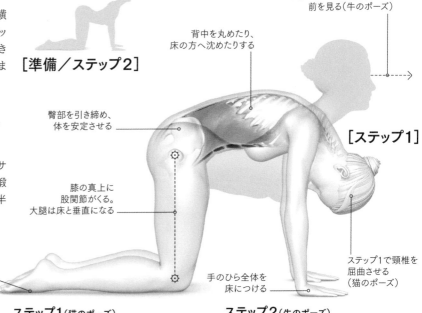

[準備／ステップ2]

ステップ2で頸椎を伸展させ、前を見る（牛のポーズ）

背中を丸めたり、床の方へ沈めたりする

臀部を引き締め、体を安定させる

膝の真上に股関節がくる。大腿は床と垂直になる

[ステップ1]

ステップ1で頸椎を屈曲させる（猫のポーズ）

足の甲を床につける

手のひら全体を床につける

キャットアンドカウ・ニーリングクランチ

「猫と牛のポーズ」といわれるこのエクササイズはヨガから着想を得たもので、腹筋が鍛えられると同時に、腕、肩、背中などの上半身の筋肉をターゲットにしている。

エクササイズの準備（牛のポーズ）
膝を床につく。このとき、足は腰幅に開き、膝が開いたり内に入らないようにする。下腿を床につける。手を肩の真下にして床につける。

ステップ1（猫のポーズ）
息を吸い、体幹を引き締める。息を吐きながら腹横筋を引き締め、ウエストを引き上げる。このとき、腹直筋を使って脊柱を屈曲させ、背中を弓なりにする。

ステップ2（牛のポーズ）
息を吸いながら背中を床に向かって沈める。脊柱起立筋と上背部の筋肉が収縮し、胸が開いて、腹筋が引き伸ばされる。ステップ1、2を繰り返す。

ステア・ザ・ポット

このエクササイズがステア・ザ・ポットと呼ばれるのは、動きが鍋（ポット）をかき回す（ステア）のに似ているからだが、体幹と股関節、下半身を連動させ、体幹と腰背部を強化し持久力を高める。

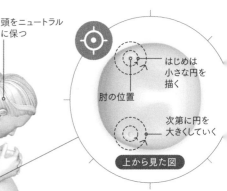

脊柱をニュートラルに維持し、上背部が丸くならないようにする

頭をニュートラルに保つ

両足に均等に体重をかける

エクササイズ中は臀部を引き締める

[ステップ1]

肘の位置

はじめは小さな円を描く

次第に円を大きくしていく

上から見た図

ゆっくりやろう

難しいエクササイズなので、まず小さい円ら始める。曲げた肘でゆっくりと円を描くような感じで行う。筋力がついてくると、大きなを描けるようになるだろう。常にフロントプンクの姿勢を維持すること。

エクササイズの準備
足を腰幅に開き、バランスボールにしっかりと前腕をついてプランクポジションをとる。肩の真下で肘をボールにつける。腹筋と臀筋を引き締め、膝を伸ばした状態に保つ。

ステップ1
呼吸をコントロールしながら、肘でボールを下向きに押すようにしながら小さい円を描く。腰は動かさない。この動きができるようになったら、大きい円を描いて、負荷を大きくしよう。

デッドバグ

ユニークな名前の（「死んだ虫」という意味）このエクササイズは、腹横筋と腹直筋を鍛える。体幹を引き締めて脊柱と骨盤をニュートラルに保ちつつ、左右の動きを調整する能力も要求される。この能力しだいで、腕と脚を伸ばせる範囲が決まる。

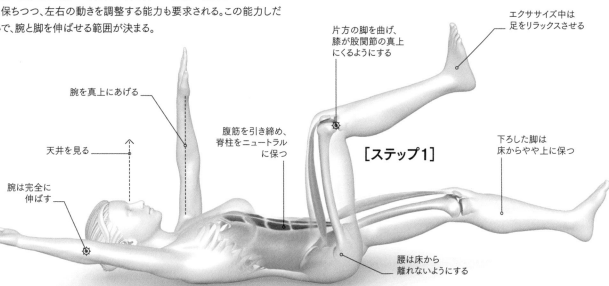

腕を真上にあげる

天井を見る

腕は完全に伸ばす

腹筋を引き締め、脊柱をニュートラルに保つ

片方の脚を曲げ、膝が股関節の真上にくるようにする

エクササイズ中は足をリラックスさせる

[ステップ1]

下ろした脚は床からやや上に保つ

腰は床から離れないようにする

図中の色の意味

● 主にターゲットとなる筋肉
● 副次的にターゲットとなる筋肉

エクササイズの準備

仰向けに寝て、両腕をまっすぐ上にあげる。両脚は股関節と膝を屈曲させる。頭はニュートラルを保ったまま、床から浮かせて維持する。

ステップ1

息を吸い、腹筋を引き締める。息を吐きながら右腕を頭上へと倒し、同時に左脚を伸ばす。腰は床から離れないようにする。

ステップ2

息を吸いながらスタートポジションに戻る。体幹を屈曲させ腹直筋を引き締める。反対側の腕と足でステップ1、2を繰り返す。

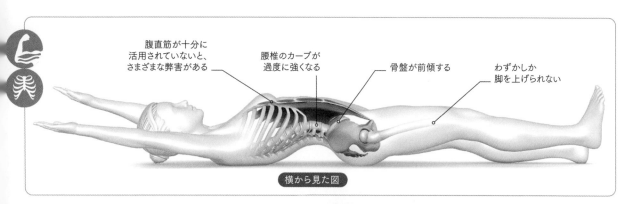

腹直筋が十分に活用されていないと、さまざまな弊害がある

腰椎のカーブが過度に強くなる

骨盤が前傾する

わずかしか脚を上げられない

横から見た図

腹筋を十分に活用できない場合に起こること

他の多くの動作にもいえることだが、骨盤の安定と脊柱の保護には腹筋の緊張が不可欠だ。上図のように、腹筋が活用されていないと脚が上がりにくく、デッドバグのステップ1の動作ができない。また、腕と脚の伸展に伴い骨盤が前傾し始めるので、骨盤が安定せず、腰を痛めるリスクが高くなる。

ハンギング・ニーレイズ

股関節と腹部をコントロールして協調させるのがこのトレーニングで、自分の体の状態がよくわかるようになります。このエクササイズは、腹直筋とともに股関節屈筋をターゲットにしています。体を引き上げるだけですが、十分な抵抗が得られます。

エクササイズの特徴

簡単そうに見えますが、このエクササイズをきちんと行うには練習が必要です。懸垂用のバーにぶらさがり、膝をできるだけ高く引き上げ、股関節と脊柱を屈曲させるために、股関節と腹部の筋肉だけを使うのです。脊柱をニュートラルにして安定させる前に、腹筋を緊張させましょう。懸垂補助ベルトで補助すれば、腹筋に集中しやすくなります。

初心者は8〜10レップス×4セット行うとよいでしょう。166〜167ページのバリエーションも取り入れてみましょう。また、目的に応じたトレーニングプログラムは201〜214ページを参照してください。

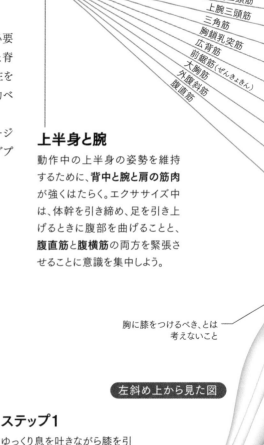

手関節
深指屈筋
浅指屈筋
腕橈骨筋（わんとうこつきん）
円回内筋
肘関節

上腕二頭筋
上腕三頭筋
三角筋
胸鎖乳突筋
広背筋
前鋸筋（ぜんきょきん）
大胸筋
外腹斜筋
腹直筋

上半身と腕

動作中の上半身の姿勢を維持するために、**背中と腕と肩の筋肉**が強くはたらく。エクササイズ中は、体幹を引き締め、足を引き上げるときに腹部を曲げることと、**腹直筋と腹横筋**の両方を緊張させることに意識を集中しよう。

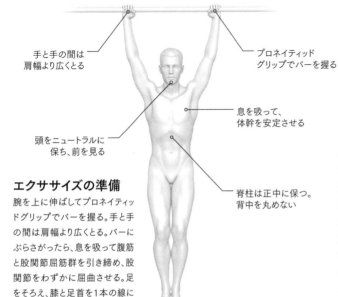

手と手の間は肩幅より広くとる

プロネイティッドグリップでバーを握る

息を吸って、体幹を安定させる

頭をニュートラルに保ち、前を見る

脊柱は正中に保つ。背中を丸めない

エクササイズの準備

腕を上に伸ばしてプロネイティッドグリップでバーを握る。手と手の間は肩幅より広くとる。バーにぶらさがったら、息を吸って腹筋と股関節屈筋群を引き締め、股関節をわずかに屈曲させる。足をそろえ、膝と足首を1本の線にする。

胸に膝をつけるべき、とは考えないこと

左斜め上から見た図

ステップ1

ゆっくり息を吐きながら膝を引き上げる。股関節が屈曲して脚が上がるとき、腹筋群が収縮し短縮する——骨盤を抱え込み、腹筋の上部に膝を近づけるようなイメージだ。体を揺らさないよう、動きをコントロールする。負荷を増やすなら、この姿勢を1〜2秒維持する。

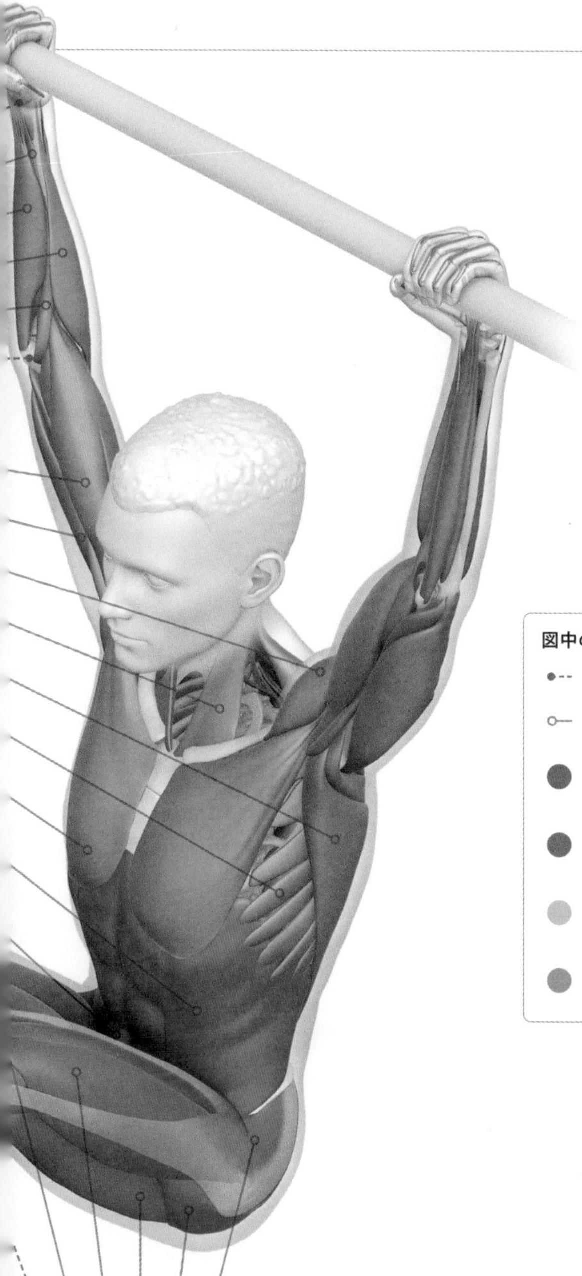
膝関節
大腿直筋
外側広筋
大腿二頭筋
大臀筋
大腿筋膜張筋

よくある不適切な動作

テンポをコントロールし続ける（呼吸と共に行う）ことが重要だ。そうすると、体が揺れなくなる。股関節だけではなく、脊柱も屈曲させることを意識すれば、骨盤が前に動き、膝が十分に上にあがる。脚を上げるときに腕で体を引き上げたくなるが、あえてそうしないよう意識する。

図中の記号と色の意味

- 関節
- 筋肉
- 緊張を維持しながら短縮
- 緊張を維持しながら伸張
- 緊張させず伸張
- 動かさず保つ

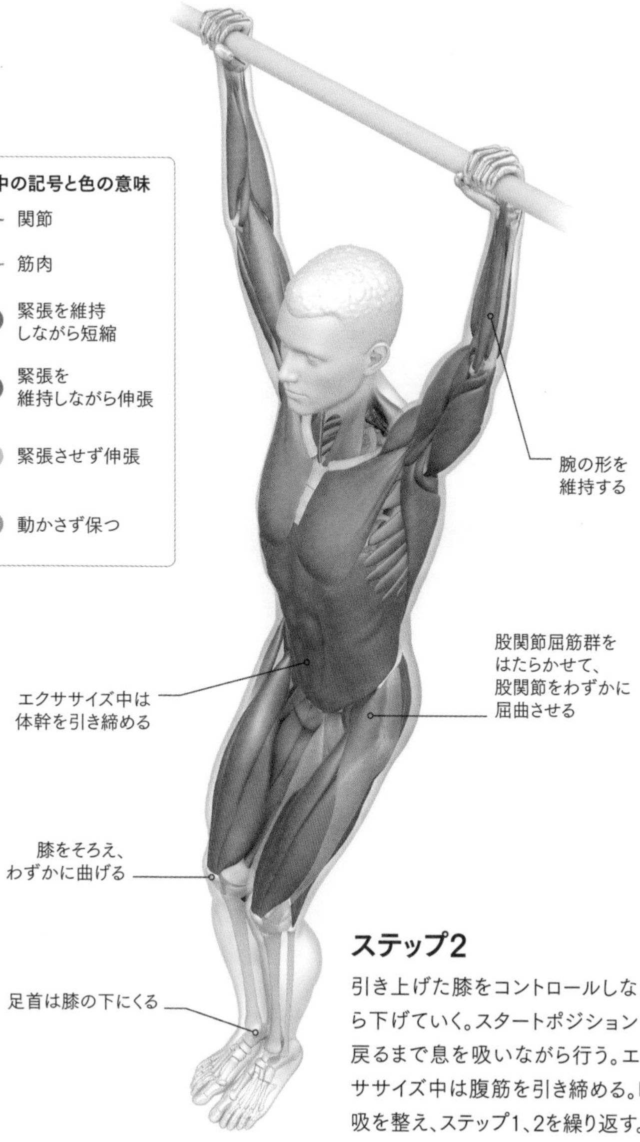
腕の形を
維持する
股関節屈筋群を
はたらかせて、
股関節をわずかに
屈曲させる
エクササイズ中は
体幹を引き締める
膝をそろえ、
わずかに曲げる
足首は膝の下にくる

脚

股関節周りの筋肉を使うことによって下半身が安定し、ふらつきや揺れが抑えられる。脚を引き上げるときに、**股関節屈筋群**が脊柱の屈曲と股関節の屈曲を1つの動きにしている。

ステップ2

引き上げた膝をコントロールしながら下げていく。スタートポジションに戻るまで息を吸いながら行う。エクササイズ中は腹筋を引き締める。呼吸を整え、ステップ1、2を繰り返す。

≫ バリエーション

これらのエクササイズは、腹筋の外から見てわかる部分に効果のある腹筋トレーニングです。エクササイズの準備からステップ1へ移る運動ばかりを重視しがちですが、これは適切ではありません。息を吐きながら、体幹を屈曲させましょう。曲げきったところまでが可動域となります。

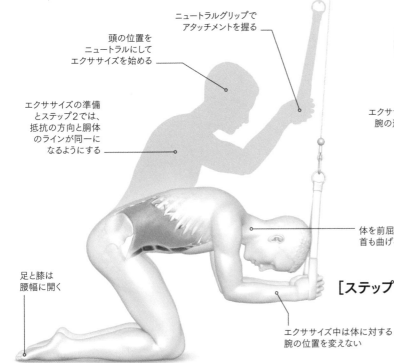

エクササイズの準備とステップ2で背筋を伸ばして立つ

首の両側でアタッチメントを握る

エクササイズ中は腕の形と位置を固定する

肘を外側に突き出し、安定させる

膝は伸ばしきらない

[ステップ1]

足を腰幅に開く

ニュートラルグリップでアタッチメントを握る

頭の位置をニュートラルにしてエクササイズを始める

エクササイズの準備とステップ2では、抵抗の方向と胴体のラインが同一になるようにする

体を前屈させるとき、首も曲げる

[ステップ1]

足と膝は腰幅に開く

エクササイズ中は体に対する腕の位置を変えない

ケーブルロープ・クランチ

このエクササイズでは、可動域の最も収縮した範囲で腹筋を強化する。胸骨と骨盤を近づけることに意識を向ける。腹筋をはたらかせている間は股関節の位置を変えないこと。負荷を増やしたいなら、ステップ1の後で、1～2秒静止する。

エクササイズの準備

ロープ、Vバー、またはストラップアタッチメントが装着されたケーブルマシンに向き合う。アタッチメントを握る。膝をついて前傾する。

ステップ1

息を吸い、体幹を引き締める。息を吐きながら腹直筋を引き締めて体幹を屈曲させる。このとき、腕の位置は固定しておく。

ステップ2

息を吸いながら上体を起こす。脊柱起立筋をしっかりと収縮させて体を「引き」上げる。腹筋群は引き伸ばされる。ステップ1、2を繰り返す。

フェーシングアウェイ・スタンディング・クランチ

このバリエーションでは、可動域内の伸展から中間の範囲で腹筋を使うことを目標とする。ここでも、胸骨と骨盤を近づける意識をもつ。負荷を増やしたいなら、ステップ1の後で、1～2秒静止する。

エクササイズの準備

ケーブルマシン、ロープ、Vバーまたはストラップアタッチメントに背を向けて立つ。アタッチメントを首の横で握る。

ステップ1

息を吸い、体幹を引き締める。息を吐きながら腹直筋と腹横筋を引き締めて体幹を屈曲させる。

ステップ2

息を吸いながらスタートポジションに戻る。脊柱起立筋を収縮させて上半身を「引き」上げると、腹筋は引き延ばされる。ステップ1、2を繰り返す。

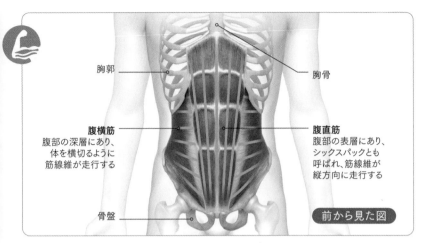

胸郭

胸骨

腹横筋
腹部の深層にあり、
体を横切るように
筋線維が走行する

腹直筋
腹部の表層にあり、
シックスパックとも
呼ばれ、筋線維が
縦方向に走行する

骨盤

前から見た図

体幹の筋肉

腹部の筋肉は脊柱と骨盤の動き、コントロール、そして支持を助ける。腹部の筋線維は表層と深層で、それぞれ異なる方向に走行する（→P170）。これにより、体幹はあらゆる運動面でかかる力に耐えながら、強度とパワーを発揮することが可能になる。これらによって、体幹の筋肉は、筋力トレーニングやスポーツ、日常生活での高度な協調を必要とする動きに、安定性と可動性を与えている。

デクラインアブドミナル・クランチ

このバリエーションは、背もたれを下方に傾けたベンチで、自重を利用して体幹を鍛える。レップのはじめに勢いをつけたくなるものだが、そうしないように気をつけて体を起こす。勢いをつけると腹筋に生じる緊張が小さくなる。

図中の色の意味

● 主にターゲット
　となる筋肉

● 副次的に
　ターゲットとなる
　筋肉

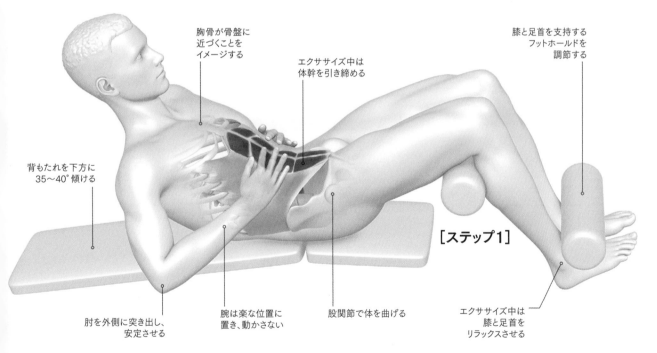

胸骨が骨盤に
近づくことを
イメージする

エクササイズ中は
体幹を引き締める

膝と足首を支持する
フットホールドを
調節する

背もたれを下方に
35〜40°傾ける

[ステップ1]

肘を外側に突き出し、
安定させる

腕は楽な位置に
置き、動かさない

股関節で体を曲げる

エクササイズ中は
膝と足首を
リラックスさせる

エクササイズの準備

背もたれを下げたベンチで姿勢を決める。膝と足首をフットホールドで固定し、両手を腹部または頭の両側に添える。

ステップ1

息を吸い、体幹を引き締める。息を吐きながら体幹を屈曲させて起き上がる。手で頭を引っ張らないようにしよう。

ステップ2

息を吸いながらスタートポジションに戻る。腹筋の緊張を維持し、伸張性収縮による動きをコントロールする。ステップ1、2を繰り返す。

ケーブルローテーショナル・オブリークツイスト

このツイスト系のエクササイズは、外腹斜筋と内腹斜筋を鍛えます。腹斜筋は胴体の両側にあり、ここに筋力と持久力がつくと、脊柱を保護したり、屈曲や回旋の動作を助けます。基本は低いところから高いところへの動きとなりますが、中間の位置で行ったり、高いところから低いところへ動かしてもよいでしょう。

エクササイズの特徴

　低いところから高いところへ回旋する動きは、体幹の筋力をアップさせ、それによって日々の動作が容易になります。ケーブルツイストは可動域が限られるため、他のエクササイズに比べて、怪我のリスクが低いのです。ウエイトをセットし、ケーブルの始点の高さをスタートポジションに調節し、片手用ハンドルを取り付けます。このようなエクササイズをしたことがないなら、負荷を軽くし体を横にひねるための調和のとれた動きにまず慣れましょう。

　初心者は8〜10レップス×4セット行うとよいでしょう。170〜171ページのバリエーションも取り入れてみましょう。また、目的に応じたトレーニングプログラムは201〜214ページを参照してください。

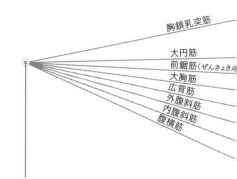

上半身

背と胴体の筋肉は、低いところから高いところへケーブルを引く動きをスムーズに、そしてコントロールして行うのを助ける。**内腹斜筋と外腹斜筋**は、片方の側からもう片方の側へ緊張が移行するときに同調的にはたらく。**腹直筋**は、片側の腹斜筋から反対側への負荷の移動を助ける。

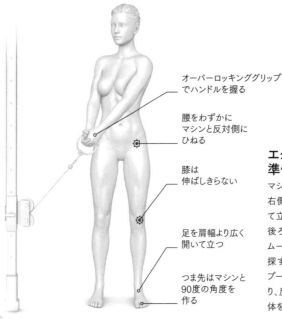

- オーバーロッキンググリップでハンドルを握る
- 腰をわずかにマシンと反対側にひねる
- 膝は伸ばしきらない
- 足を肩幅より広く開いて立つ
- つま先はマシンと90度の角度を作る

エクササイズの準備

マシンをセットアップして、体の右側をケーブルプーリーに向けて立つ。左側に足を開き、少し後ろに下がってケーブルをスムーズに動かせるよう位置を探す。ハンドルを両手で握る。プーリーに近い方の腕は曲がり、反対側の腕は体を横切り、体をわずかにひねる形になる。

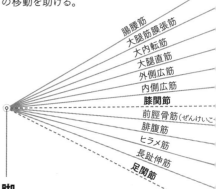

脚

下半身全体が張力を受けるので、**大腿四頭筋**、**臀筋**、**ハムストリングス**、**ふくらはぎの筋肉**を使って土台となる支持力をつくる。床につけた足で安定させることができれば、ターゲットとなる筋肉により多くの張力がかけられる。

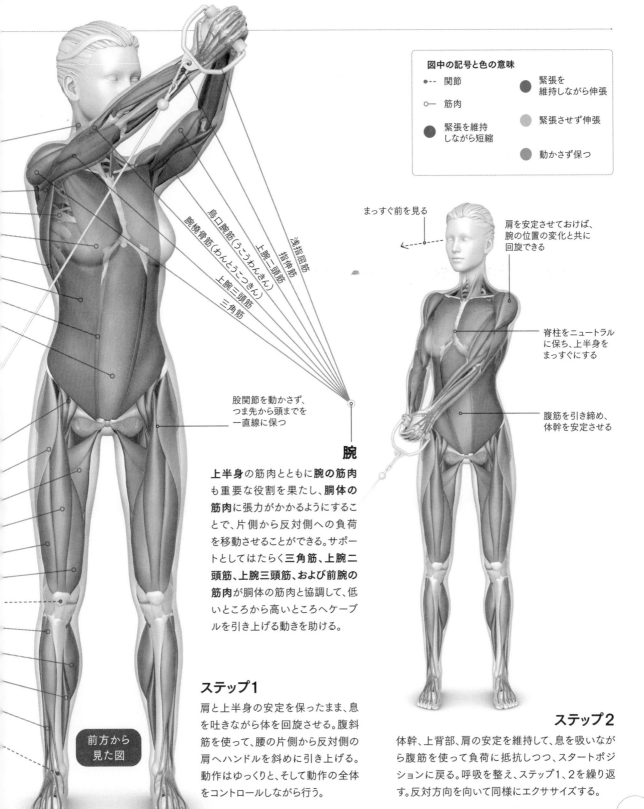

浅指屈筋

上腕二頭筋

烏口腕筋(うこうわんきん)

腕橈骨筋(わんとうこつきん)

上腕三頭筋

三角筋

股関節を動かさず、つま先から頭までを一直線に保つ

まっすぐ前を見る

肩を安定させておけば、腕の位置の変化と共に回旋できる

脊柱をニュートラルに保ち、上半身をまっすぐにする

腹筋を引き締め、体幹を安定させる

前方から見た図

腕

上半身の筋肉とともに**腕の筋肉**も重要な役割を果たし、**胴体の筋肉**に張力がかかるようにすることで、片側から反対側への負荷を移動させることができる。サポートとしてはたらく**三角筋、上腕二頭筋、上腕三頭筋、および前腕の筋肉**が胴体の筋肉と協調して、低いところから高いところへケーブルを引き上げる動きを助ける。

ステップ1

肩と上半身の安定を保ったまま、息を吐きながら体を回旋させる。腹斜筋を使って、腰の片側から反対側の肩へハンドルを斜めに引き上げる。動作はゆっくりと、そして動作の全体をコントロールしながら行う。

ステップ2

体幹、上背部、肩の安定を維持して、息を吸いながら腹筋を使って負荷に抵抗しつつ、スタートポジションに戻る。呼吸を整え、ステップ1、2を繰り返す。反対方向を向いて同様にエクササイズする。

≫ バリエーション

回旋によるクランチ（腹筋運動）のバリエーション
は、腹横筋、腹直筋、内腹斜筋、外腹斜筋という、す
べての腹筋を鍛えます。ここに示すバリエーションを
行えば、左右の筋肉を等しく強化するトレーニング
になることは間違いありません。いずれのエクササイ
ズでも、呼吸を意識し、姿勢を戻したり体を回旋さ
せたりするときはスムーズにコントロールしながら行
いましょう。

内腹斜筋と外腹斜筋

同じ側にある内腹斜筋の筋線維と外腹斜
筋の筋線維の走行は互いに垂直方向で、
左右で協調的にはたらき、動作に含まれる
回旋の部分を行います。

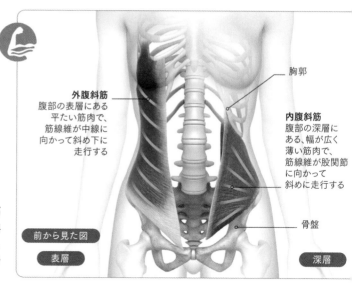

外腹斜筋
腹部の表層にある
平たい筋肉で、
筋線維が中線に
向かって斜め下に
走行する

胸郭

内腹斜筋
腹部の深層に
ある、幅が広く
薄い筋肉で、
筋線維が股関節
に向かって
斜めに走行する

骨盤

前から見た図

表層

深層

オブリークツイスト・ウィズ・ウエイト

腹筋群によって安定させたうえで、内腹斜筋と外腹斜筋が主に使われる。
エクササイズのセットの間、脚を床から離すと、負荷がさらに大きくなる。

図中の色の意味

● 主にターゲット
となる筋肉

● 副次的に
ターゲット
となる筋肉

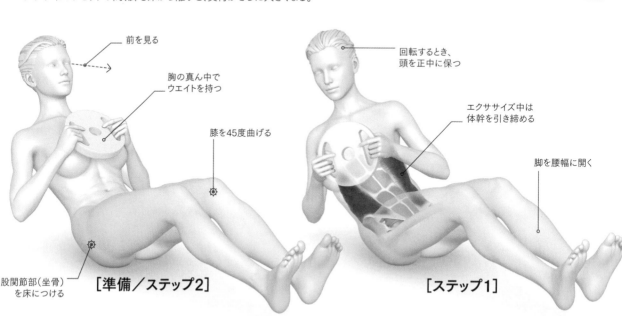

前を見る

胸の真ん中で
ウエイトを持つ

膝を45度曲げる

股関節部（坐骨）
を床につける

[準備／ステップ2]

回転するとき、
頭を正中に保つ

エクササイズ中は
体幹を引き締める

脚を腰幅に開く

[ステップ1]

エクササイズの準備

座った姿勢から背中を後ろに倒し、股関節と脚を
曲げ、胴体と大腿がV字になるようにする。膝も曲
げる。胸の上でウエイトを持つ。

ステップ1

息を吸い、体幹を引き締める。息を吐きながら上
半身を片側に回旋させる。脚は動かさずに、体幹
の緊張を維持する。

ステップ2

息を吸いながらスタートポジションに戻る。コントロー
ルしながら反対側に回転し、ステップ1、2を繰り返
す。交互に回旋しながら、所定のレップ数を行う。

バイシクルクランチ

サイクリングの動きに似せたこのバリエーションは、下段に示すオルタネイティングVアップクランチより負荷が少なく、取り組みやすいだろう。負荷を増やすなら、脚を上げたところで1秒静止し、セットを通じて脚を床につけないようにする。

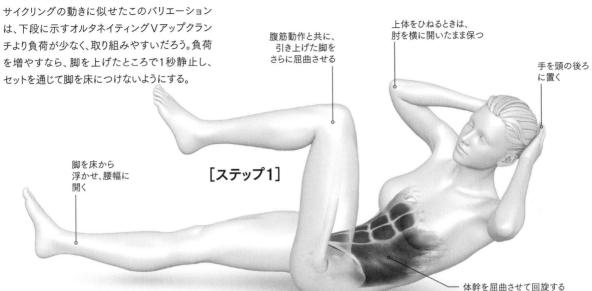

腹筋動作と共に、引き上げた脚をさらに屈曲させる

上体をひねるときは、肘を横に開いたまま保つ

手を頭の後ろに置く

脚を床から浮かせ、腰幅に開く

［ステップ1］

体幹を屈曲させて回旋する

エクササイズの準備

仰向けに寝て、手を頭の後ろに置く。脚を股関節と膝でわずかに屈曲させる。頭を床から少し持ち上げる。

ステップ1

息を吸い、体幹を引き締める。息を吐きながら左脚の膝を持ち上げ、右肘をそちらに近づける。体幹を屈曲させ、上半身を左膝の方へ回旋させる。

ステップ2

息を吸いながらスタートポジションに戻る。このとき、動きをコントロールする。右肘と左肘で同じ動きをする。左右交互に同じ回数ずつ繰り返す。

オルタネイティングVアップクランチ

このエクササイズは、脊柱と骨盤をニュートラルに保ちつつ、体の反対側の動きを互いに協調させる必要がある。負荷を増やすなら、脚を上げたところで1秒静止し、セットを通じて脚を床につけないようにする。

エクササイズの準備

仰向けに寝て、腕は肩関節から完全に屈曲させ、頭上に伸ばす。脚はまっすぐに伸ばす。頭を床から少し持ち上げる。

ステップ1

息を吸い、体幹を引き締める。息を吐きながら左脚を持ち上げ、右腕を左脚に近づける。このとき、体幹を屈曲させ、上半身を左脚の方へ回旋させる。

ステップ2

息を吸いながらスタートポジションに戻る。このとき、動きをコントロールする。右脚と左腕で同じ動きをする。左右交互に、同じ回数ずつ繰り返す。

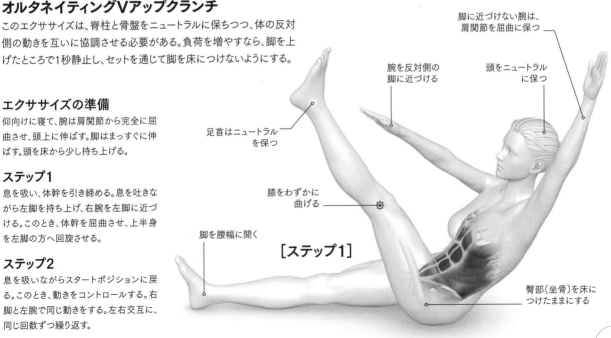

脚に近づけない腕は、肩関節を屈曲に保つ

腕を反対側の脚に近づける

頭をニュートラルに保つ

足首はニュートラルを保つ

膝をわずかに曲げる

脚を腰幅に開く

［ステップ1］

臀部（坐骨）を床につけたままにする

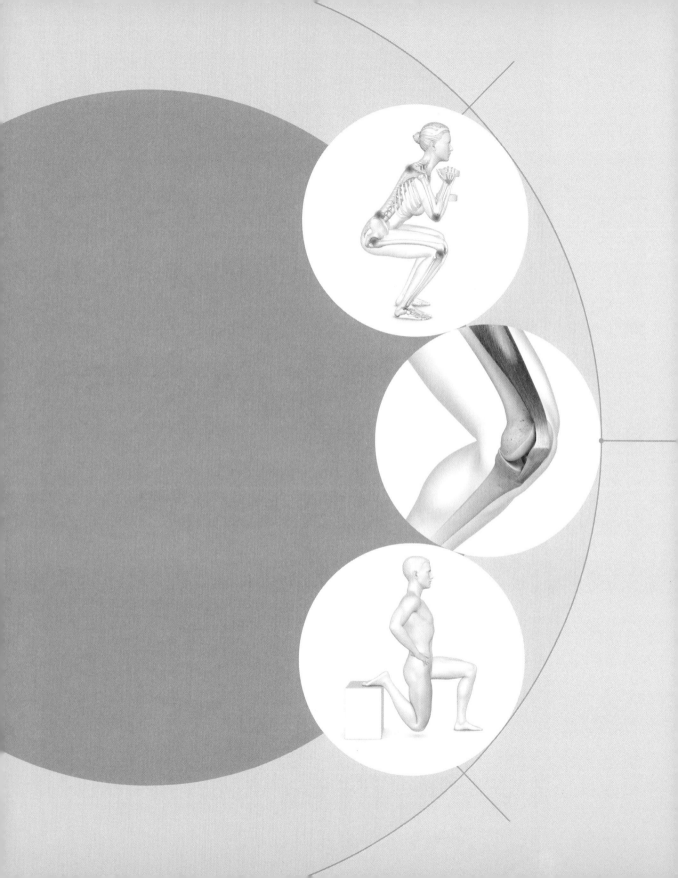

怪我の予防

筋トレはさまざまなトレーニング法のなかでも極めて安全な部類に属しますが、
怪我のリスクがまったくないわけではありません。自分の身を守れるように、
よくある怪我について知っておいた方がいいでしょう。
どんなエクササイズでも、怪我を避けるには
まず、正しいやり方で行うのが一番ですが、
ワークアウトに臨める状態に体を整えてから始めること、
そしてワークアウト後には回復させることも大事です。

怪我のリスク

筋力トレーニングは、安全にしかも効果的に、健康を増進し、筋肉の増加を促し、体組成を改善するトレーニング法です。怪我のリスクはありますが、トレーニングを定期的に行い、ワークアウトの構成とエクササイズのやり方に十分注意すれば、リスクを減らせます。

怪我の**46**%は
捻挫(ねんざ)
(靭帯(じんたい)の損傷)と
ストレイン損傷
(腱や筋肉の過度の
伸張や断裂のことで、
筋肉で起こるのが
いわゆる肉ばなれ)。

一貫性のある取り組み

プログラムに従ってトレーニング強度を上げていけば、その間に体が慣れ、より強くなり、筋肉量が増えていきます。そのために重要なことは一貫性です。一貫性のあるトレーニングを行った場合にのみ、筋トレは効果を発揮します。あなたのトレーニングプログラムの分割にしたがって——つまり、毎週何回トレーニングしたいかによって、週のうち何日かをトレーニングにあてましょう(→P201)。筋トレをしない日が長く続くとそれまでに積み重ねた進歩が後戻りしてしまうので、プログラムをしっかり守ることが、成功に至る道であり、怪我のリスクも抑えることができます。プログラムの進み具合をたどれば、だんだんに成果が上がっていくのがわかるでしょう。

トレーニング前の準備

怪我の多くは、ワークアウトの前に適切なウォーミングアップをしたり関節を動きやすくしたりせずに、いきなり筋トレを始めた結果、起こります。怪我を防ぐには、トレーニングに臨めるよう体の状態を整えることが重要です。どんなプログラムでも、大事なのはただレップやセット数を守ったり、エクササイズのやり方を改善したりすることではありません。トレーニングの効果が上がってきても、毎回同じようにそれぞれのワークアウトを組み立て(→下記)、ルーチンをきちんと守ることが、定期的に運動しながらも怪我のリスクを最小限にするコツです。

安全なルーチン

トレーニング時に毎回安全を確保し、怪我のリスクを最小限に抑えるために、常に次のような順序でワークアウトすることをルーチンにする。

ウォームアップ

体をワークアウトに臨める状態に整えるために、トレーニングセッションは必ずウォームアップエクササイズ(有酸素運動または動的ストレッチからなる)から始める(→P186)。

正しいやり方の重要性

筋トレのリスクは、負荷をかけるようなエクササイズを不安定な姿勢で行うことから生じます。そうした姿勢は、柔軟性や全体的な筋力がつけばだんだんと安定してくるでしょう。よいエクササイズテクニックには、適切なやり方を考えて行うこと、エクササイズで何が要求されるかについての理解、集中、適切な呼吸と体幹安定化、制御された反復テンポが含まれます。これらができていれば、あとは動作を繰り返すことで成果が上がるのです。

知識

エクササイズにかかわる筋肉を前もって正確に知る。各エクササイズのイラスト（→P54〜171）を見れば、運動の各ステップだけでなく、どの筋肉に緊張が生じるかをイメージできる。

集中

エクササイズを正しく安全に行うことに意識を集中しないと、怪我をするリスクが必ず高まる。心と筋肉は連携してはたらいている（→P39）。

呼吸と体幹の引き締め

吸気と呼気がそれぞれ特定の動きと結びつけられるため、呼吸がレップのリズムを決める。体幹を引き締めることで胴体が安定し、ターゲットとなる筋肉に注意を集中できる。

練習が進歩をもたらす

筋力トレーニングの総合的な効果を向上させ、怪我のリスクを下げるには練習が必要です。トレーニングを正しく行えば、ターゲットとなる筋肉における機械的な緊張のレベルを高めつつ、体が安全でコントロールされた動作範囲から逸脱しないようにすることができる。

制御されたテンポ

レップの目標は、その動作で鍛えている筋肉を負荷によって緊張させること。それには集中が必要とされるが、集中は怪我に対する防御策となる。ワークアウトの最後のレップも、最初のレップ同様にていねいに行う。

可動性エクササイズ

ウォームアップが終わったら、体が可動性エクササイズにどう反応するか確かめる（硬くなっている部位がないかどうかもチェックする）。セッションを始める前に、関係のある部分を動きやすくする（→P186）。

筋力トレーニングエクササイズ

エクササイズの正しいやり方に注意を集中して（上記参照）、自分のトレーニングプログラムをきちんと守り、進み具合を記録する（→P49）。

クールダウンストレッチ

少なくとも5〜10分間ストレッチする（→P187）。静的ストレッチで短い時間（5〜10秒）維持すれば、動かした筋肉の柔軟性が改善し緊張が取り除かれる。エクササイズ後のクールダウンにも役立つ。

遅発性筋肉痛

遅発性筋肉痛（Delayed-Onset Muscle Soreness：DOMS）は、筋肉の痛みや凝りがワークアウトの翌日以降に始まる現象です。この期間中は、DOMSを起こした筋肉はあまり力を出すことができず、パフォーマンスも下がります。多くの不都合をもたらすDOMSですが、筋肉を激しくはたらかせたことへの正常な反応です。

痛いのは正常？

　そうです。そして筋肉痛が起こるのは、例えば新しいトレーニングプログラムを始めたときのように、トレーニングの強度や頻度、時間、レジスタンス（→P198〜199）を引き上げた後です。そうしたワークアウトがもたらす機械的緊張や代謝ストレス、筋損傷（→P18〜21）はすべて、体にとっては負担となりますが、それに適応せざるを得ないことで筋肉は増え、強くなるのです。体がいったんそのワークアウトのレベルに適応すれば、筋肉痛は起こらなくなり、そしてさらにレベルを上げてこれを繰り返すのです。

よいレベルの痛みとは？

ワークアウト後の筋肉痛のレベルを記録しておけば、ターゲットの筋肉が鍛えられているしるしとして役立ちます。痛みと動きの制限、あるいはそのいずれかが起これば、怪我の徴候の場合もあるので、その意味でも記録は大事です。次の表を使って、あなたの筋肉痛がDOMSなのか、怪我のせいなのかを判断しましょう。

DOMSと潜在的な怪我の違い

DOMS	潜在的な怪我
筋肉に触れると痛い。	筋肉または関節近傍の鋭く強い痛み。
いつもよりずっと早く筋肉疲労が起こる。	日常動作に継続的な違和感があり、簡単な作業をする能力も制限される。
筋肉の強さやパフォーマンスの低下。	筋肉または関節の可動域や強さ、パフォーマンスの低下。
違和感が24〜96時間後には治まり、時間の経過とともによくなる。	48〜96時間後にも違和感が続き、よくなっているように思えない。
DOMS 筋肉の可動域やパフォーマンスを制限する違和感で、長期の影響はない。筋肉が回復するにつれ、違和感は治まる。	**怪我** 違和感や痛みが持続し、エクササイズや日常生活動作を行う能力に影響を与える。理学療法士による医療指導を受けること。

DOMSになったら

いつ何が起こるかを知っていれば、新しいプログラムを始めたり、特に激しいセッションを終えたりしたあとに起こる筋肉痛に対処するのに役立つ。DOMSを癒すのは時間だけなので、トレーニングプログラムには必ず休息日を設ける。

トレーニング日

激しい筋力トレーニングのワークアウトを行うと筋肉の損傷や破壊が起こり、それがやがては筋肉量の増加をもたらす。あなたが普通にできるより高いレベルの運動は、体に適応を強いて、体力を向上させる。

ある程度の筋肉痛

トレーニングセッションの翌朝、起床時にいくらか筋肉の痛みを感じ始める。

当日　　　　　翌日

DOMSをできるだけ軽くするには

筋肉の一部にすでに痛みがあるときのワークアウトを避けるため、強度を段階的に上げていくよう綿密に構成されたトレーニングプログラムに従うことはもちろん、ワークアウトの前にどう感じたかを記録しておくことがとても大事です。筋損傷が多く起こると、思うようにトレーニングが行えず、筋力の向上を目指せなくなります。ですから、もし週に数回トレーニングするつもりなら、プログラムを分割して、毎回違う筋肉群を動かすように気をつけましょう（週に3回、4回、または5回行うためのトレーニングの分割については→201）。

図中の記号

● 筋肉の損傷

● 筋肉再生

● より多くの筋肉の形成

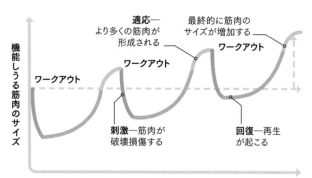

適応——より多くの筋肉が形成される

最終的に筋肉のサイズが増加する

ワークアウト

ワークアウト

ワークアウト

刺激——筋肉が破壊損傷する

回復——再生が起こる

機能しうる筋肉のサイズ

時間

トレーニングと休息の適切なルーチン

ワークアウト後に短期間の筋肉損傷が起こり、続いて回復と、損傷を受けた筋線維の再生が起こる。その後の適応期間に、激しいワークアウトへの応答として筋肉が形成される。このサイクルによって最終的に筋肉量が増える。

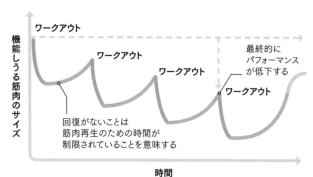

ワークアウト

ワークアウト

ワークアウト

最終的にパフォーマンスが低下する

ワークアウト

回復がないことは筋肉再生のための時間が制限されていることを意味する

機能しうる筋肉のサイズ

時間

トレーニングの頻度が高すぎる

トレーニングから回復するための時間が限られていたり皆無だったりすると、体には、損傷を受けた筋肉の再生はもちろん、適応して新しい筋線維を形成する時間の余裕がない。このようなサイクルが続けば、筋肉の運動量を増やしているにもかかわらず、結局は筋肉サイズとパフォーマンスの低下に至る。

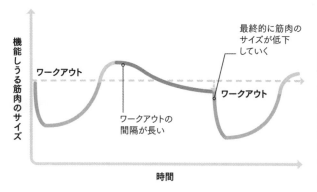

最終的に筋肉のサイズが低下していく

ワークアウト

ワークアウト

ワークアウトの間隔が長い

機能しうる筋肉のサイズ

時間

トレーニングの頻度が低すぎる

一定期間内のトレーニングセッション数が十分でないと、適応のしくみを利用できなくなる。そのようなトレーニングサイクルでは筋肉の形成は起こらず、最終的に筋肉サイズやパフォーマンスが低下している。

痛みのピーク

初心者も上級者も同じように、トレーニング後2日程度でDOMSのピークを体験する。筋肉の回復には積極的休養が非常に重要なので、どうしてもトレーニングしたいなら、ウォーキングや水泳のような軽い運動を選ぶ。

痛みが治まってくる

3日後くらいには痛みが引き始める。DOMSに対抗するには活動を維持するほうがいいが、無理をしないように気をつける。積極的に休息することで、再生中の筋肉は回復のための時間を得られる。

痛みが消える

4日後には、トレーニングした筋肉群の痛みが完全に消えるか、ほとんどなくなる。

2日後　　　　3日後　　　　4日後

よくある怪我

筋トレのワークアウトでよくある怪我は、筋肉損傷であれ使いすぎによる損傷であれ、経験や体力レベルにかかわらず誰にでも起こりうるものです。よくある怪我の徴候や症状の見分け方を学ぶだけでなく、予防や、怪我をしてしまった後の回復のコツを知っていれば、怪我のリスクを抑えることができます。

自分でできること

筋トレは比較的安全なトレーニングであるとはいえ、怪我をするリスクはあります。「POLICE」を覚えておくと、万一怪我をした場合の行動指針として役立ちます。Protection(保護：怪我をした部位を保護する)、Optimal Loading(適切な負荷：過度なトレーニングは避けるが動かし続ける)、Ice(氷：氷を当てて痛みを和らげる)、Compress(圧迫する：圧迫包帯を使う)、Elevation(高くする：怪我をした部位を高くして腫れを減らす)の頭文字をつなげたものです。

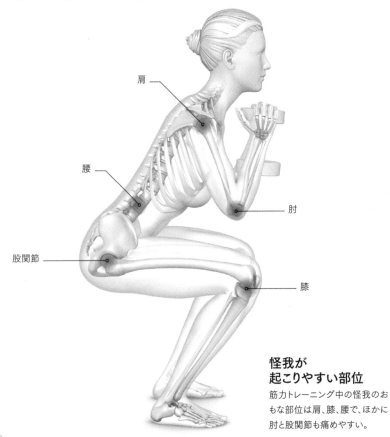

肩

腰

肘

股関節

膝

怪我が起こりやすい部位

筋力トレーニング中の怪我のおもな部位は肩、膝、腰で、ほかに肘と股関節も痛めやすい。

怪我のタイプ

筋トレでよくあるのは、筋肉の使いすぎによる損傷と肉ばなれの2つのタイプの怪我です。怪我の原因としては、体を適切にウォーミングアップしない、可動域以上に筋肉を引き伸ばす、筋肉の能力以上のことを要求する(努力しすぎる)などがあります。

使いすぎによる損傷

腱炎は腱の炎症や微細な断裂で、筋腱単位に過度の負荷をかけたり、急に動かしすぎたりしたときに起こります。腱症は腱の変性で、適切な治癒期間なしに慢性的に使いすぎた場合に起こります。

筋損傷

筋肉に張力を生じさせる力を加えると、筋線維が過度に引き伸ばされて、筋腱接合部位付近に断裂が起こることがあります(→P12～13、P21)。

肩

肩関節は複雑な球関節で、筋肉および支持構造と一体となった運動システムを形成しています。肩はジムで行われる動きのほとんどにかかわっているため、怪我がよく起こります。

原因と症状
肩の関節窩上腕関節（かんせつかじょうわんかんせつ）は安定性を犠牲にして可動性を優先しており、安定は回旋筋腱板のような支持構造に頼っています。怪我の原因としてよく見られるのは、反復使用、急で大きな動き、稚拙なテクニックです。

- 断裂——腱や筋肉の微細断裂または筋-腱単位におけるもっと大きな断裂。
- 腱炎——関節での急性炎症。
- 腱症——慢性的な使いすぎによる腱の変性。
- インピンジメント——回旋筋腱板の内部での腱の挟み込み。

症状
- 関節や関節周囲の痛み。
- 炎症。

予防
トレーニングセッションの適切な構成は

もちろん、正しいトレーニングテクニックに注意を払うことが、回旋筋腱板の怪我を防ぐのに役立ちます。使いすぎによる怪我の割合が高いので、トレーニング頻度を制限し（→P200）、十分な休息を挟んで、筋肉や腱を完全に治癒させましょう。

トレーニングの再開
怪我のあとは、必ず4〜8週間かけて徐々にトレーニングの量や頻度を増すようにしてください（→P198）。急いで増やしすぎると、回復が後戻りしかねません。肩と回旋筋腱板を強くする可動性エクササイズを利用しましょう（→P189〜191）。

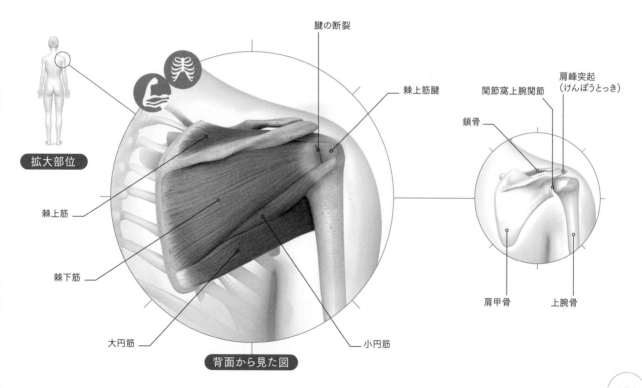

拡大部位

腱の断裂

棘上筋腱

関節窩上腕関節

肩峰突起
（けんぽうとっき）

鎖骨

棘上筋

棘下筋

肩甲骨

上腕骨

大円筋

小円筋

背面から見た図

肘

肘は蝶番（ちょうばん）関節（ドアの蝶番と似ている）で、動きは1つの面上でのみ起こります。上体が行う動きの大半を助けているため、肘は怪我の起こりやすい部位です。

原因と症状
筋力トレーニングで一番よくある肘の怪我はいわゆる「テニス肘」（外側上顆炎）です。

よくある原因
- 前腕の伸筋群の反復使用や使用不足
- 稚拙なエクササイズテクニック

- バーベルの反復使用（肘に大きなストレスがかかる）

症状
- 外側上顆（がいそくじょうか）（上腕骨外側の突出部）の痛み
- 手首または肘の関節を使う負荷エクササイズやレジスタンスエクササイズ中の痛み

予防
肘がかかわるエクササイズの適切な選択と正しいやり方を心掛けるとともに、前腕伸筋群を強化すれば、怪我をする可能性が減ります。使いすぎによる怪我の比率が高いので、トレーニングの頻度（この関節を動かすトレーニングの回数）を制限し、適切な休息を挟んで、筋肉と腱を完全に治癒させましょう。

トレーニングの再開
4〜8週間かけて、トレーニングの量と頻度を増やしていきます（→P198〜200）。急に増やし過ぎると、回復が後戻りしかねません。前腕と肘の伸筋群の強化と安定化に役立つ可動性エクササイズを利用しましょう。伸筋群のストレッチも回復を早めるのに有効です。

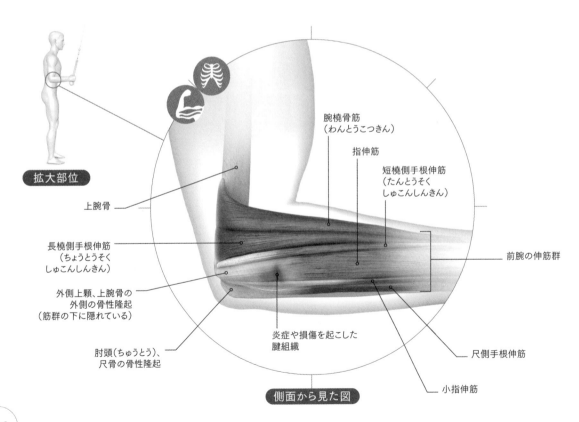

拡大部位

上腕骨

長橈側手根伸筋
（ちょうとうそく
しゅこんしんきん）

外側上顆、上腕骨の
外側の骨性隆起
（筋群の下に隠れている）

肘頭（ちゅうとう）、
尺骨の骨性隆起

腕橈骨筋
（わんとうこつきん）

指伸筋

短橈側手根伸筋
（たんとうそく
しゅこんしんきん）

前腕の伸筋群

尺側手根伸筋

小指伸筋

炎症や損傷を起こした
腱組織

側面から見た図

腰背部

　腰は肩と並んで筋力トレーニングによる怪我の最も起こりやすい部位かもしれません。下半身の動きと安定性をもたらすために、股関節と胴体の筋群からなる複雑な構造となっているからです。

原因と症状
腰背部の筋肉の肉ばなれは、最もよく見られる腰の怪我の1つですが、たいていは骨盤のコントロール不足または腹筋群との協調不足のせいで起こります。その他の原因には次のようなものがあります。

● 反復使用

● エクササイズ中の脊柱のアライメント不良
● 適切な支持やコントロールのない過剰な負荷

症状
● 鋭い痛み
● こわばり
● 炎症
● 関節の全般的な違和感

予防
正しいエクササイズテクニックによって、腰背部の筋肉の故障を防ぐとともに腹筋や体幹を強化することができます。過剰なストレスや、腰の痛みを悪化させるような動きの反復は避ける方がいいでしょう。

トレーニングの再開
怪我のあとは、必ず4〜8週間かけて徐々にトレーニングの量や頻度を増してください（→P198〜200）。急に増やし過ぎると、回復が後戻りしかねません。腰背部の筋群を強化して安定させる可動性エクササイズ（→P189〜191）を利用しましょう。そうしたエクササイズを利用してトレーニングを調整すれば、この部位への負担が軽減されます。

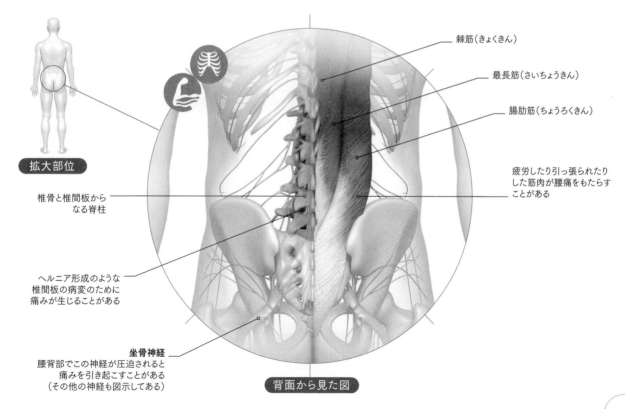

拡大部位

棘筋（きょくきん）

最長筋（さいちょうきん）

腸肋筋（ちょうろくきん）

疲労したり引っ張られたりした筋肉が腰痛をもたらすことがある

椎骨と椎間板からなる脊柱

ヘルニア形成のような椎間板の病変のために痛みが生じることがある

坐骨神経
腰背部でこの神経が圧迫されると痛みを引き起こすことがある（その他の神経も図示してある）

背面から見た図

股関節部

股関節部分はさまざまな面上での大きな可動域をもち（→P50）、多くの支持構造や筋群（股関節、膝、胴体に付着する）からなる複雑なシステムを含むので、さまざまな動作で怪我をする可能性があります。

原因と症状
筋トレで起こりやすい怪我の1つが臀筋腱障害（大転子疼痛症候群または股関節回旋筋腱板症候群）です。

よくある原因
- 中臀筋や小臀筋の臀筋腱付着部への反復ストレス

- 股関節の滑液包炎——滑液包は関節付近の筋肉、骨、腱のクッションとなっている液体で満たされた小さな袋で、その炎症が滑液包炎

症状
- その部位の痛み
- 歩行、トレーニング、あるいは問題のある股関節を下にして座ったり寝たりしただけでも生じる違和感

予防
エクササイズの適切な選択や正しいやり方が臀筋腱障害の予防に役立ちます。過剰なストレスや、股関節外転や「バンド歩行」（両脚の回りにレジスタンスバンドを巻いて歩く）のような運動を反復して行わないようにします。可動性エクササイズのやりすぎもこの領域に過度の負担をかけ、悪化や怪我のリスクを高めます。

トレーニングの再開
必ず4～8週間かけて、トレーニングの量や頻度を徐々に増やしましょう（→P198、200）。急に増やしすぎると、回復が後戻りしかねません。臀筋や股関節の筋肉の強化や安定化に役立つ可動域エクササイズ（→P191～193）を行いましょう。

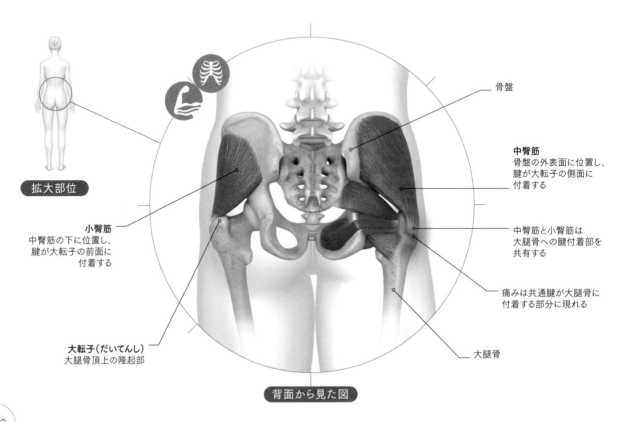

拡大部位

骨盤

中臀筋
骨盤の外表面に位置し、腱が大転子の側面に付着する

小臀筋
中臀筋の下に位置し、腱が大転子の前面に付着する

中臀筋と小臀筋は大腿骨への腱付着部を共有する

痛みは共通腱が大腿骨に付着する部分に現れる

大転子（だいてんし）
大腿骨頂上の隆起部

大腿骨

背面から見た図

膝

　筋力トレーニングには、バックスクワット、ランジ、レッグエクステンションなど、膝の屈曲や伸展を含むエクササイズが多いため、膝は怪我の起こりやすい部位です。

原因と症状
膝蓋骨（しつがいこつ）（膝のお皿）の周辺や後方、下方の痛みは一般に「ランナーズニー」と呼ばれますが、正確には膝蓋大腿疼痛症候群といいます。トレーニングをする人の膝の前面に痛みをもたらす最もありふれた怪我です。

よくある原因
● 使いすぎ（一番多い）

● 下肢または膝蓋骨、あるいはその両方のアライメント不良
● 下肢の筋肉のアンバランス
● 不適切な負荷

症状
● 膝前部の周辺や後方、下方の痛み
● 負荷をかけて膝を屈曲するエクササイズによって悪化する痛み

予防
正しいテクニックでエクササイズすることで、このような痛みを防ぐとともに、四頭筋、ハムストリングス、ふくらはぎの筋群を強化することができます。これらの筋肉はすべて、膝の安定化に一定の役割を果

たします。膝のアライメント不良、つまり膝関節がぴったり噛みあっていないと症状が過大にあらわれる場合があるので、それが直接の原因になっていないことを確かめる必要があります。病状を悪化させるような過剰なストレスや反復運動は避けましょう。

トレーニングの再開
再開後は、必ず4〜8週間かけて徐々にトレーニングの量や頻度を増やしていきます（→P198、200）。適切な反復テンポとエクササイズを利用して（膝のストレスになるテンポやエクササイズは制限する）、関節への不必要なストレスの緩和に役立てましょう。

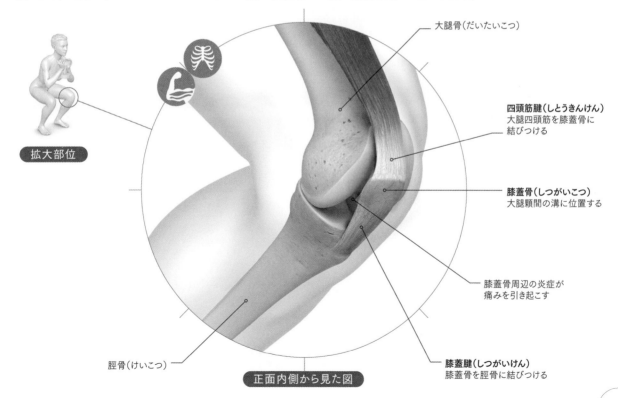

拡大部位

大腿骨（だいたいこつ）

四頭筋腱（しとうきんけん）
大腿四頭筋を膝蓋骨に結びつける

膝蓋骨（しつがいこつ）
大腿顆間の溝に位置する

膝蓋骨周辺の炎症が痛みを引き起こす

脛骨（けいこつ）

正面内側から見た図

膝蓋腱（しつがいけん）
膝蓋骨を脛骨に結びつける

トレーニングへの復帰

怪我をしたあとでトレーニングを再開するのは、なかなか大変なものです。以前と同じようにやりたいという気はあるのに、最初は思うようにできず、フラストレーションを感じるかもしれません。いろいろな対処法がありますので、自分にぴったりの方法を見つけてください。

> **いくつかの対処法を利用すれば、回復にかかる時間を短縮でき、以前のパフォーマンスレベルを取り戻すのに役立つ。**

回復期の対処法

可動域や機能、全体的な筋力やパフォーマンスを取り戻せるかどうかは、忍耐を忘れず、戦略的に考え、回復中の自分の体の声に耳を傾けることができるかどうかで決まります。再び怪我をしたり、状態を悪化させたりしてしまう一番の原因は、あまりにも早く、あまりにもたくさんやろうとすることなのです。

筋力トレーニングの再開にあたっては、トレーニングをスタートさせ、筋力とパフォーマンスを再び安全に高めるために使える対処法がいくつかあります。

プログラムを調節する

痛めた部分に対するトレーニングの量や強度を減らすというように、トレーニングプログラムを微調整することができます。トレーニング負荷、トレーニング量、痛めた部分をトレーニングする頻度といった、変更可能な要素を確実に調整してください。負荷のかけすぎや使いすぎによって、怪我の状態や違和感を悪化させてはなりません。特定の筋群や関節に対するトレーニングの量や強度を落したとしても、他の筋群や関節のトレーニングはいつも通りに続けることができます。たとえば、上腕二頭筋の怪我の場合、下半身のトレーニングは回復に直接影響しないかぎり、続けてかまいません。

ポジションを調節する

エクササイズのいろいろなバリエーションを採用したり、ポジションを調節したりすることで、違和感を避けることができます。トレーニング環境の安全と可動域の制限が確保できるなら、ケーブルやマシンを使ってかまいません。エクササイズで動かす範囲を変えれば、怪我や違和感を避けながら特定の部分をトレーニングすることができます。

可動域いっぱいに動かすとまだ痛みや違和感があるときは、例えばレッグエクステンションなら深く曲げるのをやめ、動かす範囲を可動域の3分の2に限定するというように、違和感が生じない範囲に調節してトレーニングすることができます（→次ページの「動かす範囲を変える」を参照）。

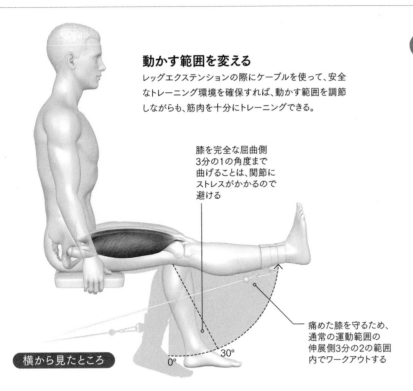

動かす範囲を変える

レッグエクステンションの際にケーブルを使って、安全なトレーニング環境を確保すれば、動かす範囲を調節しながらも、筋肉を十分にトレーニングできる。

膝を完全な屈曲側3分の1の角度まで曲げることは、関節にストレスがかかるので避ける

痛めた膝を守るため、通常の運動範囲の伸展側3分の2の範囲内でワークアウトする

0° 30°

横から見たところ

テンポを調節する

反復テンポ（→P204）を変えることで、痛めた筋肉や腱に関連した違和感を避けることができます。

上記のレッグエクステンションエクササイズを例にとると、関節の違和感のせいで大きな負荷をかけることができない場合、反復テンポを変えれば、大腿四頭筋に張力がかかっている時間を増やしつつ、適切な刺激を与えることができます。例えば、エクササイズのトップで（緊張を維持し、大腿四頭筋の収縮を続けながら）2〜4秒間停止してもいいでしょう。同じように伸張性収縮についても、足を下げたポジションでの時間を延ばすことで、緊張下にある時間を増やすことができます。

負荷のかかる部分を限局する

任意の筋肉または関節だけを標的に

するエクササイズを選びましょう。たとえば、もし膝に痛みがあるなら、バーベルバックスクワットの代わりにレッグエクステンションを行い、レップテンポを調節することで、大腿四頭筋のトレーニングを続けることができます。

回復を急がない

怪我をしたあとでトレーニングを再開する際には心理的な要素もかかわってきます。怪我の重さによっては、以前のトレーニング負荷やパフォーマンスレベルに戻る前に、エクササイズを行うことに対する自信をつけることが大事です。回復を急がないでください。回復中には、「痛みなければ進歩なし」という格言は当てはまりません。少しでも違和感があるなら、トレーニングの調整や薬剤による治療を利用したり、有資格者から医学的な指導を受けたりして、自分の状態に適切に処置しましょう。

血流制限トレーニング

1970年代に日本の佐藤義昭（医学博士）が考案して特許を取得した加圧トレーニングは、専用に設計されたベルトを用いて特定の四肢への血流を遮断するトレーニング法である。血流制限（BFR）トレーニングはそのバリエーションで、怪我を避けながらトレーニングを続けるのに効果的であることが明らかになっている。BFRトレーニングでは、トレーニングする四肢の最も胴体に近い部分にベルトを着けてエクササイズする（ベルトの位置は下図）。ベルトの装着によって動脈の血流（筋肉に流入する血液）が部分的に制限され、静脈の血流（運動している筋肉から出ていく血液）が著しく、または完全に制限される。

このトレーニング法には次のような効果のあることが明らかになっている。
- 怪我を避けるのに役立つ
- リハビリテーションを助ける
- エクササイズ中の痛みを減らす
- 低負荷（1RMの20〜30％）で効果的にトレーニングする方法の1つとなる

通常1RMの70〜85％が推奨される（これより低いレベルでもよい）高負荷の筋力トレーニングと比べると、BFRトレーニングではもっと低負荷を用いて効果的にワークアウトを続けることができる。また筋肉の増加（肥大）を促進し、筋量の低下（萎縮）を防ぎ、筋肉の強さと機能を改善する効果もある。

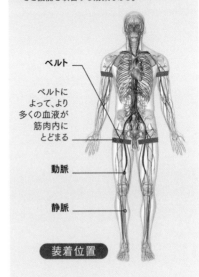

ベルト

ベルトによって、より多くの血液が筋肉内にとどまる

動脈

静脈

装着位置

ルーチンをデザインする

怪我を避けるには、効果を確保しつつも安全にエクササイズすることが大事です。トレーニングセッションの前に体のウォーミングアップと可動化を行うルーチンを守り、すばらしいワークアウトへの準備を整えます。そしてクールダウンセッションでトレーニングを終えれば、体を回復させ、意識を再び日常生活に向けることができます。

5〜30秒の静的ストレッチで、筋腱接合部関連の怪我を減らす効果がある（→P178）。

能動的なウォームアップ

うまく構成されたウォームアップは、疲労をもたらすことなく、怪我のリスクを減らし、トレーニングセッションに向けた心身の準備を助けます。

ウォームアップの目的

- 心拍数を高め、血流を増やす
- 体温を上げる
- 神経系を活性化する
- 身体的な活動への準備をさせる
- エクササイズテクニックやスキル習得、総合的な協調に意識を集中するという精神的な課題に向けて、心の準備をする

ストレッチの方式

ポーズを一定時間維持する静的ストレッチはウォームアップに不可欠ではありません。短時間維持するだけのストレッチ（45秒未満）は筋力やパフォーマンスには影響を与えません。

動的ストレッチは四肢をニュートラルな位置から最大可動域まで、正常な運動面内で能動的に動かすもので、トレーニング前のストレッチとして最も推奨されるタイプのストレッチです。任意の時間または反復のあいだ、滑らかで制御されたリズミカルな動きを行うように心がけましょう。

筋力トレーニングの各要素

最初から、よいワークアウト習慣をつけるようにしましょう。ワークアウトの際に毎回、きちんと構成されたやり方にしたがうことで、怪我を防ぐことができます。前もって体を目覚めさせ、ワークアウトのための準備をさせることが大事です。一連の可動性エクササイズ中に体がどう動くかを確かめましょう。トレーニングのルーチンの長さは、セッションによって、またその日に優先的にトレーニングしたい筋肉によって違いますが、常にクールダウンで締めくくるように気をつけます。クールダウンは受動的、能動的、またはその組み合わせのいずれでもかまいません。

ウォームアップ

たとえ5分でも、集中的に体を動かせばトレーニングの準備ができる。血流や心拍数を高めるような好みのエクササイズを選んで、動的ストレッチと組み合わせてもよい。

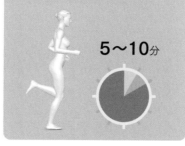

5〜10分

可動性エクササイズ

体が温まり、動きやすくなったら、可動性エクササイズに移る。簡単なネックフレクション（→P188）から始めて、ワークアウトでターゲットとする予定の身体部位のエクササイズに進んでもよい。硬くなっている部位がないか、気をつける。

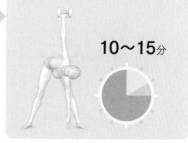

10〜15分

可動性ワークアウト

可動性とは、制限がかからない運動範囲内で能動的に体を動かす能力を言います。

エクササイズを選ぶ

どんなウォームアップでも、可動性ワークアウトを追加するのはとてもよいことです。その日の体の動き具合や感じをつかむことができるからです。前回のワークアウトやストレス因子次第で、体を制限なしに動かせる可動域は日々変化します。

可動性ワークアウトは、特にその日に要求される動きのために体を準備させるものです。例えば、上体をトレーニングしようとしているなら、その日のワークアウトの課題に肩や上体を備えさせる可動性エクササイズを行うのがいいでしょう。同じように、下半身を中心にトレーニングする日なら、下半身の可動性エクササイズをします。

クールダウン

よく行われるクールダウンには2つのタイプがあります。自分に合ったやり方を選び、時間は30分までとします。受動的クールダウンには、座っての休息、サウナ、フォームローリング、静的ストレッチ、マッサージ、意識的に行うゆっくりした呼吸などがあります。動的クールダウンは、水泳やウォーキングのような一連の低強度の運動からなります。

クールダウンの目的
- 蓄積した**乳酸**を血液や筋肉から取り除く（→P28）
- **免疫細胞数**の減少防止を助ける
- 呼吸器系と心血管系の**回復を早める**
- **怪我のリスク**を減らす
- **気分**をよくする
- ワークアウトによる**緊張をほぐす**

フォームローリング

ワークアウトの前やあとにフォームローリングをしてもよい。体重を支えながら、圧痛部位が見つかるまでローラーを転がしながらゆっくり体を動かし、柔らかくなってリリースされたと感じるまで、その地点を集中的に前後にローリングする。こうしたセルフマッサージ（すなわち筋膜リリース）をトレーニングセッションの前に行うと、筋肉の動きを低下させることなく、柔軟性を短期間改善することができる。ワークアウト後のフォームローリングは、筋肉痛の知覚を低下させることによって、回復を早める。心理的なメカニズムはまだわかっていない。その好ましい効果にはプラセボ効果の部分が大きいと考えられるが、効果の大きさからして、やってみる価値は十分にある。

筋力トレーニング

1週間にトレーニングするのが3日であろうと、4日または5日であろうと、最大の効果をあげるには、ワークアウトのプランにしたがうことが非常に重要だ。既製のトレーニングプログラム（→P201〜214）から始めてもよい。初心者に適したものや、すでにトレーニングをしている人向けの上級版をいくつか紹介してある。

脚 (→P52〜89)	**胸** (→P90〜107)	**背部** (→P108〜121)
肩 (→P122〜139)	**腕** (→P140〜153)	**腹部** (→P154〜171)

クールダウンストレッチ

心拍数が正常に戻り、トレーニングセッションの心理的な緊張がほぐれるのに十分な時間をかけるように気をつける。このストレッチの時間を楽しもう。

5〜10分

可動性エクササイズ

187ページで述べたように、可動性エクササイズをすれば、その日の体の動き方やコンディションをつかむことができます。ここで紹介するエクササイズは首から始まって、肩、股関節、脚と下がっていくようになっていますが、好きな順序で行ってかまいません。

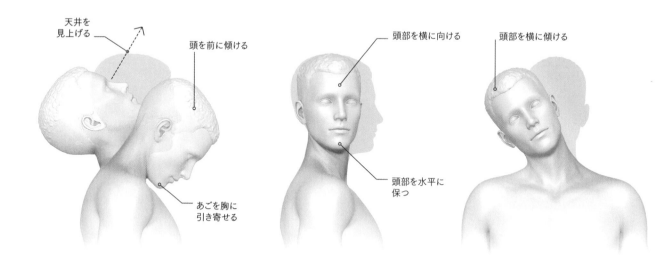

天井を見上げる

頭を前に傾ける

あごを胸に引き寄せる

頭部を横に向ける

頭部を水平に保つ

頭部を横に傾ける

ネックフレクション／エクステンション

わたしたちは日中、PCなどの画面を見下ろして多くの時間を過ごしているので、首をこのように動かして、首や上背部の筋肉にこのあとの運動のための準備をさせることが大事だ。

準備
両足を肩幅に開き、胴体の筋肉を引き締めて、ニュートラルポジションで立つ。

ステップ1
首を曲げて、上背部と首の後ろの筋肉を伸ばす。このとき、あごを胸に引き寄せるようにする。首をニュートラルな位置に戻す。

ステップ2
首を後ろに伸展して、首の前の筋肉を伸ばす。このとき、天井を見上げるようにするが、楽に行える範囲にとどめる。首をニュートラルな位置に戻す。5〜10レップ行う。

ネックローテーション

現代生活では1日を通じて、頭部を自然に回旋させる時間が限られる。コンピュータの画面や携帯電話が原因だ。このエクササイズで、首や上背部の筋肉にワークアウトのための準備をさせる。

準備
両足を肩幅に開き、胴体の筋肉を引き締めて、ニュートラルポジションで立つ。

ステップ1
頭部を右に回旋させ、首の筋肉が軽く引き伸ばされるのを感じる。こうすれば、トレーニングの前に緊張や硬さに気づく。

ステップ2
ニュートラルな位置（正面を向く）に戻ってから頭部を左に回旋させ、首の筋肉が軽く引き伸ばされるのを感じる。両側を5〜10レップ行う。

ネックサイドフレクション

首のエクササイズをもう1つすれば、首の運動軸に対する可動域をすべて確かめたことになる。この簡単なエクササイズで、トレーニングを開始したときに首や上背部の筋肉を痛める（起こりがちな怪我）のを避けられる。

準備
両足を肩幅に開き、胴体の筋肉を引き締めて、ニュートラルポジションで立つ。

ステップ1
頭部を片方に曲げ、上部僧帽筋と首の筋肉が引き伸ばされるのを感じる。耳を肩につけようとするように動かすが、無理のない範囲で行う。

ステップ2
ニュートラルポジションに戻ってから、首を反対側に曲げる。両側を5〜10レップ行う。

ダンベルウインドミル

このエクササイズは肩の可動性と安定性をみるもので、さらに胸部の伸展および回旋可動性の確認もできる。肩のこうした可動性ワークは、トレーニングセッション中に肩にかかる抵抗に備えて上体の準備を整えるのを助ける。

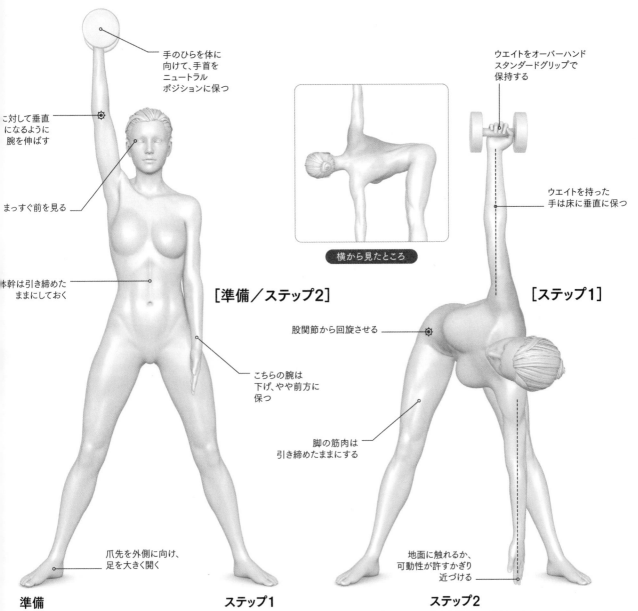

手のひらを体に
向けて、手首を
ニュートラル
ポジションに保つ

に対して垂直
になるように
腕を伸ばす

まっすぐ前を見る

本幹は引き締めた
ままにしておく

爪先を外側に向け、
足を大きく開く

ウエイトをオーバーハンド
スタンダードグリップで
保持する

ウエイトを持った
手は床に垂直に保つ

横から見たところ

［準備／ステップ2］

股関節から回旋させる

こちらの腕は
下げ、やや前方に
保つ

脚の筋肉は
引き締めたままにする

［ステップ1］

地面に触れるか、
可動性が許すかぎり
近づける

準備
ダンベル（またはケトルベル）を握り、肩の高さまで上げる。次にウエイトをまっすぐ肩の上方に持ち上げ、もう片方の腕は伸ばして正面に垂らす。

ステップ1
ウエイトを持った手の手のひらを正面に向くように回しながら、同時に体を回旋させて、何も持たない方の手を地面につける。

ステップ2
体を回旋させて最初のポジションに戻る。このときウエイトを持った手は上げたままにする。ステップ1と2を5〜10レップ繰り返す。次いで反対側も同じように繰り返す。

189

ダンベル
ボトムズアッププレス

この基本動作で、肩にかかる外力の抵抗を安定化させる際に、回旋筋腱板が十分に役割を果たせるかどうかを確かめる。頭上での可動性を改善したり、持ち上げ可能な負荷の量（ボトムズアッププレスでの）を引き上げたりすることは、回旋筋腱板の筋群の強化と安定化を助け、大きな負荷を頭上で安定化させる肩の能力の改善にもつながる。エクササイズの強度を最大にするにはダンベルをケトルベルに替えると、ダンベルより大きな抵抗力が得られる。

図中の色の意味	
●	ターゲットとなる筋肉部位

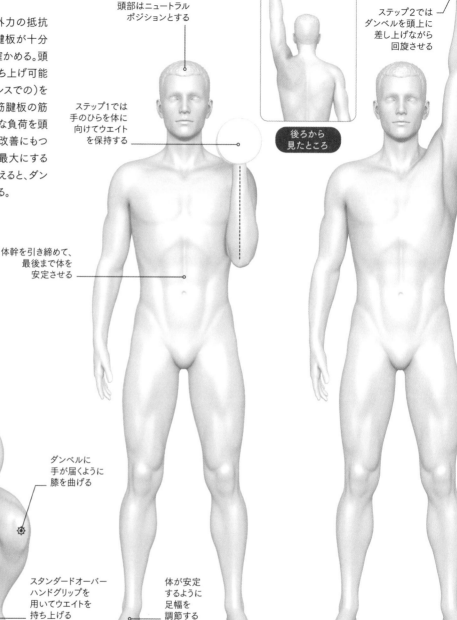

頭部はニュートラルポジションとする

ステップ1では手のひらを体に向けてウエイトを保持する

後ろから見たところ

ステップ2ではダンベルを頭上に差し上げながら回旋させる

体幹を引き締めて、最後まで体を安定させる

片方の腕は股関節部に軽く置く

ダンベルに手が届くように膝を曲げる

スタンダードオーバーハンドグリップを用いてウエイトを持ち上げる

体が安定するように足幅を調節する

準備
ウエイトを自分の正面の床に置き、両足を腰幅またはそれより大きく開く。片方の手を下ろしてウエイトを持ち上げる。足幅はステップ1のポジションで調節してもよい。

ステップ1
脚を踏みしめる力で補助しながら、ウエイトを肩の高さまで上げる。手首とダンベルを一直線にして、前腕を床に対して垂直に保つ。

ステップ2
ウエイトを差し上げながら、手のひらが正面を向くように手首を回す。ステップ1に戻り、次いでステップ1と2を5〜10レップ繰り返す。もう片方の腕についても、同様に繰り返す。

バンデッド・エクスターナルローテーション

肩を安定化させる役目を担う回旋筋腱板は、可動性や安定性を最大限に発揮するという観点から大事な筋群である。頭上に押し上げる動作に苦労する人の多くは、肩の外旋が不十分になっている。この基本動作で、肩の外旋筋群の安定性と強さを確かめることができる。

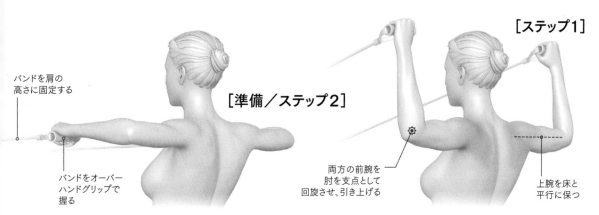

バンドを肩の高さに固定する

バンドをオーバーハンドグリップで握る

［準備／ステップ2］

［ステップ1］

両方の前腕を肘を支点として回旋させ、引き上げる

上腕を床と平行に保つ

準備
抵抗性の低いバンドを肩の高さに固定し、足を肩幅に開いて脊柱をニュートラルにして立つ。バンドに向かい、肘を曲げて、上腕が床と平行になるようにする。

ステップ1
上腕を水平に保ったまま、前腕を肘を支点として外旋させ、床に垂直になるまで動かす。このとき、肘は肩と一直線に保つ。

ステップ2
バンドの張力に抵抗しながら、腕をゆっくり回旋させてニュートラルポジションに戻る。ステップ1と2を5〜10レップ繰り返す。

インチワーム

全身をウォームアップするすぐれた可動性エクササイズ。足、次いで手を歩かせる際に体の主要な関節にまたがる筋組織すべてを動かすことができ、ワークアウトに向けて体を準備させることができる。

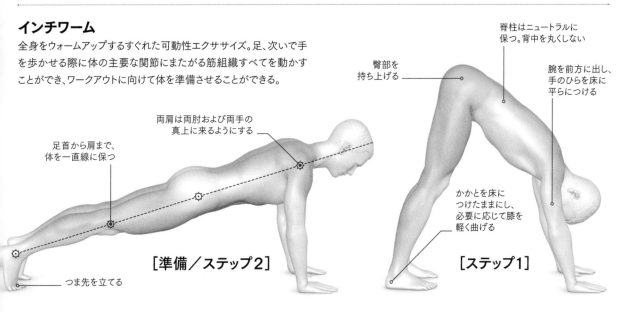

脊柱はニュートラルに保つ。背中を丸くしない

臀部を持ち上げる

腕を前方に出し、手のひらを床に平らにつける

両肩は両肘および両手の真上に来るようにする

足首から肩まで、体を一直線に保つ

かかとを床につけたままにし、必要に応じて膝を軽く曲げる

［準備／ステップ2］

［ステップ1］

つま先を立てる

準備
プッシュアップのプランクポジション（95ページ参照）からスタートする。体幹を引き締め、体をまっすぐに維持し、頭部はニュートラルポジションに保つ。

ステップ1
その姿勢から、脊柱をニュートラルにし、体幹の引き締めを維持したまま、足を交互に少しずつ手の方に動かす。背中を丸めない。

ステップ2
足が手のところまで到達したら、プッシュアップのプランクポジションまで両手を少しずつ前方に進め、スタートの姿勢に戻る。5〜10レップ繰り返す。

バンドを用いた仰臥位でのヒップフレクション

腰筋および大腿直筋に代表される股関節屈筋群は、骨盤を安定させる協調運動を助けるとともに、股関節の屈曲を助ける。このエクササイズは、大腿直筋および腰筋をより収縮した状態にさせ、活性化させることで、下肢のワークアウトでの負荷への準備をさせる。

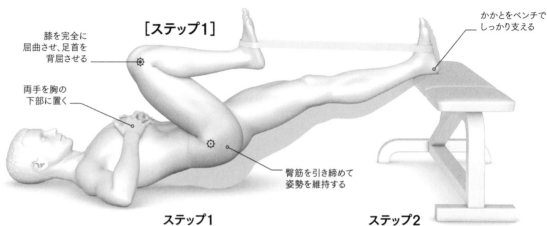

[ステップ1]

膝を完全に
屈曲させ、足首を
背屈させる

両手を胸の
下部に置く

かかとをベンチで
しっかり支える

臀筋を引き締めて
姿勢を維持する

準備
仰臥位になり、両足の回りにレジスタンスバンドをかけてベンチに乗せる。腰を持ち上げてグルートブリッジ（→P78）をつくる。肘は床につけたままにする。

ステップ1
グルートブリッジを維持しながら片方の股関節と膝を屈曲させ、無理のない範囲で膝をできるだけ体に引きつける。

ステップ2
その脚をゆっくり伸ばして、足をベンチの上に戻す。もう片方の脚も同じようにする。それぞれの脚でステップ1および2を5～10レップずつ繰り返す。

90／90ヒップストレッチ

このエクササイズは股関節の総合的な可動性（外旋および内旋）を確かめるのに効果的で、「ヒップオープナー」として作用し、股関節の硬さの解消を助ける。股関節の内旋および外旋を改善すれば、股関節や腰によくみられる痛みの緩和に役立つ。

[準備／ステップ2]

胴体を
起こして座る

後方の膝を90°まで
回旋させる

足首を膝と90°にする

[ステップ1]

胴体を前に倒し、
臀筋が引き伸ばされる
のを感じる

両腕で
支える

後方の膝を
90°に保つ

準備
胴体を起こして床に座り、両膝を90°に曲げる。このとき前方の脚は膝を内旋させ、後方の脚は膝を外旋させる。

ステップ1
へそが膝と一直線になるように胴体の位置を調整する。胴体を前に倒し、胸部を高い位置に保って3～5秒停止し、前方の脚側の臀筋が引き伸ばされるのを感じる。

ステップ2
上体を起こしてスタートの姿勢に戻る。ステップ1と2を3～5レップ繰り返し、反対側も同じようにする。

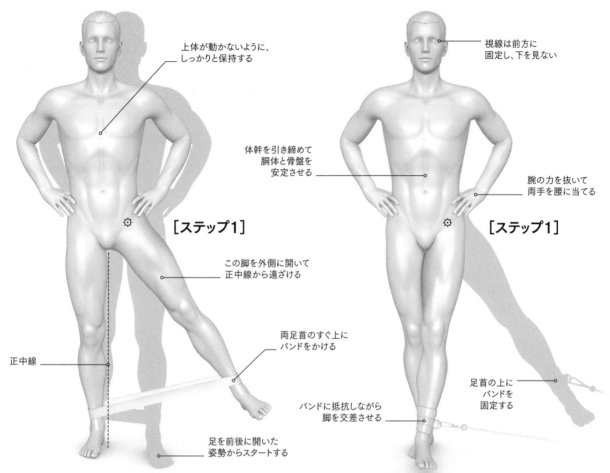

上体が動かないように、
しっかりと保持する

体幹を引き締めて
胴体と骨盤を
安定させる

[ステップ1]

この脚を外側に開いて
正中線から遠ざける

両足首のすぐ上に
バンドをかける

正中線

バンドに抵抗しながら
脚を交差させる

足を前後に開いた
姿勢からスタートする

視線は前方に
固定し、下を見ない

腕の力を抜いて
両手を腰に当てる

[ステップ1]

足首の上に
バンドを
固定する

バンドを用いたレッグアブダクション

このエクササイズは股関節の外旋筋群と外転筋群のウォームアップに有効。日中、長時間座って過ごす現代社会においては、股関節外転筋群の安定性と筋力を維持することが大事である。

準備

レジスタンスバンドに両足を入れて立ち、動かす側の脚をわずかに前に出す。両手を腰に当ててまっすぐに立つ。

ステップ1

体幹を引き締め、脊柱のニュートラルな状態を維持する。骨盤が動かないようにしながら、動かす側の脚を外側に開いて正中線から遠ざける。

ステップ2

バンドの張力に抵抗しながら、開いた脚をゆっくりスタート位置に戻す。ステップ1と2を5〜10レップ繰り返す。レップとレップのあいだに、地面に足をつけてバランスを取り直してもよい。

バンドを用いたレッグアダクション

このエクササイズは股関節の内旋筋群と内転筋群を集中的にウォームアップする。股関節内転筋群は座りがちな生活ではほとんど使われない。この運動は外転（→左図）を補完して、股関節の安定性を高める。

準備

動かす脚にレジスタンスバンドをつけてまっすぐに立ち、その脚をわずかにもう片方の脚の前に出す。十分な抵抗が得られるようにバンドの固定点から離れる。

ステップ1

体幹を引き締め、脊柱はニュートラルに維持する。骨盤が動かないようにしながら、動かす側の脚を体の正中線に向けて動かす。

ステップ2

バンドの張力に抵抗しながら、開いていた脚をゆっくりスタートの位置に戻す。ステップ1と2を5〜10レップ繰り返す。レップとレップのあいだに、地面に足をつけてバランスを取り直してもよい。

クールダウンストレッチ

クールダウンストレッチは受動的クールダウンとも呼ばれ、ほかの低強度の能動的活動、たとえば水泳やサイクリング、ウォーキングなどを含む長めのクールダウンルーチンの一部に加えることができます。クールダウンルーチンにストレッチの要素を含めれば、リラクセーションを促進して体を「安静・消化」状態に転換し、回復を早め、気持ちを落ち着かせるのに役立ちます。

回復を助ける呼吸法

ゆっくりした規則正しい呼吸は迷走神経を刺激し、安静やリラクセーション、回復を促進する。規則正しい呼吸と短い静的ストレッチを組み合わせれば、回復を早め幸福感を高めるだけでなく、気分も上向く。ストレッチのセッション中はゆっくりしたリズミカルな呼吸（毎分6〜10回）を心掛ける。穏やかでリラックスした状態になることができ、ストレッチにより深く没入できる。

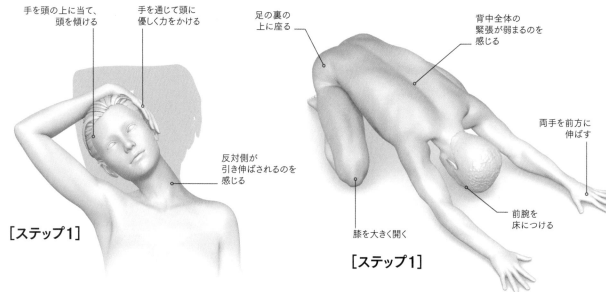

手を頭の上に当て、頭を傾ける

手を通じて頭に優しく力をかける

反対側が引き伸ばされるのを感じる

[ステップ1]

足の裏の上に座る

背中全体の緊張が弱まるのを感じる

両手を前方に伸ばす

前腕を床につける

膝を大きく開く

[ステップ1]

斜角筋ストレッチ

トレーニング中には、安定化のため、上背部（僧帽筋）や首の筋肉（斜角筋）に直接または間接に大きな張力が生じる。このストレッチはそれらの筋群の伸長を助け、緊張を和らげる。

準備

まっすぐに立つ。頭部をニュートラルポジションに保ち、頭を覆うように片方の腕を伸ばし、耳の上部に手を当てる。

ステップ1

手を通じて優しく力を加え、反対側に引くようにして首をストレッチする。

ステップ2

ニュートラルポジションに戻り、反対側にもステップ1と2を繰り返す。それぞれ、5秒間保持しながら3〜5レップずつ繰り返す。

子どものポーズ

このストレッチはヨガのポーズ（アーサナ）に起源をもち、座位で行う。背部の筋群に加え股関節や膝、足首の周囲の筋肉もストレッチしながら、呼吸を通じて緊張を安全に和らげることができる。

準備

テーブルトップポジション（四つんばい）でスタートする。

ステップ1

両手を前方に伸ばしながら、股関節を沈められるように両膝をわずかに開き、背中と肩をストレッチする。呼吸に意識を集中し、シーテッドバックポジションに移りながら、呼吸をできるだけコントロールする。

ステップ2

股関節を持ち上げ前方に動かしてテーブルトップポジションになり、スタートのポジションに戻る。ゆっくりと3〜5レップ繰り返す。

図中の色の意味

● ターゲットとなる
　筋肉部位

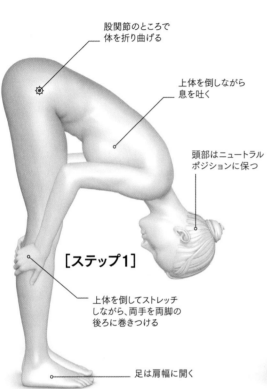

股関節のところで
体を折り曲げる

上体を倒しながら
息を吐く

頭部はニュートラル
ポジションに保つ

［ステップ1］

上体を倒してストレッチ
しながら、両手を両脚の
後ろに巻きつける

足は肩幅に開く

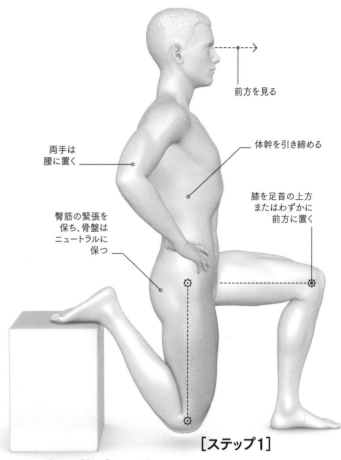

前方を見る

両手は
腰に置く

体幹を引き締める

膝を足首の上方
またはわずかに
前方に置く

臀筋の緊張を
保ち、骨盤は
ニュートラルに
保つ

［ステップ1］

フォワードフォールド（深い前屈）

これもヨガに起源のあるストレッチで、立位ポーズ（アーサナ）で行い、自分の限界または必要に応じて容易に調節できる。腰や股関節の緊張を和らげるすぐれた効果がある。

準備

足を肩幅に開いてまっすぐに立つ。

ステップ1

股関節のところから、胴体を45°まで前屈する。体幹の引き締めと脊柱のニュートラルポジションを維持する。上背部はわずかに丸めてもよい。腰、ハムストリングス、臀筋に軽度または中程度のストレッチを感じる。

ステップ2

呼吸をコントロールし、上体を倒すときに息を吐き、起こすときに息を吸う。各ストレッチを5〜10秒持続して、3〜5レップ行う。

クワッドストレッチ

「カウチストレッチ」とも呼ばれるこのクールダウンストレッチは、可動域が制限された股関節屈筋群の緊張緩和と制限の解消に効果がある。骨盤周囲の筋群の可動化と安定化に役立つ。

準備

片方の脚の後ろに高さ約60cmの台を置いて、まっすぐに立つ。台の上に片足を乗せる。

ステップ1

持ち上がった方の膝を床のほうに下げ、その脚の大腿部を床に垂直に保つ。膝を下げるとき、動かしている脚の四頭筋がストレッチするのを感じる。

ステップ2

直立姿勢に戻り、ゆっくりと3〜5レップ繰り返す。もう片方の脚でも同様に繰り返す。

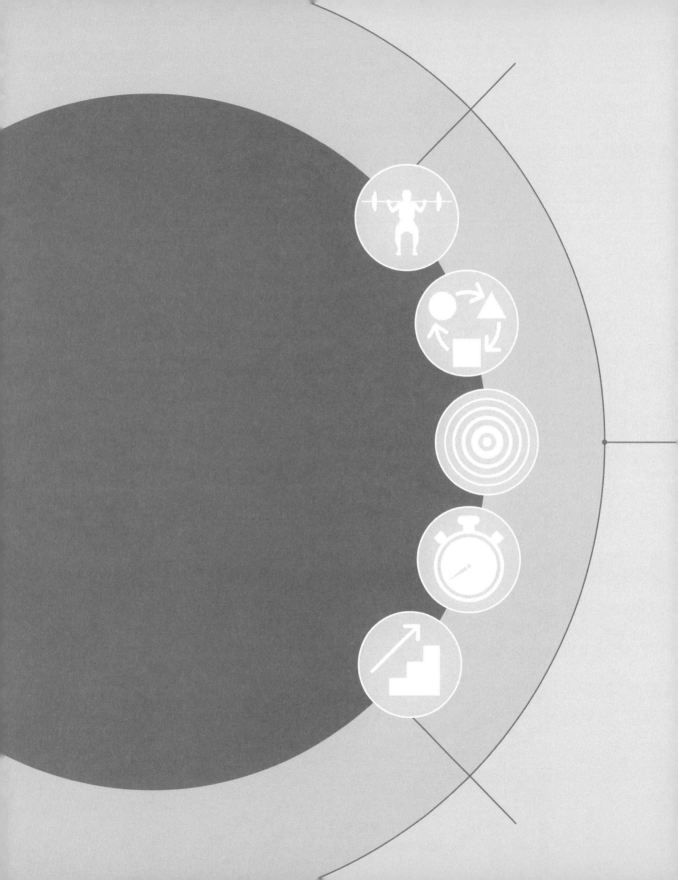

トレーニングの
実践

トレーニングで一番難しいのは、自分の目標を達成するには、

どのようなエクササイズを選び、それをどのようにして

しっかりした構成のプログラムにまとめればいいのかを理解することです。

この章ではトレーニングで最も重要な指針、

すなわちトレーニングをどう実行し、発展させていくかをわかりやすく解説し、

筋肉を増やし、かつ筋力や持久力をつけるための

プログラムの実例を紹介します。

筋力トレーニングの要素

本書のトレーニングプログラムは、トレーニング量、トレーニング強度、エクササイズ選択、疲労管理という4つの重要な要素を中心に組み立てられています。さらにプログラムは難易度および頻度別になっており、各自の経験度や、週にどれくらいの時間をトレーニングに当てられるかに合わせてセッションを選べるようになっています。

トレーニング量

トレーニング量とは一定時間内、通常はトレーニングの1セッションまたは1週間に行うエクササイズの量を指します。一定の負荷（ウエイト）で一定のセット数内に行うレップ数で表すのがふつうです。

経験を積むにつれ、選ぶエクササイズ、動きの範囲や抵抗プロフィール（レップのどの時点で運動が最もきつくなるか）、テンポや休止期間などを変えることにより、さらにトレーニング量を調節できるようになります。

週の総量

トレーニングする各週につき、実行したトレーニング量を筋群ごとに総計する。

例

ワークアウトごとに胸部エクササイズを4セット行い、週に3回ワークアウトするなら、胸部エクササイズを計12セット行うことになる。これが胸部のワークアウトに対する1週間の総量となる。

4セット×週3回＝
特定の身体部分につき週12セット

トレーニングプログラム別トレーニング量

トレーニングは、筋肉をつける、持久力を高める、あるいは筋力を増すといった目的に合わせて行うことができ、トレーニング量はこの3つのどれを最終目的とするかによって異なる。量はレップや負荷を増やしたり、セットを追加したりして増やすことができる。

筋肉の増量	筋力	持久力
負荷やレップ数、セット数の引き上げによって総トレーニング量をしだいに多くすることに重点を置く（上記参照）。ターゲットとする筋群に対する総トレーニング量を週ごとに引き上げていくことを目指す。	トレーニングセッションごとまたはトレーニング週ごとのトレーニング強度の総計に重点を置く。より高い相対強度（1RMに対する％、右記参照）で行い、神経系を訓練することを目指す。	ワークアウトの密度、すなわち一定時間内に行うワークアウトの量に重点を置く。セッションごとの総密度を引き上げ、同じ時間内により多くのワークアウトを行うことを目指す。

トレーニング強度

負荷の強度は、あるエクササイズで1レップだけ支えることのできる最大重量（1レップマキシマムすなわち1RMと呼ばれる）に対するパーセンテージで表されます。

トレーニング負荷は、1セットで行えるレップ数によって決まります。強度が高ければレップ数は少なく（6以下）、中程度の負荷なら中程度のレップ数（6〜12）、低負荷では高レップ数（12〜20以上）となることが多いものです。筋力をつけることを目指すなら、レップ数を低い範囲に収めながら強度を最大にするのが最適です。筋肉増強には中程度の強度を使い、持久力をつけるには、より低い強度を使います。

低レップ数	中レップ数	高レップ数
1〜6	6〜12	12を超える
筋力増強に最適	筋肉増量に最適	持久力増強に最適

筋力──持久力

エクササイズの選択

各エクササイズは、ある筋肉の可動域の特定の部分をトレーニングします。エクササイズによって、より伸張性動作領域で鍛えることもできれば、より短縮性動作領域で鍛えることもできます(→P14〜15)。

例えば、負荷やレップ数が同じでも、バックスクワットは大腿四頭筋の伸長性領域にはたらきかけるのに対して、レッグエクステンションは中程度の短縮性領域を標的とします。同じように、マシンが違えば、筋肉への作用も違ってきます。自分のスキルレベルや体格、動き方に適したエクササイズを見つけることが大事です。

可動域

筋肉の寄与は、関節の角度やエクササイズによって変わります。可動域の各地点で、筋肉の異なる部位のはたらきが要求されます。ですから、あなた個人の限界に留意しつつ、自分のエクササイズテクニックで可能な範囲で、全可動域を使うことが大事です。

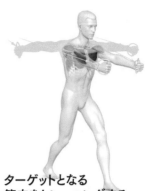

**ターゲットとなる
筋肉をトレーニングする**
エクササイズを選ぶときは自分の能力を考慮しましょう。例えば、チェストフライの際にケーブルの高さを調節すれば、もっとよく肩を回旋できるかもしれません。

疲労管理

疲労を管理することは、筋肥大や筋力を最大にするためだけでなく、怪我のリスクを下げるためにも極めて重要です。

どこまで追い込むか

これは調査研究に基づいて開発された疲労管理法で、RIR(REPS IN RESERVE)すなわちあるセットで「レップをあといくつできる余力があるか」を表す1から10までのスコア(→右記)を用います。このスコアはあなたの自覚的運動強度(RPE:RATE OF PERCEIVED EXERTION)と相関関係にあります。

自己調節

これは、特に疲労感のある日にはセッションをより易しいものにするというように、その日の感じに基づいてトレーニングを調節する考え方を指します。こうした個人の状態に合わせたやり方を使えば、意欲を保ちつつ、怪我を防ぐことができるでしょう。

ディロード(積極的休養)

ディロードとは軽い週つまり調子を落とす週を言い、その間は、筋肉や筋力を維持したり、回復や筋肉修復を促したりするのに必要な最低限の量のトレーニングをします。きついトレーニングをすればするほど、そのレベルに戻ったり、そのレベルを超えたりできるようになるには、より長いディロードが必要になります。5週に1週というのが、トレーニングスケジュールにおける理想的なディロード時期の一例です。初心者はその週の負荷を約10〜20%減らし、上級者はセット数を直前の4週の最高時から30〜50%ほど減らすとともに、RIRを2ポイント下げます。

RIRに基づくRPEスケール

スコア	説明
10	最大努力
9.5	RIRはこれ以上無理だが、負荷は増やせる
9	1RIR
8.5	1RIRは確実、2RIRできるかもしれない
8	2RIR
7.5	2RIRは確実、3RIRできるかもしれない
7	3RIR
5-6	4〜6RIR
3-4	軽度の努力
1-2	軽度の努力または努力不要

休憩の重要性

休憩はエクササイズのセットとセットのあいだの時間で、回復に欠かせない。上級者向けのトレーニングプログラムでは、各自のトレーニング目標によって(右記参照)、また強度、セットの長さ、トレーニング経験によって、15秒から5分と幅がある。筋力トレーニングの初心者は、場合によってはこれより長い休憩をとり、トレーニングへの応答が適切に管理されるようにするのがよい。

00:15−1:00	持久力
00:30−3:00	筋肉増強
2:15−5:00	筋力

≫ トレーニング頻度

トレーニング頻度とは、トレーニング週に任意の筋群を何回トレーニングするかを言います（→P198）。

筋肉を増やしたり、筋力をつけたりするには、週当たりの筋群ごとのトレーニング量をある決まったレベルにする必要がありますが、週当たりのトレーニング日を増やせば、ワークアウトに変化をつけることが可能になります。

トレーニングの頻度を上げる

各筋群をもっと頻繁に、しかも1日当たりのセット数を少なくしてトレーニングできます。

トレーニングの頻度を下げる

特定の筋群に対するセッションとセッションのあいだにより多くの回復日を挟みながら、その筋群に対するセッション当たりのセット数を増やすことができます。

トレーニング頻度を上げ下げするほかに、現在のプログラムにレップや負荷、セットを追加しても、単純にセッション当たりのトレーニング量を増減してもいいでしょう。何であれ追加すれば、そのセッションの総合的なストレスが増えると理解してください。

トレーニングの進展

漸進的な過負荷は、ストレスあるいは刺激を（セットやレップ、負荷の形で）徐々に積極的に追加することと定義され（→右ページグラフ）、トレーニングの進展を助けるために用いられます。

あるウエイトのレップをもっと多くこなせたり、もっと重い負荷を持ち上げられたりするのは、過負荷が起こった証拠です。トレーニングを徐々に進展させるために変えることのできる要素がいくつかあります。

レップや負荷を追加する

反復つまりレップは、あるトレーニングの伸張性収縮と短縮性収縮からなる完結した動きです。レップまたはウエイトを追加することは、ターゲットとなる筋肉に加えられる張力の量を増やすことによってトレーニングを進展さ

せるよい方法です。張力が多ければ、それだけ多くの筋組織が収縮と代謝の両方の観点から活性化されます。

セットを追加する

トレーニングの量または強度を向上させる方法としてよく知られているのが、ワークアウトにセットをまるごと追加する方法です。量を引き上げれば筋肥大を促進する能力が高まりますが、それはある一定の地点までです。もし自分の最大回復閾値を超えれば、効果は下がっていくだけでしょう。

漸進的なRIR

RIRのモニタリングでは、ワークアウトの総強度の引き上げによって、あるプログラムの総合的な疲労が増加するかどうかに注目しま

す。RIRの数字を維持することは疲労の管理を助け、一貫したパフォーマンスを可能にします（→P199）。

回復

回復はトレーニングの重要な可変要素の1つです。トレーニングは筋線維を破壊するので（→P18〜21）、回復時間を最大にすれば、体がみずからを修復して、筋肉を肥大させ、筋力や持久力をつけるのに役立ちます。回復が十分でないと、トレーニングパフォーマンスに悪影響が生じ、トレーニングに正しく適応できないでしょう。良質な睡眠や栄養、ストレス管理と並んで、回復日が非常に重要な理由はそこにあります。

トレーニングの進展

レップや負荷を追加する	セットを追加する	漸進的なRIR	回復
セットへのウエイトやレップの追加がそれ以上できなくなった場合は、セットをまるごと追加することによってトレーニング量を引き上げる。	生産的なトレーニング量の範囲は、たいていの人にとって週当たり10〜18セットのあいだにある。	初心者は怪我を避けるために2〜4レップにとどめる。上級者は週当たり1ポイントずつRIRを引き下げることができる。	プログラムには休息日を組み込んで、トレーニングパフォーマンスの低下を避ける。

トレーニングプログラム

トレーニングセッションは、トレーニングの分割に左右されます。つまり、トレーニング週やセッションを
どのように編成するかによって決まります。初心者向けのプログラムと上級者向けのプログラムを3つずつ紹介し、
トレーニング頻度を増減するための選択肢も添えてあります。

トレーニングの分割

　各自の経験レベル、トレーニング目標、トレーニングに使える時間に基づいて、週に3回か4回、または5回のワークアウトを選べます。初心者と上級者それぞれに向けた例をあげてあります。自分の目標（筋肉増強、筋力強化、持久力強化）に適したプログラムを見つけてください。

- 週3回——これはフルボディトレーニング分割で、筋群のトレーニング量をトレーニング週全体に最もよく分配できます。主要な筋群や、肩の筋群のようなより小さな筋群に張力をかける多関節統合エクササイズに主眼を置きます。

- 週4回——これはハーフボディトレーニング分割です。追加のトレーニング日があるので、筋群ごとのトレーニング量を分割でき、各セッションにおける筋群当たりの量をもっと多くできます。

- 週5回——これは3分の1ボディトレーニング分割となります。それぞれの日に体の約3分の1をトレーニングし、ワークアウトごとの筋群当たりのトレーニング量を増やしつつ、筋群当たりの1週間のトレーニング頻度は減らすことができます。

プログラムのなかでトレーニング量を調節する

グラフ中の色の意味
- 量の増減
- 初心者の量
- 上級者の量

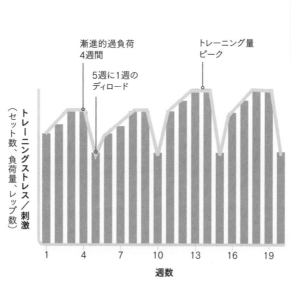

初心者向けプログラム

　初心者向けのプログラムでは、4週間にわたって漸進的な過負荷があり、次いで5週目に回復のために量を減らす（ディロード）。その後、このパターンが繰り返される。トレーニング量はしだいに増加し、14週目にピークに達する。

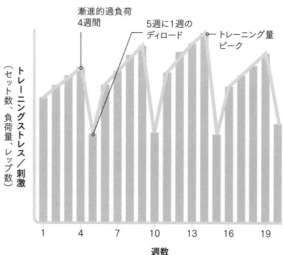

上級者プログラム

上級者向けのトレーニングも上と同じパターンに従うが、全体にトレーニング量が多い。週ごとの量の増加もより大きく、漸進的な過負荷のより大きな増加を可能にしている。16〜19週で、回復を促進するためにストレスの量が低下している。

筋肉量増加・初心者

肥大というプロセス（→P18）によって筋肉を増強するためのトレーニングは、質の高いレップを一定量、一定の強度レベル・いわゆる「限界まで追い込む」レベル（→P199）で行います。

すべてのセットをこれ以上できないところまでトレーニングするのは、長期的に見て生産的ではありません。そうではなく、199ページの自覚的運動強度（RPE）を使って自分のRIRを判断しながら、どのセットも破綻に近い

レベルまでトレーニングすることを目指しましょう。RIRが4〜5の範囲内でのトレーニングで、筋肥大を促すのに十分な刺激の得られることがわかっています。

ワークアウトはすべてウォームアップで始めましょう（→P186）。表中に指示がある場合は、あなたの好みや状況しだいで、そのエクササイズのバリエーションを選ぶことができます。

おもな筋群

- ● 脚
- ● 胸部
- ● 背部
- ● 肩
- ● 腕
- ● 腹部

ワークアウトの全体像

初心者向けの筋肉増強ワークアウトはすべて、トレーニング頻度にかかわらず、以下のレップ数、セット数、セット間の休憩、RIR、テンポ指針を用いる。

8〜10レップ
4セット
60〜90秒の休憩
3〜4RIR
コントロールされたテンポ

テンポに関する指針

テンポは各レップを行うリズムのことで、「コントロールされた」テンポとは、各レップのペースが正しく維持されていることを確認しながら行うことを意味する。コントロールしながら伸張性収縮段階を2〜3秒、短縮性収縮段階を1秒と数えながら完了し、正しいテクニックと筋肉にかかる張力を維持する。

筋肉量増加──週3回

	エクササイズ
ワークアウト1	バーベルバックスクワットまたはそのバリエーション（→P54〜57）
	レッグカール（シーテッドまたはライイング）（→P68〜70）
	ダンベルベンチプレス（→P96）またはプッシュアップ（→P95）
	ワイドグリップ・ラットプルダウン（→P110）またはチンアップ（→P113）
	ダンベル・ショルダープレス（→P127）
	回旋を伴うフロントプランク（→P156）
ワークアウト2	バーベルベンチプレスまたはそのバリエーション（→P92〜95）
	ルーマニアンデッドリフト（→P89）
	ニュートラルグリップ・ホリゾンタル・ロー（→P114）
	マシンまたはダンベル・ショルダープレス（→P126〜127）
	レッグエクステンションまたはそのバリエーション（→P74〜77）
	ボールクランチ（→P160）またはキャットアンドカウ・ニーリングクランチ（→P162）
ワークアウト3	トラディショナルデッドリフト（→P86）またはステップアップ・ウイズダンベル（→P66）
	ニュートラルグリップ・ラットプルダウン（→P112）またはチンアップ（→P113）
	ミッドケーブルチェストフライ（→P103）またはマシンチェストフライ（→P104）
	レッグカール（シーテッドまたはライイング）（→P68〜70）
	マシンまたはダンベル・ショルダープレス（→P126〜127）
	ケーブルローテーショナル・オブリークツイスト（→P168）

筋肉量増加——週4回

エクササイズ
ワークアウト1
バーベルベンチプレスまたはそのバリエーション（→P92〜95）
レッグプレス（→P58）
ロープ・トライセップスプッシュダウンまたはそのバリエーション（→P150〜153）
ダンベル・ラテラルレイズまたはそのバリエーション（→P128〜131）
ケーブルロープ・クランチ（→P166）
ワークアウト2
ニュートラルグリップ・ラットプルダウンまたはチンアップ（→P112〜113）
レッグカールまたはそのバリエーション（→P68〜71）
ダンベル・グルートブリッジまたはそのバリエーション（→P80〜81）
ダンベル・バイセップスカールまたはそのバリエーション（→P142〜145）
レッグエクステンションまたはそのバリエーション（→P74〜77）
ワークアウト3
カーフレイズ（→P82）
ハイローケーブルチェストフライまたはそのバリエーション（→P100〜103）
ダンベル・トライセップスエクステンションまたはそのバリエーション（→P146〜149）
ダンベル・ショルダープレスまたはそのバリエーション（→P126〜127）
ケーブルローテーショナル・オブリークツイスト（→P168）
ワークアウト4
ニュートラルグリップ・ホリゾンタル・ロー（→P114）
ルーマニアンデッドリフト（→P89）
ダンベル・グルートブリッジまたはそのバリエーション（→P80〜81）
バンドカール（→P144）
シーテッド・カーフレイズ（→P84）

筋肉量増加増——週5回

エクササイズ
ワークアウト1
インクラインバーベルベンチプレスまたはそのバリエーション（→P94〜95）
ニュートラルグリップ・ラットダウン（→P112）
プローンベンチ・リアデルトイドレイズ（→P138）
ダンベル・バイセップスカール（→P142）
ロープ・トライセップスプッシュダウン（→P150〜151）またはクローズグリップバーベルベンチプレス（→P94）
ケーブルロープ・クランチ（→P166）
ワークアウト2
ルーマニアンデッドリフト（→P89）
ハックスクワット（→P60）
ダンベル・グルートブリッジまたはそのバリエーション（→P80〜81）
レッグエクステンション（→P74）
カーフレイズ（→P82）
ワークアウト3
ダンベル・ショルダープレスまたはそのバリエーション（→P126〜127）
ダンベル・ラテラルレイズまたはそのバリエーション（→P128〜131）
バンドカール（→P144）
クロスケーブル・トライセップスプレスダウン（→P153）
ケーブルローテーショナル・オブリークツイスト（→P168）
デクラインアブドミナル・クランチ（→P167）
ワークアウト4
ニュートラルグリップ・ホリゾンタル・ロー（→P114）
ワイドグリップ・ラットプルダウン（→P110）
ダンベルベンチプレス（→P96）またはプッシュアップ（→P95）
ダンベルベントオーバー・ロー（→P116）
好みによって胸部または背部のエクササイズ
ワークアウト5
レッグプレス（→P58）またはダンベルスクワット（→P56）
レッグエクステンションまたはそのバリエーション（→P74〜77）
レッグカール（シーテッドまたはライイング）（→P68〜70）
ダンベル・グルートブリッジまたはそのバリエーション（→P80〜81）
プローンベンチ・リアデルトイドレイズ（→P138）
ダンベル・ラテラルレイズまたはそのバリエーション（→P128〜131）

筋肉量増加・上級者

　ここで紹介する上級者向けの筋肉増強プログラムでは、進展は主にトレーニング量の引き上げやエクササイズの選択幅の拡大で達成されます。

　これらの上級者向けプログラムには初心者向けのワークアウトに比べて幅広いエクササイズが含まれ、筋肉に与える代謝ストレスや張力を増すために量も引き上げられます。初心者向けプログラム同様に、自分のRIRやRPE(→P199)を判断することによって、各セットで破綻に近いところまでトレーニングすることを目指します。各エクササイズで要求されるテンポ、すなわちリズムに注意を払いましょう(左下)。

おもな筋群

- ● 脚
- ● 肩
- ● 胸部
- ● 腕
- ● 背部
- ● 腹部

ワークアウトの全体像

上級者向け筋肉増強ワークアウトはすべて、トレーニング頻度にかかわらず、以下のセット間休憩とRIRを用いる。

60〜90秒の休憩
2〜3RIR

テンポに関する指針

上級者向けプログラムでは、レップの伸張性収縮、レップの最低点での休止、短縮性収縮、レップの最高点での休止という各段階の持続秒数に対応する4つの数字の比率で、テンポが表される。一例として、3011というテンポなら、ターゲットとなる筋肉の収縮において、伸張性収縮時(例えばスクワットで腰を落としていくとき)に正確に3秒、レップの最低点での休止に0秒、短縮性収縮時(例えばスクワット姿勢から勢いよく立ち上がるとき)に正確に1秒、レップの最高点での1秒の維持が必要とされる。ほかに本書のトレーニングプログラムでよく用いられるテンポは3010と3110である。

スーパーセットに関する指針については212ページを参照

── スーパーセットの組み合わせは太線のあいだの青色部分で示す。

筋肉量増加──週3回

	エクササイズ	セット数	レップ数	テンポ
ワークアウト1	バーベルバックスクワット(→P54)またはレッグプレス(→P58)	4	6–8	3010
	レッグカール(シーテッドまたはライング)(→P68〜70)	4	6–8	3010
	ダンベルベンチプレス(→P96)またはバーベルベンチプレス(→P92)	4	6–8	3010
	ワイドグリップ・ラットプルダウン(→P110)またはチンアップ(→P113)	4	6–8	3010
	ダンベル・ショルダープレス(→P127)	4	6–8	3010
	回旋を伴うフロントプランク(→P156)	4	6–8	コントロールされたテンポ
ワークアウト2	バーベルベンチプレス(→P92)またはダンベルベンチプレス(→P96)	4	6–8	3010
	ルーマニアンデッドリフト(→P89)	4	6–8	3010
	ニュートラルグリップ・ホリゾンタル・ロー(→P114)	4	6–8	3010
	マシンまたはダンベル・ショルダープレス(→P126〜127)	4	6–8	3010
	レッグエクステンション(→P74)	4	6–8	3010
	TVAボールクランチまたはそのバリエーション(→P160〜163)	4	6–8	コントロールされたテンポ
ワークアウト3	トラディショナルデッドリフトまたはそのバリエーション(→P86〜89)	4	8–10	2010
	ニュートラルグリップ・ラットプルダウンまたはチンアップ(→P112〜113)	4	8–10	3010
	ミッドケーブルチェストフライ(→P103)またはマシンチェストフライ(→P104)	4	8–10	3010
	レッグカール(シーテッドまたはライング)(→P68〜70)	4	8–10	3010
	マシン・ショルダープレス(→P126)またはフロントプレス(→P135)	4	8–10	3010
	ケーブルローテーショナル・オブリークツイスト(→P168)	4	8–10	コントロールされたテンポ

筋肉量増加——週4回

	エクササイズ	セット数	レップ数	テンポ
ワークアウト1	ダンベルベンチプレスまたはそのバリエーション（→P96〜99）	4	6-8	3110
	バーベルバックスクワット（→P54）またはレッグプレス（→P58）	5	6-8	3010
	クロスケーブル・トライセップスプレスダウン（→P153）	4	8-10	3011
	ハイローケーブルチェストフライ（→P100）	4	8-10	3011
	ダンベル・ラテラルレイズまたはそのバリエーション（→P128〜131）	4	8-10	3010
	ダンベル・トライセップスエクステンションまたはそのバリエーション（→P146〜149）	4	8-10	3010
	ケーブルロープ・クランチ（→P166）	5	8-10	コントロールされたテンポ
ワークアウト2	ニュートラルグリップ・ラットプルダウンまたはチンアップ（→P112〜113）	4	6-8	3010
	レッグカールまたはそのバリエーション（→P68〜71）	5	6-8	3011
	バーベル・グルートブリッジまたはそのバリエーション（→P78〜81）	4	6-8	3011
	マシン・バイセップスカール（→P144）	4	6-8	3011
	ダンベル・バイセップスカールまたはそのバリエーション（→P142〜145）	4	8-10	3011
	ダンベル・ベントオーバー・ロー（→P116）	4	8-10	3010
	カーフレイズまたはそのバリエーション（→P82〜85）	5	8-10	コントロールされたテンポ
ワークアウト3	レッグエクステンションまたはそのバリエーション（→P74〜77）	5	8-10	3011
	ミッドケーブルチェストフライ（→P103）	4	8-10	3010
	ダンベル・トライセップスエクステンションまたはそのバリエーション（→P146〜149）	4	8-10	3110
	バーベル・オーバーヘッド・ショルダープレスまたはそのバリエーション（→P124〜127）	4	8-10	3010
	ダンベル・ラテラルレイズまたはそのバリエーション（→P128〜131）	4	8-10	3010
	ケーブルローテーショナル・オブリークツイスト（→P168）	5	6-8	コントロールされたテンポ
ワークアウト4	ニュートラルグリップ・ホリゾンタル・ロー（→P114）	4	6-8	3010
	ルーマニアンデッドリフト（→P89）	5	6-8	3010
	バーベル・グルートブリッジまたはそのバリエーション（→P78〜81）	4	6-8	3011
	バンドカール（→P144）	4	8-10	3011
	シーテッド・カーフレイズ（→P84）	5	8-10	3011

筋肉量増加——週5回

	エクササイズ	セット数	レップ数	テンポ
ワークアウト1	インクラインダンベルベンチプレスまたはそのバリエーション（→P98〜99）	4	6-8	3110
	ニュートラルグリップ・ラットプルダウン（→P112）	4	6-8	3010
	ダンベルリアフライ（→P136）	4	8-10	3011
	ダンベルチェストフライ（→P106）	4	8-10	3010
	ダンベル・バイセップスカール（→P142）	4	8-10	3011
	ロープ・トライセップスプッシュダウン（→P150）	4	8-10	3011
	フェーシングアウェイ・スタンディング・クランチ（→P166）	4	8-10	コントロールされたテンポ
ワークアウト2	ルーマニアンデッドリフト（→P89）	4	6-8	3010
	ハックスクワット（→P60）	3	8-10	3110
	バーベル・グルートブリッジまたはそのバリエーション（→P78〜81）	4	8-10	3011
	レッグカール（→P68）	4	8-10	3011
	レッグエクステンション（→P74）	3	8-10	3011
	カーフレイズ（→P82）またはレッグプレス・カーフレイズ（→P85）	4	8-10	3011
ワークアウト3	マシンまたはダンベル・ショルダープレス（→P126〜127）	4	6-8	3110
	ダンベル・ラテラルレイズまたはそのバリエーション（→P128〜129）	4	8-10	3010
	ダンベル・フロントレイズまたはそのバリエーション（→P132〜135）	4	8-10	3010
	バンドカール（→P144）	4	8-10	3011
	ダンベルリフライまたはそのバリエーション（→P136〜139）	4	8-10	3011
	クロスケーブル・トライセップスプレスダウン（→P153）	4	8-10	3011
	回旋を伴うサイドプランク（→P158）	4	8-10	コントロールされたテンポ
	ステアザポット（→P162）	4	8-10	コントロールされたテンポ
ワークアウト4	ニュートラルグリップ・ホリゾンタル・ロー（→P114）	4	6-8	3010
	バーティカルプルダウン（→P110）	4	8-10	3011
	ダンベルベンチプレス（→P96）またはプッシュアップ（→P95）	3	8-10	3110
	ローハイケーブルチェストフライ（→P103）	3	8-10	3011
	ダンベルシュラッグ（→P118）	4	8-10	3010
	好みに応じて胸部または背部のエクササイズ			コントロールされたテンポ
ワークアウト5	バーベルバックスクワット（→P54）またはハックスクワット（→P60）	4	8-10	3110
	レッグエクステンションまたはそのバリエーション（→P74〜77）	4	8-10	3011
	レッグカール（シーテッドまたはライング）（→P68〜70）	4	8-10	3011
	ダンベル・グルートブリッジまたはそのバリエーション（→P80〜81）	4	8-10	3011
	プローンベンチ・リアデルトイドレイズ（→P138）	4	8-10	3011
	ダンベル・ラテラルレイズまたはそのバリエーション（→P128〜131）	4	10-12	3010
	ケーブルロープ・クランチ（→P166）またはハンギング・ニーレイズ（→P164）	4	8-10	コントロールされたテンポ

筋力強化・初心者

筋力増強を目標とするトレーニングには、高強度（高負荷）トレーニングと少ないレップ範囲および長い休憩時間との組み合わせが必要です。

筋力に特化したプログラムでは、いまある筋肉量を用いて収縮力を発生させ、神経系を訓練して、神経系が筋肉に働きかけ活性化させて、より集中的かつ効果的に力を発生させられるようにすることを目指します（→P38）。筋力のためのトレーニングはスキルや協調運動を発現させることでもあります。

以下に紹介するプログラムでは、各セットで用いられる負荷の引き上げを目標として、主要なエクササイズを完了させます。必要なら主要なエクササイズの前にウォームアップを用いて、より重い負荷に対して体を準備させましょう。表中に指示がある場合は、好みや状況に応じて、それぞれのエクササイズのバリエーションを使うこともできます。

おもな筋群

- 脚
- 肩
- 胸部
- 腕
- 背部
- 腹部

ワークアウトの全体像

初心者向けの筋力ワークアウトはすべて、トレーニング頻度にかかわらず、以下のレップ数、セット数、セット間の休憩、RIR、テンポ指針を用いる。

コントロールされたテンポ

セット数2のエクササイズについては1分の休憩、そのほかは＊印のついているもの以外は2〜3分の休憩。
＊印のエクササイズについては
2〜5分の休憩。

筋力強化──週3回

	エクササイズ	セット数	レップ数	RIR
ワークアウト 1	マシン・ホリゾンタル・ロー（→P116）	2	6-8	3-4
	マシン・ショルダープレス（→P126）	2	6-8	3-4
	バーベルベンチプレス（→P92）またはダンベルベンチプレス（→P96）＊	5	5	2-3
	バーベル・オーバー・ヘッド・ショルダープレス（→P124）またはダンベル・ショルダープレス（→P127）	3	6	2-3
	クロスケーブル・トライセッププレスダウンまたはそのバリエーション（→P152〜153）	3	6	2-3
ワークアウト 2	カーフレイズ（→P82）	2	6-8	3-4
	ダンベル・グルートブリッジ（→P80）	2	6-8	3-4
	バーベルバックスクワット（→P54）またはハックスクワット（→P60）＊	5	5	2-3
	レッグプレス（→P58）	3	6	2-3
	シーテッド・カーフレイズ（→P84）	3	6	2-3
ワークアウト 3	カーフレイズ（→P82）	2	6-8	3-4
	ダンベル・グルートブリッジ（→P80）	2	6-8	3-4
	バーベル・ベントオーバーロー（→P117）またはマシン・ホリゾンタルロー（→P116）＊	5	5	2-3
	ニュートラルグリップ・ラットプルダウン（→P112）	3	6	2-3
	ダンベル・バイセップスカール（→P142）またはマシン・バイセップスカール（→P144）	3	6	2-3

筋力強化——週4回

	エクササイズ	セット数	レップ数	RIR
ワークアウト1	カーフレイズ（→P82）	2	6–8	3–4
	ダンベル・グルートブリッジ（→P80）	2	6–8	3–4
	バーベルバックスクワット（→P54）またはハックスクワット（→P60）*	5	5	2–3
	レッグプレス（→P58）	3	6	2–3
	レッグエクステンション（→P74）	3	6	2–3
	シーテッド・カーフレイズ（→P84）	3	6	2–3
ワークアウト2	マシン・ホリゾンタル・ロー（→P116）	2	6–8	3–4
	マシン・ショルダープレス（→P126）	2	6–8	3–4
	バーベルベンチプレス（→P92）またはダンベルベンチプレス（→P96）*	5	5	2–3
	バーベル・オーバーヘッド・ショルダープレス（→P124）またはダンベル・ショルダープレス（→P127）	3	6	2–3
	ミッドケーブルチェストフライ（→P103）またはダンベルラテラルレイズ（→P128）	3	6	2–3
	クロスケーブル・トライセップスプレスダウンまたはそのバリエーション（→P152〜153）	3	6	2–3
ワークアウト3	カーフレイズ（→P82）	2	6–8	3–4
	ウォーキングランジ・ウィズダンベル（→P65）	2	6–8	3–4
	ルーマニアンデッドリフト（→P89）*	5	5	2–3
	レッグカール（シーテッドまたはライイング）（→P68〜70）	3	6	2–3
	バーベル・グルートブリッジまたはそのバリエーション（→P78〜81）	3	6	2–3
	カーフレイズ（→P82）	3	6	2–3
ワークアウト4	バンドカール（→P144）	2	6–8	3–4
	ワイドグリップ・ラットプルダウン（→P110）	2	6–8	3–4
	バーベル・ベントオーバーロー（→P117）またはマシン・ホリゾンタルロー（→P116）	5	5	2–3
	ニュートラルグリップ・ラットプルダウン（→P112）	3	6	2–3
	プローンベンチリアデルトレイズ（→P138）	3	6	2–3
	ダンベル・バイセップスカール（→P142）またはマシン・バイセップスカール（→P144）	3	6	2–3

筋力強化——週5回

	エクササイズ	セット数	レップ数	RIR
ワークアウト1	カーフレイズ（→P82）	2	6–8	3–4
	ダンベル・グルートブリッジ（→P80）	2	6–8	3–4
	バーベルバックスクワット（→P54）またはハックスクワット（→P60）*	5	5	2–3
	レッグプレス（→P58）	3	6	2–3
	レッグエクステンション（→P74）	3	6	2–3
	シーテッド・カーフレイズ（→P84）	3	6	2–3
ワークアウト2	マシン・ホリゾンタルロー（→P116）	2	6–8	3–4
	マシン・ショルダープレス（→P126）	2	6–8	3–4
	バーベルベンチプレス（→P92）またはダンベルベンチプレス（→P96）	5	5	2–3
	バーベル・オーバーヘッド・ショルダープレス（→P124）またはダンベル・ショルダープレス（→P127）	3	6	2–3
	ミッドケーブルチェストフライ（→P103）またはダンベル・ラテラルレイズ（→P128）	3	6	2–3
	クロスケーブル・トライセップスプレスダウンまたはそのバリエーション（→P152〜153）	3	6	2–3
ワークアウト3	カーフレイズ（→P82）	2	6–8	3–4
	ウォーキングランジ・ウィズダンベル（→P65）	2	6–8	3–4
	ルーマニアンデッドリフト（→P89）*	5	5	2–3
	レッグカール（シーテッドまたはライイング）（→P68〜70）	3	6	2–3
	バーベル・グルートブリッジまたはそのバリエーション（→P78〜81）	3	6	2–3
	カーフレイズ（→P82）	3	6	2–3
ワークアウト4	バンドカール（→P144）	2	6–8	3–4
	ワイドグリップ・ラットプルダウン（→P110）	2	6–8	3–4
	バーベル・ベントオーバーロー（→P117）またはマシン・ホリゾンタルロー（→P116）*	5	5	2–3
	ニュートラルグリップ・ラットプルダウン（→P112）	3	6	2–3
	プローンベンチリアデルトレイズ（→P138）	3	6	2–3
	ダンベル・バイセップスカール（→P142）またはマシン・バイセップスカール（→P144）	3	6	2–3
ワークアウト5	マシン・ホリゾンタルロー（→P116）	2	6–8	3–4
	マシン・ショルダープレス（→P126）	2	6–8	3–4
	インクラインダンベルベンチプレス（→P98）またはミッドケーブルチェストフライ（→P103）*	3	6–8	2–5
	ダンベルまたはマシン・ショルダープレス（→P126〜127）	3	6–8	2–3
	ダンベル・ラテラルレイズ（→P128）	3	6–8	2–3
	ロープトライセップスプッシュダウンまたはそのバリエーション（→P150〜153）	3	6–8	2–3

207

筋力強化・上級者

筋力強化

上級者

以下に紹介する上級者向け筋力増強プログラムは、トレーニング量の引き上げやエクササイズ選択の幅の拡大を通じて、進展を実現します。

もっと上級レベルでの筋力増強は主に、用いる負荷の引き上げを通して達成されます。初心者向けプログラムの場合同様に、ワークアウトのたびに、各エクササイズの最終セットに強度がピークになるように負荷を増やしていきます。

やはり、必要に応じて主要なエクササイズの前にウォームアップセットを用いて、より重い負荷に慣れるようにしましょう。

おもな筋群

- ● 脚
- ● 胸部
- ● 背部
- ● 肩
- ● 腕
- ● 腹部

ワークアウトの全体像

上級者向けの筋力ワークアウトはすべて、トレーニング頻度にかかわらず、以下のセット間休憩を用いる。

2セットのエクササイズについては**60秒の休憩**、
4セットのエクササイズでは**2～3分の休憩**、5セットのエクササイズについては**2～5分の休憩**。

テンポに関する指針は202および204ページを参照

⊩⊩ ターゲット筋群を強調

たいていの人には、特に改善したい筋群がある。筋肉と筋力の基礎がしっかりできたら、各トレーニング週にその筋群に行うセット数を増やすことで、ターゲットとする筋群に対するトレーニングを強調し始めてもよい。自分の限界を超えないように気をつける。もし目標の筋（群）に何か追加した場合は、ほかの部分へのトレーニング量を減らして相殺する。

筋力強化──週3回

	エクササイズ	セット数	レップ数	RIR	テンポ
ワークアウト**1**	マシン・ホリゾンタル・ロー（→P116）	2	6-8	3-4	コントロールされたテンポ
	マシン・ショルダープレス（→P126）	2	6-8	3-4	コントロールされたテンポ
	バーベルベンチプレス（→P92）またはダンベルベンチプレス（→P96）	5	5	2	3110
	バーベル・オーバーヘッド・ショルダープレスまたはダンベルショルダープレス（→P124～127）	4	6	2	3110
	クロスケーブル・トライセッププレスダウン（→P153）	4	6	2	3110
ワークアウト**2**	カーフレイズ（→P82）	2	6-8	3-4	コントロールされたテンポ
	ダンベル・グルートブリッジ（→P80）	2	6-8	3-4	コントロールされたテンポ
	バーベルバックスクワット（→P54）またはハックスクワット（→P60）	5	5	2	3110
	レッグプレス（→P58）	4	6	2	3110
	シーテッド・カーフレイズ（→P84）	4	6	2	3110
ワークアウト**3**	バンドカール（→P144）	2	6-8	3-4	コントロールされたテンポ
	ワイドグリップ・ラットプルダウン（→P110）	2	6-8	3-4	コントロールされたテンポ
	バーベル・ベントオーバー・ローまたはマシン・ホリゾンタル・ロー（→P116～117）	5	5	2	3110
	ニュートラルグリップ・ラットプルダウン（→P112）	4	6	2	3110
	ダンベル・バイセップスカールまたはマシンバイセップスカール（→P142～144）	4	6	2	3010

筋力強化——週4回

	エクササイズ	セット数	レップ数	RIR	テンポ
ワークアウト1	カーフレイズ (→P82)	2	6–8	3–4	コントロールされたテンポ
	ダンベル・グルートブリッジ (→P80)	2	6–8	3–4	コントロールされたテンポ
	バーベルバックスクワット(→P54)またはハックスクワット(→P60)	5	5	2	3110
	レッグプレス(→P58)またはトラップバーデッドリフト(→P88)	4	6	2	3110
	レッグエクステンション (→P74)	4	6	2	3010
	シーテッド・カーフレイズ (→P84)	4	6	2	3110
ワークアウト2	マシン・ホリゾンタル・ロー (→P116)	2	6–8	3–4	コントロールされたテンポ
	マシン・ショルダープレス (→P126)	2	6–8	3–4	コントロールされたテンポ
	バーベルベンチプレス(→P92)またはダンベルベンチプレス(→P96)	5	5	2	3110
	バーベル・オーバーヘッド・プレスまたはダンベルショルダープレス(→P124~127)	4	6	2	3110
	ミッドケーブルチェストフライ(→P103)またはダンベル・ラテラルレイズ(→P128)	4	6	2	3010
	クロスケーブル・トライセップスプレスダウン(→P153)	4	6	2	3110
ワークアウト3	カーフレイズ (→P82)	2	6–8	3–4	コントロールされたテンポ
	ウォーキングランジ・ウィズダンベル(→P65)	2	6–8	3–4	コントロールされたテンポ
	ルーマニアンデッドリフト (→P89)	5	5	2	3110
	レッグカール(シーテッドまたはライイング)(→P68~70)	4	6	2	3110
	バーベル・グルートブリッジまたはそのバリエーション(→P78~81)	4	6	2	3010
	カーフレイズ (→P82)	4	6	2	3110
ワークアウト4	バンドカール (→P144)	2	6–8	3–4	コントロールされたテンポ
	ワイドグリップ・ラットプルダウン (→P110)	2	6–8	3–4	コントロールされたテンポ
	バーベル・ベントオーバー・ローまたはマシン・ホリゾンタル・ロー(→P116~117)	5	5	2	3110
	ニュートラルグリップ・ラットプルダウン (→P112)	4	6	2	3110
	プローンベンチリアデルトレイズ (→P138)	4	6	2	3010
	ダンベル・バイセップスカールまたはマシンバイセップスカール(→P142~144)	4	6	2	3110

筋力強化——週5回

	エクササイズ	セット数	レップ数	RIR	テンポ
ワークアウト1	カーフレイズ (→P82)	2	6–8	3–4	コントロールされたテンポ
	ダンベル・グルートブリッジ (→P80)	2	6–8	3–4	コントロールされたテンポ
	バーベルバックスクワット(→P54)またはハックスクワット(→P60)	5	5	2	3110
	レッグプレス(→P58)またはトラップバーデッドリフト(→P88)	4	6	2	3110
	レッグエクステンション (→P74)	4	6	2	3010
	シーテッド・カーフレイズ (→P84)	4	6	2	3110
ワークアウト2	マシン・ホリゾンタル・ロー (→P116)	2	6–8	3–4	コントロールされたテンポ
	マシン・ショルダープレス (→P126)	2	6–8	3–4	コントロールされたテンポ
	バーベルベンチプレス(→P92)またはダンベルベンチプレス(→P96)	5	5	2	3110
	バーベル・オーバーヘッド・プレスまたはダンベルショルダープレス(→P124~127)	4	6	2	3110
	ミッドケーブルチェストフライ(→P103)またはダンベル・ラテラルレイズ(→P128)	4	6	2	3010
	クロスケーブル・トライセップスプレスダウンまたはそのバリエーション(→P152~153)	4	6	2	3110
ワークアウト3	カーフレイズ (→P82)	2	6–8	3–4	コントロールされたテンポ
	ウォーキングランジ・ウィズダンベル (→P65)	2	6–8	3–4	コントロールされたテンポ
	ルーマニアンデッドリフト (→P89)	5	5	2	3110
	レッグカール(シーテッドまたはライイング)(→P68~70)	4	6	2	3110
	バーベル・グルートブリッジまたはそのバリエーション(→P78~81)	4	6	2	3010
	カーフレイズ (→P82)	4	6	2	3110
ワークアウト4	バンドカール (→P144)	2	6–8	3–4	コントロールされたテンポ
	ワイドグリップ・ラットプルダウン (→P110)	2	6–8	3–4	コントロールされたテンポ
	バーベル・ベントオーバー・ローまたはそのバリエーション(→P116~117)	5	5	2	3110
	ニュートラルグリップ・ラットプルダウン (→P112)	4	6	2	3110
	プローンベンチリアデルトレイズ (→P138)	4	6	2	3010
	ダンベル・バイセップスカールまたはマシンバイセップスカール(→P142~144)	4	6	2	3110
ワークアウト5	マシン・ホリゾンタル・ロー (→P116)	2	6–8	3–4	コントロールされたテンポ
	マシンショルダープレス (→P126)	2	6–8	3–4	コントロールされたテンポ
	インクラインダンベルベンチプレス(→P98)またはケーブルチェストフライ(→P100)	4	6–8	2–3	3010
	ダンベルまたはマシン・ショルダープレス(→P126~127)	4	6–8	2–3	3010
	ダンベル・ラテラルレイズ (→P128)	4	6–8	2–3	3010
	ロープ・トライセップスプッシュダウンまたはそのバリエーション(→P150~153)	4	6–8	2–3	3010

持久力強化・初心者

このトレーニングは筋持久力トレーニングとも呼ばれ、短い休憩時間を挟んだ軽度から中程度の負荷を用いて、局所的な筋持久力を鍛えることを目指します。

このプログラム中に、総ワーク容量つまりセッション当たりのワークの総密度を引き上げていきます。こうしたスタイルのトレーニングは筋肉や筋力の発達にも役立ち、ほかの形のトレーニングやスポーツと組み合わせると効果的です。エクササイズの組み合わせ（スーパーセットあるいはジャイアントセットと呼ばれる）は、体に負荷をかけて、ワークアウトの容量をより疲労の強い状態に維持するのに役立ちます。

各ワークアウトをウォームアップで始めましょう。指示がある場合は、与えられたエクササイズのバリエーションを選ぶことができます。

おもな筋群
- 脚
- 肩
- 胸部
- 腕
- 背部
- 腹部

ワークアウトの全体像

初心者向けの持久力ワークアウトはすべて、トレーニング頻度にかかわらず、以下のレップ数、セット数、セット間の休憩、RIR、テンポ指針を用いる。

3セット
（週に4回または
5回トレーニングする場合は
4セット）
45〜60秒の休憩
3〜4 RIR
コントロールされたテンポ

持久力強化——週3回

	エクササイズ
ワークアウト**1**	レッグプレス（→P58）またはダンベルスクワット（→P56）
	レッグカール（シーテッドまたはライイング）（→P68〜70）
	ダンベルベンチプレス（→P96）またはプッシュアップ（→P95）
	ワイドグリップ・ラットプルダウン（→P110）またはチンアップ（→P113）
	ダンベル・ショルダープレス（→P127）またはダンベル・ラテラルレイズ（→P128）
	オルタネイティングVアップクランチ（→P171）
ワークアウト**2**	ミッドケーブルチェストフライ（→P103）またはプッシュアップ（→P95）
	シーテッドレッグカールまたはそのバリエーション（→P70〜71）
	ニュートラルグリップ・ホリゾンタル・ロー（→P114）
	マシン・ショルダープレス（→P126）またはダンベル・ラテラルレイズ（→P128）
	レッグエクステンションまたはそのバリエーション（→P74〜77）
	トランスバースアブドミナルボールクランチ（→P160）
ワークアウト**3**	レッグエクステンションまたはそのバリエーション（→P74〜77）
	ニュートラルグリップ・ラットプルダウンまたはチンアップ（→P112〜113）
	ダンベルベンチプレス（→P96）またはマシンチェストフライ（→P104）
	ハムストリング・ボールカール（→P72）
	マシン・ショルダープレス（→P126）またはフロントプレス（→P135）
	バイシクルクランチ（→P171）

持久力強化——週5回

エクササイズ
ワークアウト1
ミッドケーブルチェストフライまたはそのバリエーション（→P102〜103）
ワイドグリップ・ラットプルダウン（→P110）
ダンベル・リアデルトフライまたはそのバリエーション（→P136〜139）
ダンベル・バイセップスカールまたはそのバリエーション（→P142〜145）
クロスケーブル・トライセップスプレスダウンまたはそのバリエーション（→P152〜153）
ケーブルロープ・クランチまたはそのバリエーション（→P166〜167）
ワークアウト2
ルーマニアンデッドリフトまたはそのバリエーション（→P88〜89）
レッグプレス（→P58）
ダンベル・グルートブリッジまたはそのバリエーション（→P80〜81）
レッグエクステンション（→P74）
カーフレイズ（→P82）
ワークアウト3
ダンベル・ショルダープレス（→P127）
ダンベル・ラテラルレイズ（→P128）
ハンマーカール（→P145）
クロスケーブル・トライセップスプレスダウン（→P153）
ケーブルローテーショナル・オブリークツイスト（→P168）
デクラインアブドミナル・クランチ（→P167）またはデッドバグ（→P163）
ワークアウト4
ホリゾンタル・ロー（→P114）またはバーベル・ベントオーバー・ロー（→P117）
ワイドグリップまたはマシンラットプルダウン（→P110〜112）
ダンベルベンチプレス（→P96）またはプッシュアップ（→P95）
ダンベル・ベントオーバー・ロー（→P116）
好みに応じて胸部または背部のエクササイズ
ワークアウト5
レッグプレス（→P58）またはダンベルスクワット（→P56）
レッグエクステンションまたはそのバリエーション（→P74〜77）
レッグカール（シーテッドまたはライイング）（→P68〜70）
ダンベル・グルートブリッジまたはそのバリエーション（→P80〜81）
マシンリアフライ（→P138）
ダンベル・ラテラルレイズまたはそのバリエーション（→P128〜131）

持久力強化——週4回

エクササイズ
ワークアウト1
ミッドケーブルチェストフライ（→P103）またはプッシュアップ（→P95）
レッグプレス（→P58）またはダンベルスクワット（→P56）
ロープ・トライセップスプッシュダウンまたはそのバリエーション（→P150〜153）
ダンベル・ショルダープレス（→P127）またはダンベル・ラテラルレイズ（→P128）
ケーブルロープ・クランチ（→P166）
ワークアウト2
ニュートラルグリップ・ラットプルダウンまたはチンアップ（→P112〜113）
シーテッドレッグカールまたはそのバリエーション（→P70〜71）
ダンベル・グルートブリッジまたはそのバリエーション（→P80〜81）
ダンベル・バイセップスカールまたはそのバリエーション（→P142〜145）
カーフレイズ（→P82）
ワークアウト3
レッグエクステンションまたはそのバリエーション（→P74〜77）
ダンベルベンチプレス（→P96）またはプッシュアップ（→P95）
ダンベル・トライセップスエクステンションまたはそのバリエーション（→P146〜149）
マシンまたはダンベル・ショルダープレス（→P126〜127）
ケーブルローテーショナルオブリークツイスト（→P168）
ワークアウト4
ニュートラルグリップ・ホリゾンタル・ロー（→P114）
シーテッドレッグカールまたはそのバリエーション（→P70〜71）
ダンベル・グルートブリッジまたはそのバリエーション（→P80〜81）
バンドカール（→P144）
シーテッド・カーフレイズ（→P84）

持久力強化・上級者

ここに挙げた上級者向け持久力プログラムは、おもにトレーニング量の引き上げとエクササイズ選択の幅の拡大を通して進展を目指します。

これらのプログラムは、初心者向け持久力トレーニングを下敷きに、各ワークアウトのエクササイズの数と種類を多くしています。これらのワークアウトでは休憩を短くし、初心者向けプログラムと同じような軽度から中程度の負荷とを組み合わせれば、ワークの密度がさらに増し、疲労が起こる前に筋肉がもっと長くストレスに耐えられるように訓練することができます。

<table>
<tr><td colspan="2">おもな筋群</td></tr>
<tr><td>🔴 脚</td><td>🔴 肩</td></tr>
<tr><td>🟠 胸部</td><td>🟠 腕</td></tr>
<tr><td>⚪ 背部</td><td>⚪ 腹部</td></tr>
</table>

ワークアウトの全体像
上級者向けの持久力ワークアウトでは、トレーニング頻度にかかわらず以下のセット間休憩およびRIRを用いる。

12～15レップ
2～3RIR

**テンポに関する指針は
202および204ページを参照**

スーパーセット
スーパーセットとは、続けて行われるエクササイズの組み合わせを言う。たとえばチェストプレスとプルダウンとのスーパーセットでは、チェストプレスのレップ後に指定の時間休憩し、プルダウンのレップを行う。これは主働筋 - 拮抗筋スーパーセットで、パフォーマンスに影響を与えることなく時間を節約しながら対立筋群をトレーニングする。その他、同一身体部位、上半身と下半身、主働筋と協働筋にはたらきかけるエクササイズの組み合わせなどがある。スーパーセットで行うことは必須ではないが、取り入れれば効果的なワークアウト法となる。

スーパーセットの組み合わせは太線のあいだの青色部分で示す。

持久力強化——週3回

エクササイズ	セット数	休憩	テンポ
ワークアウト1			
ハックスクワット(→P60) またはレッグプレス(→P58)	4	45s	コントロールされたテンポ
レッグカール(シーテッドまたはライング) (→P68～70)	4	45s	コントロールされたテンポ
ダンベルベンチプレス(→P96)または ミッドケーブルチェストフライ(→P103)	4	45s	コントロールされたテンポ
ラットプルダウン(→P110) またはチンアップ(→P113)	4	45s	コントロールされたテンポ
ダンベル・ショルダープレス(→P127) またはダンベル・ラテラルレイズ(→P128)	4	45s	コントロールされたテンポ
ケーブルロープ・クランチ(→P166)	4	45s	コントロールされたテンポ
ワークアウト2			
ミッドケーブルチェストフライ(→P103) またはプッシュアップ(→P95)	4	45s	コントロールされたテンポ
レッグカールまたはそのバリエーション (→P68～71)	4	45s	コントロールされたテンポ
ニュートラルグリップ・ホリゾンタル・ロー (→P114)	4	45s	コントロールされたテンポ
マシン・ショルダープレス(→P126) またはダンベル・ラテラルレイズ(→P128)	4	45s	コントロールされたテンポ
レッグエクステンション またはそのバリエーション(→P74～77)	4	45s	コントロールされたテンポ
TVAボールクランチ(→P160)	4	45s	コントロールされたテンポ
ワークアウト3			
レッグエクステンション またはそのバリエーション(→P74～77)	4	45s	コントロールされたテンポ
マシンラットプルダウン(→P112) またはチンアップ(→P113)	4	45s	コントロールされたテンポ
ダンベルベンチプレス(→P96) またはマシンチェストフライ(→P104)	4	45s	コントロールされたテンポ
シーテッドレッグカール(→P70)	4	45s	コントロールされたテンポ
マシン・ショルダープレス(→P126) またはフロントプレス(→P135)	4	45s	コントロールされたテンポ
ケーブルローテーショナル・オブリークツイスト(→P168)	4	45s	コントロールされたテンポ

持久力強化——週4回

	エクササイズ	セット数	休憩	テンポ
ワークアウト1	ミッドケーブルまたはマシンチェストフライ（→P103〜104）	3	30s	3010
	レッグプレス（→P58）またはダンベルスクワット（→P56）	3	45–60s	3010
	ダンベルベンチプレス（→P96）またはプッシュアップ（→P95）	3	30s	3010
	レッグエクステンション（→P74）	3	45–60s	3010
	ロープ・トライセップスプッシュダウンまたはそのバリエーション（→P150〜153）	3	30s	3010
	ダンベル・ショルダープレス（→P127）	3	45–60s	3010
	ダンベル・トライセップスエクステンション（→P146）	3	30s	3010
	ダンベル・ラテラルレイズ（→P128）	3	45–60s	3010
	ケーブルロープ・クランチ（→P166）	4	30–45s	コントロールされたテンポ
ワークアウト2	ニュートラルグリップ・ラットプルダウンまたはチンアップ（→P112〜113）	3	30s	3010
	シーテッドレッグカールまたはそのバリエーション（→P70〜71）	3	45–60s	3010
	ニュートラルグリップ・ホリゾンタル・ロー（→P114）	3	30s	3010
	ルーマニアンデッドリフト（→P89）	3	45–60s	3010
	ダンベル・グルートブリッジまたはそのバリエーション（→P80〜81）	3	30s	3010
	ダンベル・バイセップスカール（→P142）またはバンドカール（→P144）	3	45–60s	3010
	スタンディングケーブル・グルートキックバック（→P80）	3	30s	3010
	ハンマーカール（→P145）	3	45–60s	3010
	カーフレイズ（→P82）	4	30–45s	コントロールされたテンポ

	エクササイズ	セット数	休憩	テンポ
ワークアウト3	レッグエクステンションまたはそのバリエーション（→P74〜77）	3	30s	3010
	ダンベルベンチプレス（→P96）またはプッシュアップ（→P95）	3	45–60s	3010
	ダンベルゴブレットスクワット（→P56）またはステーショナリーランジ・ウィズダンベル（→P62）	3	30s	3010
	ミッドケーブルチェストフライまたはそのバリエーション（→P102〜103）	3	45–60s	3010
	ダンベル・トライセップスエクステンションまたはそのバリエーション（→P146〜149）	3	30s	3010
	マシン・ショルダープレスまたはダンベル・ショルダープレス（→P126〜127）	3	45–60s	3010
	クロスケーブル・トライセップスプレスダウン（→P153）	3	30s	3010
	ダンベルラテラルレイズまたはそのバリエーション（→P128〜131）	3	45–60s	3010
	サイドプランクウィズ・ローテーション（→P158）	4	30–45s	コントロールされたテンポ
ワークアウト4	ニュートラルグリップ・ホリゾンタル・ロー（→P114）	3	30s	3010
	ルーマニアンデッドリフト（→P89）	3	45–60s	3010
	ワイドグリップ・ラットプルダウン（→P110）またはチンアップ（→P113）	3	30s	3010
	シーテッドレッグカールまたはそのバリエーション（→P70〜71）	3	45–60s	3010
	スタンディングケーブル・グルートキックバック（→P80）	3	30s	3010
	ハンマーカール（→P145）	3	45–60s	3010
	ダンベル・グルートブリッジまたはそのバリエーション（→P80〜81）	3	30s	3010
	ダンベル・バイセップスカール（→P142）またはバンドカール（→P144）	3	45–60s	3010
	シーテッド・カーフレイズ（→P84）	4	30–45s	コントロールされたテンポ

持久力強化・上級者

持久力強化──週5回

持久力強化

上級者

エクササイズ	セット数	休憩	テンポ
ミッドケーブルチェストフライまたはそのバリエーション（→P102〜103）	3	30s	3010
ワイドグリップ・ラットプルダウン（→P110）	3	45–60s	3010
ダンベルベンチプレスまたはそのバリエーション（→P96〜99）	3	30s	3010
ダンベル・ベントオーバー・ローまたはそのバリエーション（→P116〜117）	3	45–60s	3010
マシンリアフライまたはそのバリエーション（→P138〜139）	4	30s	3010
ダンベル・バイセップスカールまたはそのバリエーション（→P142〜145）	4	45–60s	3010
クロスケーブル・トライセップスプレスダウン（→P153）	4	30s	3010
ケーブルロープ・クランチまたはそのバリエーション（→P166〜167）	4	45–60s	3010

ワークアウト1

エクササイズ	セット数	休憩	テンポ
ルーマニアンデッドリフト（→P89）	3	30s	3010
レッグプレス（→P58）	3	45–60s	3010
レッグカールまたはそのバリエーション（→P68〜71）	3	30s	3010
レッグエクステンションまたはそのバリエーション（→P74〜77）	3	45–60s	3010
ダンベル・グルートブリッジまたはそのバリエーション（→P80〜81）	3	30s	3010
バックフットエレベーテッドスプリットスクワット（→P64）	3	45–60s	3010
カーフレイズ（→P82）	4	30–45s	コントロールされたテンポ

ワークアウト2

エクササイズ	セット数	休憩	テンポ
ダンベル・ショルダープレスまたはそのバリエーション（→P126〜127）	3	30s	3010
ダンベル・ラテラルレイズ（→P128）	3	45–60s	3010
ハンマーカール（→P145）	3	30s	3010
クロスケーブル・トライセップスプレスダウン（→P153）	3	45–60s	3010
ケーブルアップライト・ロー（→P121）	3	30s	3010
デクラインアブドミナル・クランチ（→P167）	3	45–60s	3010
ケーブルまたはバンデッド・フロントレイズ（→P134〜135）	3	30s	3010
ケーブルローテーショナル・オブリークツイストまたはそのバリエーション（→P168〜171）	3	45–60s	3010

ワークアウト3

おもな筋群

- 脚
- 肩
- 胸部
- 腕
- 背部
- 腹部

エクササイズ	セット数	休憩	テンポ
バーベル・ベントオーバー・ロー（→P117）	3	30s	3010
マシンラットプルダウン（→P112）	3	45–60s	3010
ダンベルベンチプレス（→P96）またはプッシュアップ（→P95）	3	30s	3010
ニュートラルグリップ・ホリゾンタル・ロー（→P114）	3	45–60s	3010
ハイローケーブルチェストフライまたはそのバリエーション（→P100〜103）	3	30s	3010
ダンベル・ベントオーバー・ロー（→P116）	3	45–60s	3010
好みに応じて胸部または背部のエクササイズ	4	30–45s	コントロールされたテンポ

ワークアウト4

エクササイズ	セット数	休憩	テンポ
レッグプレス（→P58）	3	30s	3010
ウォーキングランジ・ウィズダンベル（→P65）	3	45–60s	3010
レッグカール（→P68）	3	30s	3010
ダンベル・グルートブリッジまたはそのバリエーション（→P80〜81）	3	45–60s	3010
プローンベンチリアデルトレイズ（→P138）	3	30s	3010
ダンベル・ラテラルレイズまたはそのバリエーション（→P128〜131）	3	45–60s	3010
ＴＶＡボールクランチ（→P160）	3	30s	3010
ケーブルロープ・クランチ（→P166）	3	45–60s	3010

ワークアウト5

用語集

【アクチン】ミオシンとの相互作用によって筋収縮を行うタンパク質。

【アミノ酸】連結してタンパク質を構成する有機化合物。人体の多くの機能に必要とされている。

【EZバー】バーベルの一種で、バーが波状に屈曲しているもの。

【ATP】アデノシン三リン酸。細胞内でのエネルギーのやりとりに用いられる分子。

【外転】四肢を体の正中線から遠ざける動作のこと。

【拮抗筋】ある筋肉に対して、対立する運動を行う筋肉。ある筋肉が収縮するとき、拮抗筋は弛緩する。

【筋線維束】筋線維の束。

【屈曲】関節の角度を小さくしていく動作。

【クラスターセット】繰り返し動作の合計回数を、短い休憩を挟んだいくつかのサブセットに分けて行うトレーニング法。休憩を挟むことで、各セット内の動作を大きな負荷で行うことができる。

【グリコーゲン】炭水化物の一種で、グルコース分子が多数連結したもの。主に骨格筋と肝臓で、グルコースの貯蔵物質となっている。

【グルコース（ブドウ糖）】人体で主なエネルギー源として用いられる単糖。

【ケーブルプーリー】調整可能な滑車と取っ手の付いたケーブルを組み合わせたトレーニング器具。

【最大挙上重量（1RM）】トレーニングにおいて、ある人が1回だけ上げることができる最大重量で、トレーニング強度はこの重量を基準としたパーセンテージで示される。

【三角筋】肩の筋肉。

【脂肪】臓器や神経を保護する、ビタミンの吸収を助けるなど、人体に必要な機能をいくつかを担う栄養素。

【主働筋】他の筋に対抗して、ある動作を引き起こす筋肉。

【（筋肉の）深層】筋肉の、皮膚から離れた部位。

【伸張性収縮（エキセントリック収縮）】筋肉が負荷を支えながら伸長していくこと。例えば、バイセップスカールで肘を伸ばしながらウエイトを下げるときの上腕二頭筋の活動。

【伸展】関節の角度を大きくしていく動作。

【前方】体の正面側。

【短縮性収縮（コンセントリック収縮）】筋肉が負荷を支えながら収縮すること。例えば、バイセップスカールでウエイトを持ち上げるときの上腕二頭筋の活動。

【炭水化物】炭素、水素、酸素からなる天然の化学物質で、体内に貯蔵され主要なエネルギー源として利用される。

【ダンベル】短いバーの両端にウエイトがついたトレーニング器具で、通常は対で使う。

【デッドリフト】膝または股関節、あるいはその両方を伸ばしながら、床からウエイトを持ち上げる動作によるトレーニング。

【臀筋群】臀部の筋肉群。大臀筋、中臀筋、小臀筋からなる。

【同時活動】複数の筋肉が同時に活動すること。

【ドロップセット】セットごとの負荷を連続的に軽くしながら行うトレーニング法。

【内転】四肢を体の正中線の方へ近づける動作。

【内転筋群】大腿を正中線方向に近づけるときに使われる筋肉。長内転筋、短内転筋、大内転筋、恥骨筋、薄筋からなる。

【バーベル】長いバーの両端にウエイト（重り）がついたトレーニング器具。

【肘屈筋群】腕を肘関節から屈曲させるときに使われる筋肉群。上腕二頭筋、上腕筋、腕橈骨筋（わんとうこつきん）からなる。

【疲労管理】トレーニング中に生じた疲労の量を分析し、調整すること。

【腹筋群（アブス）】胴部にある筋肉群で、腹直筋、外腹斜筋、内腹斜筋、腹横筋からなる。

【フォーム】トレーニングを行う際の姿勢。トレーニングの安全性と効果を最大にするには、良いフォームで行うべきである。

【両側】体の両側。

【RIR】REPS IN RESERVEの略。疲労のためにそれ以上続けられなくなるまでに繰り返すことができるレップス（回数）で、トレーニング1セットの厳しさの指標となる。

【片側】体の一方の側。

【関節可動域】関節運動が可能な範囲のこと（角度）。

【仰臥位】背中を床に着けて寝た姿勢のこと。仰向け。

【胸筋群（ペック）】胸部の筋肉群。大胸筋と小胸筋からなる。

【協働筋】関節周囲の筋肉群で、主動筋による動作を補助するようにはたらく。

【筋力】筋肉または筋肉群が生み出すことのできる力の大きさ。

【筋力持久性】筋肉が負荷を長時間支え続けることができる能力のこと。筋持久力ともいわれる。

【腱】コラーゲンでできた線維策で、筋肉と骨を結び付けている。

【広背筋（ラッツ）】背部の筋肉。

【後方】体の背側。

【股関節伸展筋群】股関節を伸展させ、大腿を後ろに引くときに使われる筋肉群。臀筋群、大内転筋、ハムストリングス（大腿二頭筋、半腱様筋、半膜様筋）からなる。

【骨格筋】横紋筋で、骨格系に付着し動きを作り出す。

【サルコメア（筋節）】筋線維の構造単位。サルコメアの収縮によって筋肉が収縮する。

【スーパーセット】連続して行う異なるトレーニングを合わせて1セットとしたもの。

【ストレス】体にかかる機械的、代謝的、生理的な負担。

【スピネイティッドグリップ】ウエイトやケーブルなどの握り方の1つ。手首を回旋させ、手のひらを上向き、あるいは体の方へ向けて握る。

【セット】連続して繰り返す一連のトレーニングで、望ましいレップ数、あるいはあらかじめ決めたレップ数の動作を1セットとする。

【セミスピネイティッドグリップ】ウエイトやケーブルなどの握り方の1つ。手首をやや回旋させ、手のひらを上斜め内側に向けて握る。ニュートラルグリップとスピネイティッドグリップの中間。

【僧帽筋】背上部にある筋肉。

【代謝ストレス】トレーニングにより、筋肉中に代謝の老廃物（乳酸など）が蓄積すること。

【大腿四頭筋（クワッズ）】大腿部の筋肉群。大腿直筋、内側広筋、外側広筋、中間広筋からなる。

【タンパク質】アミノ酸が連結した分子。食事に含まれるタンパク質は生存と体の維持に必須である。

【テンポ】1セットのトレーニングを行うリズムのこと。

【等張性収縮（アイソトニック収縮）】筋肉が同じ負荷で力を発揮しながら、伸長または収縮していくこと。

【等尺性収縮（アイソメトリック収縮）】筋肉が伸長または短縮した状態で、力を発揮しながらその長さを維持していること。

【トレーニング強度】トレーニング中にかかる負荷の大きさで、通常は最大挙上重量に対する割合（%）で示される。

【トレーニングボリューム】一定期間で行ったトレーニングまたは作業の量。

【ニュートラルグリップ】ウエイトやケーブルなどの握り方の1つ。手首を回旋させず、左右の手のひらを向かい合わせ、平行にして握る。

【ニュートラルスパイン】最も有効に負荷を分散できる脊柱の位置で、脊柱が自然なカーブを保った状態。

【肥大】細胞が大きくなることで起こる筋肉の成長。

【（筋肉の）表層】筋肉の、皮膚に近い部位。

【負荷】トレーニングに使用するウエイトの重さのこと。

【腹臥位】体の前面を床に着けて寝た姿勢。うつ伏せ。

【プロネイティッドグリップ】ウエイトやケーブルなどの握り方の1つ。手首を回旋させ、手のひらが下向き、または体と反対向きになるようにして握る。

【マッスルビルディング】筋肉の成長を促すトレーニング。

【ミオシン】アクチンとの相互作用により、筋収縮を行うタンパク質。

【ラテラル】側方に位置すること。

【菱形筋（りょうけいきん）】背上部の筋肉群。小菱形筋と大菱形筋からなる。

【レジスタンス】ウエイトの重さなどの外力で、筋肉はそれに抵抗して収縮する。

【レップ】トレーニングの完全な1回の動作。例えば、同じ動作を3回繰り返す場合は3レップスという。

索引

[監修者紹介]

石井直方（いしいなおかた）

東京大学名誉教授　理学博士

1955年東京生まれ
1976年東京大学理学部卒業、1982年同大学院理学系研究科修了
1983年東京大学理学部助手、1987年日本学術振興会特定国派遣研究者（英国オックスフォード大学）
1991年東京大学教養学部助教授、1999年同大学院総合文化研究科教授
2016年東京大学スポーツ先端科学研究拠点長などを歴任し、2020年東京大学名誉教授
専門は筋生理学、トレーニング科学
トレーニングによる筋肥大のメカニズム、サルコペニアの予防などを研究テーマとしている。ボディビルディング競技者として、1981, 83年日本選手権優勝、1982年アジア選手権優勝、1986年世界選手権7位などの戦歴を持つ。『スロトレ』（高橋書店）、『カラー図解　筋肉のしくみ・はたらき事典』（西東社）など著書・監修本多数。

6-7 G. Ashdown-Franks et al., "The evidence for physical activity in the management of major mental illnesses", *Curr Opin Psychiatry* 32, no. 5 (2019), 375–380. K. I. Erickson et al., "Exercise training increases size of hippocampus and improves memory", *Proc Natl Acad Sci USA* 108, no. 7 (2011), 3017–3022. F. Herold et al., "Functional and/or structural brain changes in response to resistance exercises and resistance training lead to cognitive improvements", *Eur Rev Aging Phys Act* 16, no. 10 (2019). J. Mcleod et al., "Resistance Exercise Training as a Primary Countermeasure to Age-Related Chronic Disease", *Front Physiol* 10 (2019), 645. D. Tavoian et al., "Perspective: Pragmatic Exercise Recommendations for Older Adults", *Front Physiol* 11 (2020), 799. J. M. Northey et al., "Exercise interventions for cognitive function in adults older than 50", *Br J Sports Med* 52, no. 3 (2018), 154–160. F. J. Penedo and J. R. Dahn, "Exercise and well-being: a review of mental and physical health benefits associated with physical activity", *Curr Opin Psychiatry* 18, no. 2 (2005), 189–193. S. Walker, "Neural Adaptations to Strength Training", in M. Schumann and B. Rønnestad (eds), *Concurrent Aerobic and Strength Training*, Cham, Springer, 2019. J. Xiao (ed), *Physical Exercise for Human Health*, Singapore, Springer Singapore, 2020.

8–9 A. D. Faigenbaum et al., "Youth resistance training: updated position statement paper from the national strength and conditioning association", *J Strength Cond Res* 23, no. 5 (2009), S60–S79. J. Mcleod et al., "Resistance Exercise Training as a Primary Countermeasure to Age-Related Chronic Disease" (2019). G. Nuckols, "The Effects of Biological Sex on Fatigue During and Recovery from Resistance Exercise" (2019). J. M. Northey et al., "Exercise interventions for cognitive function in adults older than 50" (2018). F. J. Penedo and J. R. Dahn, "Exercise and well-being" (2005). B. *Schoenfeld, Science and Development of Muscle Hypertrophy*, 2nd ed., Champaign, IL, Human Kinetics, 2020. D. Tavoian et al., "Perspective: Pragmatic Exercise Recommendations for Older Adults: The Case for Emphasizing Resistance Training" (2020). J. Xiao (ed), *Physical Exercise for Human Health*, Springer Singapore, 2020.

12–13 T. W. Nesser (ed), *The Professional's Guide to Strength & Conditioning: Safe and Effective Principles for Maximizing Athletic Performance*, Provo, UT, BYU Academic Publishing, 2019.

14–15 G. Haff and N. T. Triplett (eds) *Essentials of Strength Training and Conditioning*, 4th ed., Champaign, IL, Human Kinetics, 2016.『ストレングスコンディショニング＆トレーニング（第4版）』G. Gregory Haff, N. Travis Triplett編、篠田邦彦、岡田純一監修（ブックハウス・エイチディ、2018年1月30日刊行）M. L. Latash, "Muscle coactivation: definitions, mechanisms, and functions", *J Neurophysiol* 120, no. 1 (2018), 88–104. J. G. Betts et al., *Anatomy and Physiology*, Houston, TX, OpenStax, 2013. B. Schoenfeld, *Science and Development of Muscle Hypertrophy*, 2020.

16–17 B. R. MacIntosh et al., *Skeletal Muscle: Form and Function*, Champaign, IL, Human Kinetics, 2006. T. W. Nesser (ed), *The Professional's Guide to Strength & Conditioning*, 2019.

18–19 R. Csapo et al., "Skeletal Muscle Extracellular Matrix – What Do We Know About Its Composition, Regulation, and Physiological Roles?", *Front Physiol* 11 (2020). C. T. Haun et al., "A Critical Evaluation of the Biological Construct Skeletal Muscle Hypertrophy", *Front Physiol* 10 (2019). E. Helms, A Progression Framework for Hypertrophy, MASS Research Review, July 2020. S. K. Powers et al., "Disease-Induced Skeletal Muscle Atrophy and Fatigue", *Med Sci Sport Exer* 48, no. 11 (2016), 2307–2319. R. A. Saxton and D. M. Sabatini, "mTOR Signaling in Growth, Metabolism, and Disease", *Cell* 169, no. 2 (2017), 361–371. B. Schoenfeld, *Science and Development of Muscle Hypertrophy*, 2020. T. Snijders et al., "Satellite cells in human skeletal muscle plasticity", *Front Physiol* 6 (2015). J. Xiao (ed), *Physical Exercise for Human Health*, Springer Singapore, 2020.

20–23 R. J. Bloch and H. Gonzalez-Serratos, "Lateral force transmission across costameres in skeletal muscle", *Exerc Sport Sci Rev* 31, no. 2 (2003), 73–78. C. A. Goodman, "The Role of mTORC1 in Regulating Protein Synthesis and Skeletal Muscle Mass in Response to Various Mechanical Stimuli", *Rev Physiol Bioch P* 166 (2013), 43–95. T. A. Hornberger, "Mechanotransduction and the regulation of mTORC1 signaling in skeletal muscle", *Int J Biochem Cell B* 43, no. 9 (2011), 1267–1276. T. W. Nesser (ed), *The Professional's Guide to Strength & Conditioning*, 2019. B. Schoenfeld, Science and *Development of Muscle Hypertrophy*, 2020.

24–25 N. H. Hart et al., "Mechanical basis of bone strength", *J Musculoskeletal Neuronal Interactions* 17, no. 3 (2017), 114–139. H. P. Hirschfeld et al., "Osteosarcopenia: where bone, muscle, and fat collide", *Osteoporosis Int* 28, no. 10 (2017), 2781–2790. S. K. Powers and E. T. Howley, *Exercise Physiology: Theory and Application to Fitness and Performance*, 10th ed., New York, NY, McGraw Hill Education, 2018.『パワーズ運動生理学　体力と競技力向上のための理論と応用』Scott T. Powers, Edward T. Howley著、内藤久士、柳谷登志雄、小林裕幸、高澤祐治訳（メディカルサイエンスインターナショナル、2020年9月1日刊行）R. Nikander et al., "Targeted exercise against osteoporosis", *BMC Medicine* 8, no. 1 (2010).

26–27 R.S. Behnke, Kinetic Anatomy, 3rd ed., Champaign, IL, Human Kinetics, 2016.『キネティック解剖学：写真とイラストで学ぶ骨格と筋の機能』Robert S. Behnke著、中村千秋、渡部賢一訳（医道の日本社、2008年1月1日刊行）T. W. Nesser (ed), The Professional's Guide to Strength & Conditioning, 2019. D. A. Neumann et al., inesiology of the Musculoskeletal System: Foundations for Rehabilitation, 3rd ed., Amsterdam, Elsevier, 2016.『筋骨格系のキネシオロジー（原著第3版）』Donald A. Neumann著、P. D. Andrew、有馬慶美、日高正巳訳（医歯薬出版、2018年12月28日刊行）

28–29 O. K. Berg et al., "Maximal strength training increases muscle force generating capacity and the anaerobic ATP synthesis flux without altering the cost of contraction in elderly", *Exp Gerontol* 111 (2018), 154–161. G. Haff and N. T. Triplett (eds), *Essentials of Strength Training and Conditioning*, 2016.『ストレングスコンディショニング＆トレーニング（第4版）』G. Gregory Haff, N. Travis Triplett編、篠田邦彦、岡田純一監修（ブックハウス・エイチディ、2018年1月30日刊行）T. W. Nesser (ed), *The Professional's Guide to Strength & Conditioning*, 2019.

30–31 B. M. Roberts et al., "Nutritional Recommendations for Physique Athletes", *J Hum Kinet* 7, no. 1 (2020), 79–108. B. Pramuková et al., "Current knowledge about sports nutrition", *Australas Med J* 4, no. 3 (2011), 107–110. T. W. Nesser (ed), *The Professional's Guide to Strength & Conditioning*, 2019. B. Schoenfeld, *Science and Development of Muscle Hypertrophy*, 2020.

32–33 E. Derbyshire, "Micronutrient Intakes of British Adults Across Mid-Life", *Front Nutrition* 5 (2018). B. Misner, "Food Alone May Not Provide Sufficient Micronutrients for Preventing Deficiency", *J Int Soc Sport Nutr* 3, no. 1 (2006), 51–55. B. M. Roberts et al., "Nutritional Recommendations for Physique Athletes" (2020). R. Jäger et al., "International Society of Sports Nutrition Position Stand: protein and exercise", *J Int Soc Sport Nutr* 14, no. 20 (2017). J. Iraki et al., "Nutrition Recommendations for Bodybuilders in the Off-Season", *Sports (Basel)* 7, no. 7 (2019), 154. T. W. Nesser (ed), *The Professional's Guide to Strength & Conditioning*, 2019. B. Schoenfeld, *Science and Development of Muscle Hypertrophy*, 2020. E. T. Trexler et al., "Metabolic adaptation to weight loss", *J Int Soc Sport Nutr* 11, no. 1 (2014), 7.

34–35 M. J. Arnaud and T. D. Noakes, "Should humans be encouraged to drink water to excess?", *Eur J Clin Nutr* 65, no. 7 (2011), 875–876. S. M. Arent et al., "Nutrient Timing: A Garage Door of Opportunity?" *Nutrients* 12, no. 7 (2020), 1948. J. Berardi et al., *The Essentials of Sport and Exercise Nutrition: Certification Manual*, 3rd ed., Toronto, Precision Nutrition Inc., 2017. "Calcium: Fact Sheet for Health Professionals", NIH Office of Dietary Supplements [web article], 26 March 2020, ods.od.nih.gov/factsheets/Calcium-HealthProfessional/. D. Liska et al., "Narrative Review of Hydration and Selected Health Outcomes in the General Population", *Nutrients* 11, no. 1 (2019), 70. E. Jéquier and F. Constant, "Water as an essential nutrient: the physiological basis of hydration", *Eur J Clin Nutr* 64, no. 2 (2010), 115–123. P. R. Harris et al., "Fluid type influences acute hydration and muscle performance recovery in human subjects", *J Int Soc Sport Nutr* 16, no. 15 (2019). J. McKendry et al., "Nutritional Supplements to Support Resistance Exercise in Countering the Sarcopenia of Aging", *Nutrients* 12, no. 7 (2020), 2057. B. J. Schoenfeld and A. A. Aragon, "How much protein can the body use in a single meal for muscle-building?", *J*

Int Soc Sport Nutr 15, no. 10 (2018). T. Snijders et al., "The Impact of Pre-sleep Protein Ingestion on the Skeletal Muscle Adaptive Response to Exercise in Humans", *Front Nutrition* 6, no. 17 (2019). J. Trommelen and L.J. van Loon, "Pre-Sleep Protein Ingestion to Improve the Skeletal Muscle Adaptive Response to Exercise Training", *Nutrients* 8, no. 12 (2016), 763. B. Schoenfeld, *Science and Development of Muscle Hypertrophy*, 2020.

36–37 A. Banaszek et al., "The Effects of Whey vs. Pea Protein on Physical Adaptations Following 8 Weeks of High-Intensity Functional Training (HIFT)", *Sports (Basel)* 7, no. 1 (2019), 12. I. Berrazaga et al., "The Role of the Anabolic Properties of Plant- versus Animal-Based Protein Sources in Supporting Muscle Mass Maintenance", *Nutrients* 11, no. 8 (2019), 1825. D. Rogerson, "Vegan diets: practical advice for athletes and exercisers", *J Int Soc Sport Nutr* 14, no. 36 (2017). F. Mariotti and C.D. Gardner, "Dietary Protein and Amino Acids in Vegetarian Diets", *Nutrients* 11, no. 11 (2019), 2661. B. Schoenfeld, *Science and Development of Muscle Hypertrophy*, 2020. S. H. M. Gorissen et al., "Protein content and amino acid composition of commercially available plant-based protein isolates", *Amino Acids* 50, no. 12 (2018), 1685–1695.

38–39 B. K. Barry and R. G. Carson, "The consequences of resistance training for movement control in older adults", *J Gerontol A Biol Sci Med Sci* 59, no. 7 (2004), 730–754. K. I. Erickson et al., "Exercise training increases size of hippocampus and improves memory" (2011). J. M. Northey et al., "Exercise interventions for cognitive function in adults older than 50" (2018). F. Herold et al., "Functional and/or structural brain changes in response to resistance exercises and resistance training" (2019). Y. Netz, "Is There a Preferred Mode of Exercise for Cognition Enhancement in Older Age?", *Front Med (Lausanne)* 6, no. 57 (2019). N. J. Gates et al., "Study of Mental Activity and Regular Training (SMART) in at-risk individuals", *BMC Geriatrics* 11, no. 1 (2011). A. Törpel et al., "Strengthening the Brain – Is Resistance Training with Blood Flow Restriction an Effective Strategy for Cognitive Improvement?", *J Clin Med* 7, no. 10 (2018), 337. S. Walker, "Neural Adaptations to Strength Training", in *Concurrent Aerobic and Strength Training*, 2019.

40–41 G. Ashdown-Franks et al., "The evidence for physical activity in the management of major mental illnesses" (2019). U. Arnautovska et al., "Applying the Integrated Behavior Change Model to Understanding Physical Activity Among Older Adults", *J Sport Exer Psychol* 39, no. 1 (2017), 43–55. R. Brand and B. Cheval, "Theories to Explain Exercise Motivation and Physical Inactivity", *Front Psychol* 10 (2019), 1147. T. J. H. Bovend'Eerdt et al., "Writing SMART rehabilitation goals and achieving goal attainment scaling", *Clin Rehabil* 23, no. 4 (2009), 352–361. J. Clear, *Atomic Habits: an Easy & Proven Way to Build Good Habits & Break Bad Ones*, New York, NY, Penguin Random House LLC, 2018. 『ジェームズ・クリアー式複利で伸びる1つの習慣』ジェームズ・クリアー著、牛原眞弓訳（パンローリング株式会社、2019年10月12日刊行）K. I. Erickson et al., "Exercise training increases size of hippocampus and improves memory" (2011). K. Geller et al., "Intrinsic and Extrinsic Motives Support Adults' Regular Physical Activity Maintenance", *Sports Med Int Open* 2, no. 3 (2018), E62–E66. A. W. Kruglanski and E. Szumowska, "Habitual Behavior Is Goal-Driven", *Perspect Psychol Sci* 15, no. 5 (2020), 1256–1271. H. H. Lee et al., "The Exercise–affect–adherence pathway: An evolutionary perspective", *Front Psychol* 7, no. 1285 (2016). E. K. Olander et al., "What are the most effective techniques in changing obese individuals' physical activity self-efficacy and behaviour", *Int J Behav Nutr Phys Act* 10, no. 29 (2013). F. J. Penedo and J. R. Dahn, "Exercise and well-being" (2005). B. S. McEwen, "Physiology and neurobiology of stress and adaptation", *Physiol Rev* 87, no. 3 (2007), 873–904. J. M. Northey et al., "Exercise interventions for cognitive function in adults older than 50" (2018). N. Ntoumanis et al., "A meta-analysis of self-determination theory-informed intervention studies in the health domain", *Health Psychol Rev* (2020), 1–31. H. Raison et al., "A systematic review of interventions using cue-automaticity to improve the uptake of preventive healthcare in adults", *Community Dent Health* 35, no. 1 (2018), 37–46.

68–69 D. Landin et al., "Actions of Two Bi-Articular Muscles of the Lower Extremity", *J Clin Med Res* 8, no. 7 (2016), 489–494.

80–81 D. A. Neumann et al., *Kinesiology of the Musculoskeletal System*, 2017. 『筋骨格系のキネシオロジー（原著第3版）』Donald A. Neumann著、P. D. Andrew、有馬慶美・日高正巳訳（医歯薬出版、2018年12月28日刊行）

98–99 R. Paine and M. L. Voight, "The role of the scapula", *Int J Sports Phys Ther* 8, no. 5 (2013), 617–629.

112–113 J. A. Dickie et al., "Electromyographic analysis of muscle activation during pull-up variations", *J Electromyogr Kinesiol* 32 (2017), 30–36.

172–173 R. Aicale et al., "Overuse injuries in sport", *J Orthop Surg Res* 13, no. 1 (2018). J. W. Keogh and P. W. Winwood, "The Epidemiology of Injuries Across the Weight-Training Sports", *Sports Med* 47, no. 3 (2017), 479–501.

176–177 P. M. Clarkson et al., "Muscle function after exercise-induced muscle damage and rapid adaptation", *Med Sci Sports Exerc* 24, no. 5 (1992), 512–520. K. Cheung et al., "Delayed onset muscle soreness: treatment strategies and performance factors", *Sports Med* 33, no. 2 (2003), 145–164. D. Chapman et al., "Greater muscle damage induced by fast versus slow velocity eccentric exercise", *Int J Sports Med* 27, no. 8 (2006), 591–598. D. A. Connolly et al., "Treatment and prevention of delayed onset muscle soreness", *J Strength Cond Res* 17, no. 1 (2003), 197–208. T. Mori et al., "Stretch speed-dependent myofiber damage and functional deficits in rat skeletal muscle induced by lengthening contraction", *Physiol Rep* 2, no. 11 (2014), E12213.

178–183 E. Bass, "Tendinopathy: Why the Difference Between Tendinitis and Tendinosis Matters", *Int J Ther Massage Bodywork* 5, no. 1 (2012), 14–17. C. M. Bleakley et al., "PRICE needs updating, should we call the POLICE?", *Br J Sports Med* 46, no. 4 (2012), 220–221. J. M. Bump and L. Lewis, "Patellofemoral Syndrome", in *StatPearls*, Treasure Island, FL, StatPearls Publishing, 2020. J. Charnoff and U. Naqvi, "Tendinosis (Tendinitis)", in *StatPearls*, Treasure Island, FL, StatPearls Publishing, 2020. T. L. Fernandes et al., "Muscle Injury – Physiopathology, Diagnosis, Treatment and Clinical Presentation", *Rev Bras Ortop* 46, no. 3 (2015), 247–255. M. Gupton et al., "Anatomy, Hinge Joints", in *StatPearls*, Treasure Island, FL, StatPearls Publishing, 2020. "Tennis elbow: Strengthening and stretching exercises", InformedHealth.org [web article], Cologne, Institute for Quality and Efficiency in Health Care (IQWiG), 30 May 2018, https://www.ncbi.nlm.nih.gov/books/NBK506995/. D. A. Neumann et al., *Kinesiology of the Musculoskeletal System*, 2017. 『筋骨格系のキネシオロジー（原著第3版）』Donald A. Neumann著、P. D. Andrew、有馬慶美・日高正巳訳（医歯薬出版、2018年12月28日刊行）

184–185 B. S. Baker et al., "Does Blood Flow Restriction Therapy in Patients Older Than Age 50 Result in Muscle Hypertrophy, Increased Strength, or Greater Physical Function?", *Clin Orthop Relat Res* 478, no. 3 (2010), 593–606. Q. Henoch, *ClinicalAthlete*, www.clinicalathlete.com, 2020. L. Hughes et al., "Blood flow restriction training in clinical musculoskeletal rehabilitation", *Br J Sports Med* 51, no. 13 (2017), 1003–1011. W. Kraemer et al., "Recovery from injury in sport", *Sports Health* 1, no. 5 (2009), 392–395. S. D. Patterson et al., "Blood Flow Restriction Exercise", *Front Physiol* 10 (2019), 533.

186–187 H. Chaabene et al., "Acute Effects of Static Stretching on Muscle Strength and Power", *Front Physiol* 10 (2019), 1468. T. W. Nesser (ed), *The Professional's Guide to Strength & Conditioning*, 2019. J. L. Nuzzo, "The Case for Retiring Flexibility as a Major Component of Physical Fitness", *Sports Med* 50, no. 5 (2020), 853–870. B. Van Hooren and J. M. Peake, "Do We Need a Cool-Down After Exercise?", *Sports Med* 48, no. 7 (2018), 1575–1595. T. Wiewelhove et al., "A Meta-Analysis of the Effects of Foam Rolling on Performance and Recovery", *Front Physiol* 10 (2019), 376.

198–201 G. Haff and N. T. Triplett (eds), *Essentials of Strength Training and Conditioning*, 2016. 『ストレングストレーニング＆コンディショニング（第4版）』G. Gregory Haff, N. Travis Triplett編、篠田邦彦・岡田純一監修（ブックハウス・エイチディ、2018年1月30日刊行）E. Helms, *A Progression Framework for Hypertrophy*, MASS Research Review, July 2020. E. Helms et al., *The Muscle and Strength Pyramid: Training*, 2nd ed., 2019. T. W. Nesser (ed), *The Professional's Guide to Strength & Conditioning*, 2019. B. Schoenfeld, *Science and Development of Muscle Hypertrophy*, 2020. M. C. Zourdos et al., "Novel Resistance Training-Specific Rating of Perceived Exertion Scale Measuring Repetitions in Reserve", *J*

引用文献

Strength Cond Res 30, no. 1 (2016), 267–275.

206–207 G. Haff and N. T. Triplett (eds), *Essentials of Strength Training and Conditioning*, 2016.『ストレングスコンディショニング＆トレーニング（第4版）』G. Gregory Haff, N. Travis Triplett編、篠田邦彦、岡田純一監修（ブックハウス・エイチディ、2018年1月30日刊行）E. Helms et al., *The Muscle and Strength Pyramid: Training*, 2019.

210–211 G. Haff and N. T. Triplett (eds), *Essentials of Strength Training and Conditioning*, 2016.『ストレングスコンディショニング＆トレーニング（第4版）』G. Gregory Haff, N. Travis Triplett編、篠田邦彦、岡田純一監修（ブックハウス・エイチディ、2018年1月30日刊行）J. A. Mettler and L. Griffin, "Muscular endurance training and motor unit firing patterns during fatigue", *Exp Brain Res* 234, no. 1 (2016), 267–276.

著者略歴

　オースティン・カレント（AUSTIN　CURRENT）は、フィットネスコーチであり教育者。理学（運動科学）の学位を取得（BSC）、全米ストレングス＆コンディショニング協会認定ストレングス＆コンディショニングスペシャリスト（NSCA-CSCS）、認定スポーツ栄養士（CISSN）。
PHYSIQUE DEVELOPMENT CONSULTING, LLC（PHYSIQUE DEVELOPMENT.COM）の共同経営者で、パーソナルトレーニングやオンラインレッスンを通じて、世界中の人々を指導しています。2018年の初めから、北米とヨーロッパでセミナーを運営し、解剖学、エクササイズの実践、バイオメカニクス、栄養、そしてプログラムデザインを教えています。また、ナチュラルボディビルダーとして大会で好成績を収め、2014年には20歳で国際ボディビル連盟（IFBB）のプロボディビルダーとなりましたが、これは連盟の歴史では男性として2番目の若さです。全世界のクライアントやパーソナルトレーナーと共に活動しており、複雑なトピックをわかりやすい情報にかみ砕いて発信したり、得られた結果を学んだことと融合して、教育やトレーニング強化に活かす能力は高く評価されています。

著者に関してさらに知りたい方は、
WWW.COACHAUSTINCURRENT.COMまたはインスタグラムの@AUSTINCURRENT_を検索してください。

［謝辞］
著者からの謝辞
　本書の執筆は、私の専門家としてのキャリアの中でも最もやりがいのある挑戦の1つでした。今日のすべてのコーチや教育者が得ている信頼や感謝は、道を切り開いてくれた先人たちのおかげであり、残してくれた知識を学び取り入れ、自分自身のものとしてはじめて、人々と分かち合うことができるのです。
　まず最高の妻カサンドラは、忍耐強く私を理解し、勇気づけてくれました。彼女に感謝と愛を捧げたいと思います。私と妻の両親、ケリー、フランク、キース、そしてミシェルは素晴らしい人たちで、私を支えてくれました。彼らがいなければ、この本は完成していなかったでしょう。彼らの協力を忘れることは決してありません。愛する祖父母、テッドとモーリーンにも感謝します。私の人生を導いてくれた祖父母には、感謝すべきことがたくさんあります。兄弟としていつも私を支えてくれたザックもまた、私にとって愛すべき人です。
　本書執筆の長く困難な作業に、忍耐強く付き合ってくれた同僚のアレックスとスーにも謝意を表したいと思います。良き友ミゲル・ブラカットは、この本を執筆している私のために時間を割き、力を貸してくれました。彼の意見や感想はかけがえのないものでした。

　ミランダ・カードは、生理学に関する部分の執筆を助けてくれました。数年間の教育プログラムを提供してくれるN1教育、特にアダム・ミラーが本書のトレーニングプログラムのセクションの執筆を援助してくれたことに感謝します。PRIME FITNESSのジャラッド・グリフィンとそのチームが、第2章で参照したイラストの作成に協力してくれたおかげで1,000枚を超えるイラストの作成がとても順調に進みました。コーディ・ハウン博士とブランドン・ロバーツ博士は、参考文献と情報の収集に協力してくれました。
　最後に、ニッキ、アラスター、アラン、クレア、メーガン、カレン他、DKのチームのすべての人々に感謝します。これらの人々がいなければ、本書は決して完成していなかったでしょう。皆さんがこの機会を与えてくださったことは、私にとって大いなる喜びです。

出版社からの謝辞
　DKは、編集アシスタントのキロン・ギル、校正担当のコンスタンス・ノヴィス、索引作成のマリー・ロリマーに感謝いたします。

写真・イラストのクレジットへの謝辞
　写真及びイラストの使用を快く許可いただいた以下の方々に、出版者より感謝申し上げます。

デザイン・DTP	八十島博明・釜内由紀江 井上大輔・黒部友理子（GRID）
翻訳	世波貴子
翻訳協力	小川浩一・石黒千秋・日向やよい 株式会社トランネット （https://www.trannet.co.jp/）
校閲	聚珍社
編集協力	佐藤健一（日本筋力トレーニング総合研究所）

SCIENCE of STRENGTH TRAINING
筋トレの科学

2021年12月20日発行　第1版
2023年 1月10日発行　第1版　第2刷

著　者	オースティン・カレント
監修者	石井直方［いしい　なおかた］
発行者	若松和紀
発行所	**株式会社 西東社** 〒113-0034　東京都文京区湯島2-3-13 https://www.seitosha.co.jp/ 電話　03-5800-3120（代）

※本書に記載のない内容のご質問や著者等の連絡先につきましては、お答えできかねます。

ISBN 978-4-7916-3054-7